Kein Zug nach Nirgendwo

Siegfried Fritzsche

Kein Zug nach Nirgendwo

Unstillbares Verlangen ist überwindbar

10. Auflage

Siegfried Fritzsche
Berlin, Deutschland

ISBN 978-3-658-21311-4   ISBN 978-3-658-21312-1   (eBook)
https://doi.org/10.1007/978-3-658-21312-1

Die Deutsche Nationalbibliothek verzeichnet diese Publikation in der Deutschen Nationalbibliografie; detaillierte bibliografische Daten sind im Internet über http://dnb.d-nb.de abrufbar.

Ursprünglich erschienen unter: „Suchttherapie: Kein Zug nach Nirgendwo – Ist unstillbares Verlangen überwindbar?"
© Springer Fachmedien Wiesbaden GmbH, ein Teil von Springer Nature 2006, 2016, 2018
Das Werk einschließlich aller seiner Teile ist urheberrechtlich geschützt. Jede Verwertung, die nicht ausdrücklich vom Urheberrechtsgesetz zugelassen ist, bedarf der vorherigen Zustimmung des Verlags. Das gilt insbesondere für Vervielfältigungen, Bearbeitungen, Übersetzungen, Mikroverfilmungen und die Einspeicherung und Verarbeitung in elektronischen Systemen.
Die Wiedergabe von Gebrauchsnamen, Handelsnamen, Warenbezeichnungen usw. in diesem Werk berechtigt auch ohne besondere Kennzeichnung nicht zu der Annahme, dass solche Namen im Sinne der Warenzeichen- und Markenschutz-Gesetzgebung als frei zu betrachten wären und daher von jedermann benutzt werden dürften.
Der Verlag, die Autoren und die Herausgeber gehen davon aus, dass die Angaben und Informationen in diesem Werk zum Zeitpunkt der Veröffentlichung vollständig und korrekt sind. Weder der Verlag noch die Autoren oder die Herausgeber übernehmen, ausdrücklich oder implizit, Gewähr für den Inhalt des Werkes, etwaige Fehler oder Äußerungen. Der Verlag bleibt im Hinblick auf geografische Zuordnungen und Gebietsbezeichnungen in veröffentlichten Karten und Institutionsadressen neutral.

Umschlaggestaltung: deblik Berlin
Fotonachweis Umschlag: © Michael S. Schwarzer/Adobe Stock

Gedruckt auf säurefreiem und chlorfrei gebleichtem Papier

Springer ist ein Imprint der eingetragenen Gesellschaft Springer Fachmedien Wiesbaden GmbH und ist ein Teil von Springer Nature
Die Anschrift der Gesellschaft ist: Abraham-Lincoln-Str. 46, 65189 Wiesbaden, Germany

Vorwort

Kein Zug nach Nirgendwo – Unstillbares Verlangen ist überwindbar
Der Mensch ist ein verkappter Extremsportler, er will hoch hinaus und kann sich nur schwer damit abfinden, das tägliche Einerlei, selbst wenn es frei ist von Unannehmlichkeiten, einfach so hinzunehmen, wie es ist. Er strebt nach Abwechslung, nach Höhepunkten. Eine von alters her bekannte Tatsache.

Diesen Bestrebungen sind oft enge Grenzen gesetzt. Nicht jeder kann sich durch Freeclimbing, eine Weltumsegelung oder durch künstlerische und sportliche Höchstleistung den notwendigen „Kick" verschaffen. Wenn das aber schon nicht möglich ist, so lässt sich doch wenigstens die Stimmungslage in Richtung Rausch manipulieren. Im Rausch scheint alles möglich, ein geborgtes Glücksgefühl sozusagen.

Seit der Mensch existiert, gebraucht er bewusstseinsverändernde Substanzen wegen ihrer hedonistischen (Lust erzeugenden) und euphorischen Wirkungen, die sich verselbständigen können und so den Weg in die Sucht bahnen. Wenn das Suchtstadium erst einmal erreicht ist, dann hat der Betroffene ein Leben lang damit zu tun.

Suchterkrankungen bieten heute, sieht man es einmal von einem neutralen Standpunkt aus, ein vielfältiges, schillerndes und nicht einmal uninteressantes Bild von den möglichen Verhaltensweisen der menschlichen Spezies. Doch es fällt schwer, einen solchen neutralen Standpunkt einzunehmen. Denn Suchterkrankungen führen oft zu persönlichen und familiären Katastrophen, zu erschreckenden seelischen, körperlichen und sozialen Defiziten. So ging es leider auch meinem Freund und Co-Autor, der auf längere Sicht nicht abstinent sein konnte und an der Alkoholkrankheit zugrunde ging. In seinen kurzzeitigen „Trockenphasen" schrieb er für dieses Buch die sehr beeindruckenden, in kursiv gesetzten Passagen seiner Krankheit.

Das vorliegende Buch ist dem Phänomen „Sucht" in seiner ganzen Breite gewidmet. Denn süchtig ist nicht nur der Heroinfixer, der sich in seiner verwahrlosten Wohnung einschließt, oder der Alkoholiker, der schwankend gerade noch die Parkbank erreicht. Zur Sucht können auch ganz normale, im gesunden Leben unverzichtbare Tätigkeiten werden, wie Essen, Trinken, Sex und Sport treiben, Spielen und Arbeiten, sofern man sie übertreibt, wenn sie zum Exzess werden. Überdies treten die einzelnen Suchtformen in der überwiegenden Mehrzahl der Fälle in Kombinationen auf.

Der Süchtige hat, wovon immer er abhängig ist, die Zielrichtung im Leben weitgehend verloren; er sitzt gleichsam in einem Zug, der nirgendwo hinfährt, weil er endlose Schleifen dreht. Und der Süchtige manövriert sich mehr und mehr in die Isolation, in die Einsamkeit hinein.

Doch irgendwann wird er aufbegehren, sich zur Wehr setzen, Hilfe suchen. Und Hilfe gibt es, wenn es auch schwer ist, sie anzunehmen. Doch wenn das gelingt, dann sitzt der Betroffene wieder in einem Zug, der ein Ziel hat und ein festes Gleis unter den Rädern – und der kein Zug mehr ist nach nirgendwo...

Es hieße uns missverstehen, wollten wir jeden zu einer abstinenten Lebensweise auffordern. Gewiss – man läge dann auf der sicheren Seite, was das Abgleiten in Gefahrenzonen betrifft; doch man soll auf nichts verzichten, worauf man nicht verzichten muss.

Berlin, 2018 Siegfried Fritzsche

Inhaltsverzeichnis

1	**Alkohol- und Medikamentenabhängigkeit**	**1**
1.1	Alkoholabhängigkeit	1
	Gebrauch – Missbrauch – Abhängigkeit	7
	Einstieg in den Ausstieg	23
	Alkoholismus als Krankheit?	47
	Folgeschäden des Alkoholmissbrauchs	55
	Psychische Beeinträchtigungen	65
	Der Co-Alkoholiker	70
	Goethe & Co.	75
	Kinder, Kommerz und Alcopops	82
1.2	Medikamentenabhängigkeit	86
	Wie machen Medikamente abhängig?	92
	Zwei Einnahmetypen	97
	Gebrauch oder Missbrauch?	97
	Die Niedrigdosis-Abhängigkeit	103
	Schlaf- oder Beruhigungsmittel und kombinierter Missbrauch	103
	Abhängigkeit von Schmerzmitteln	106

	Psychostimulanzien, Weckamine, Speeds, Appetitzügler	111
	Einzelne Stimulanzien	118
	Folgeschäden des Medikamentenmissbrauchs	122
	Das chronische Entzugssyndrom	123
1.3	Therapie der Alkohol- und Medikamentenabhängigkeit	124
	Der Therapieprozess	125
	Der Motivationsprozess	130
	Wie komme ich abstinent über die ersten Tage?	136
	Die Bewältigung der Abstinenz	138
	Wie können die Angehörigen nach der Behandlung in der Abstinenz helfen?	140
	Abstinenz heißt nicht nur aufhören	143

2 Tabakabhängigkeit   149

3 Drogenabhängigkeit   159

3.1	Suchtstoffe und ihre Wirkung	163
	Opiate	163
	Heroin	164
	Cannabis	166
	Kokain	167
	Ecstasy	171
	Liquid-Ecstasy	173
	Spice	174
	Ketamin	174
	Die „Krokodilsdroge"	175
	Flakka	176
	Narkose- und Lösungsmittel	178
	Mehrfachabhängigkeit	181
3.2	Therapie der Drogenabhängigkeit	182
	Der sogenannte „kalte Entzug"	183
	Der „warme Entzug"	183
	Weitere therapeutische Ansätze	184

4 Süchte ohne Suchtstoffe — 187
- 4.1 Essstörungen — 194
  - Die Magersucht — 195
  - Die Ess-Brechsucht — 200
  - Die Ess-Sucht — 206
- 4.2 Internetsucht — 208
- 4.3 Arbeitssucht — 212
- 4.4 Sportsucht — 218
- 4.5 Spielsucht — 222
- 4.6 Kaufsucht — 228
- 4.7 Sexsucht — 232

5 Sucht kann früh beginnen — 241
- 5.1 Sensible Entwicklungsphasen und Störanfälligkeiten des Kindes — 242
- 5.2 Ursachen süchtiger Verhaltensweisen — 245
- 5.3 Risikofaktor Erziehung — 247
- 5.4 Kindliche Verhaltensstörungen — 253
- 5.5 Genießenkönnen ist eine Kunst — 254
- 5.6 Wenn Ängste übermächtig werden — 256
- 5.7 Flucht in die Krankheit — 258
- 5.8 Gesund und selbstbewusst — 259
- 5.9 Entscheidungsfähigkeit muss erlernt werden — 260
- 5.10 Kinder brauchen Anerkennung — 261
- 5.11 Suchtvorbeugung kann nie früh genug beginnen — 262

6 Epilog — 265

7 Kontaktadressen — 273

8 Quellenverzeichnis der Abbildungen — 279

Literatur — 281

Über den Autor

Dr. med. Dr. sc. phil. Siegfried Fritzsche ist ein in der Suchtmittelproblematik erfahrener Arzt. Als Selbstbetroffener leitet er im Rahmen seiner neurologisch-psychotherapeutischen Praxis in Berlin Prenzlauer Berg ein Fachdispensaire für Alkohol- und Medikamentenkranke mit 11 Therapiegruppen.

Dieses Werk wurde bis zur 8. Auflage mitverfasst von

Dr. rer. nat. Wolfgang Möller († 2007), Physiker, Ingenieur für Forschung und Entwicklung auf dem Gebiet der Nukleartechnik.

1

Alkohol- und Medikamentenabhängigkeit

1.1 Alkoholabhängigkeit

Alkohol und kein Ende

Quälend langsam vergeht die Nacht. Die ersten Geräusche des anbrechenden Tages dringen an mein Ohr. Wie jeden Morgen gegen vier starten die Baufahrzeuge auf dem Fuhrpark, die Lichter ihrer Scheinwerfer werfen bewegte Streifen an die Zimmerdecke. Wirklich dunkel und wirklich still wird es nie. So ist die Großstadt.

Ich höre das Telefon im Nachbarzimmer läuten, doch ich weiß, es sind nur die überreizten Nerven. Es kann nicht sein. Um diese Zeit ruft niemand an. Vier Kapseln Distraneurin hätte ich noch, aber die sind für den Notfall gedacht. Wann kommt der Notfall? Heute? Morgen, überhaupt nicht?

In gut zwei Stunden, wenn Gitte ihren Laden öffnet, wird es mir besser gehen, soviel weiß ich, und mehr will ich im Moment auch gar nicht wissen. Ich stehe auf, gehe ins Bad und schaue in den Spiegel. Noch bin ich unbeschädigt, Glück gehabt. Eine Weile bleibe ich noch vor dem Waschbecken stehen, zur Vorsicht. Dann geschieht es wieder einmal, und mich überfällt ein Gefühl von Wut und Resignation zugleich. Zuerst fangen die Beine an zu zittern und ich presse die Knie gegeneinander, so fest es geht, dann folgen die Handgelenke und Arme, ich drücke die Hände gegen den Beckenrand. Ich spüre einen Schwall heißer Galle in meiner Kehle emporsteigen, Ekel, Qual und Befreiung zugleich, in immer wiederkehrenden Wellen.

Allmählich lassen die Krämpfe nach, plötzlich ist es still, nur ein feines Summen in meinen Ohren. Das war's wohl erst einmal.

Im Korridor liegt meine Geldbörse auf dem Boden. Ich entleere sie und sortiere die Münzen. Drei Euro Zehn brauche ich nachher für eine Literflasche Müller-Thurgau, und es ist besser, das Geld schon abzuzählen, es fehlt meist das Wechselgeld so früh am Morgen.

Doch zwei Stunden, das sind hundertzwanzig Minuten, mir steht der Schweiß auf der Stirn, und es wird von Minute zu Minute schlimmer.

Auch der Rücken ist nass, es riecht unangenehm, und ich öffne die Balkontür.

Wie weit wäre es bis zur SHELL-Station? Nicht weit. Zwei Minuten, wenn ich fahre, eine Viertelstunde zu Fuß. Doch fahren kann ich nicht. Warten kann ich auch nicht mehr. Oder doch? Kann ich nicht wenigstens noch zwei Stunden warten? Nein, ich werde einen kleinen Becher einstecken und losgehen.

Die Tankstelle ist nur schwach erleuchtet. Der Mann hinter der Klappe scheint mich zu erkennen, er geht nach hinten und kommt mit vier Büchsen

an das Fenster zurück. Vier Kindl, bitte, sagt er und legt die Büchsen in das Schiebefach. Fünf Euro, Danke.
Es ist Spätherbst, und die Nacht ist kühl. Im Licht der Straßenlaterne sehe ich, dass es anfängt, leicht zu nieseln. Ich verschwinde unter dem Dach der Reparaturwerkstatt und stelle die Büchsen auf den Fenstersims. Niemand kann mich sehen. Immerhin bemerke ich noch, dass ich es gut finde, dass mich niemand sieht. Vielleicht ist mir auch das bald egal.
Mit einem Zischen löst sich der Verschluss, Schaum dringt heraus und tropft auf die Erde. Mein Magen zeigt einen widerwilligen Reflex, ich muss ihn überlisten, ganz langsam und ganz vorsichtig. Ich lasse das Bier vorsichtig in den Becher einlaufen, damit die Kohlensäure entweicht. Na bitte, so geht es doch.
Ich freue mich jetzt auf die Wärme zu Hause und lasse mir noch zwei Büchsen herausgeben. Dann sehe ich, dass ich unter dem Regen fortkomme.
Denke ich überhaupt noch über mich nach?
Als ich in den Lift einsteige, trifft mich ein verächtlicher Blick. Es ist der Martin Holl, mein Nachbar, der zur Frühschicht geht. Er muss mich wohl schon öfters um diese Zeit gesehen haben.
Ich fülle das Bier in ein zwei saubere Gläser ein und höre die Frühnachrichten. Das Übliche, oder das, was einem so üblich erscheint. Ein Selbstmordanschlag bei Ramallah, über die Zahl der Opfer ist noch nichts bekannt. Auf der B 109 hat ein LKW zehn Fässer Öl verloren. Die Umleitung ist ausgeschildert. Trotzdem gute Fahrt.
Es hat aufgehört zu regnen. Meine Uhr zeigt zehn vor sechs. Wozu brauche ich eine ferngesteuerte Funkuhr, die sekundengenau mit der Zeit geht? Meine innere Uhr ist der Alkohol, er zeigt an, wann ich zu Bett zu gehen oder aufzustehen habe, wann ich Ruhe finde oder den Stress meiner bloßen Anwesenheit ertragen muss.
Kurz vor sechs bin ich bei „Früh und Spät", vor der Verkaufsstelle stehen zwei Gestalten im Regen, rauchen und unterhalten sich. Endlich gehen die Jalousien hoch. Die junge Frau tritt heraus und stellt zwei Schilder neben den Eingang. Bitte schön, meine Herren. Ich kenne die beiden, und sie kennen mich. Wir wissen voneinander nicht, wer wir sind und was wir sind, aber wir grüßen uns freundlich.
Zwei Flaschen Müller-Thurgau, sage ich und lege einen Zehner hin. Die Frau macht ein etwas hilfloses Gesicht, ich sage: noch diese zwei Kleinen hier, so stimmt es.

Gegenüber steht eine Bank vor einem Springbrunnen, der jetzt stillgelegt ist. Es trieft alles vor Nässe, ich setze mich vorsichtig auf die Kante.

Ich mag mit den beiden nicht reden, und mir gefällt es nicht, dass sie näherkommen. Wie geht's, Micha, fragt der eine. Muss gehen, sage ich kurz, ärgere mich darüber, dass sie mich schon beim Namen kennen und drehe den Verschluss auf. Der Geruch ist widerlich, es kommt auf den Versuch an. Das ganze Leben ist ein Versuch, sage ich mir, und würge einen Schluck hinunter. Er bleibt im Magen. Ein gutes Zeichen, dass ich noch nicht am Ende bin.

Morgen um diese Zeit sitze ich wieder im Büro, geht es mir durch den Kopf. In meinem Leben hat alles seine Ordnung. Alles, was ich brauche, ist noch etwas Ruhe.

So geht das nicht, sagt mein Nachbar, als er sieht, wie ich an der Weinflasche herumhantiere. Er nimmt ein kurzes Taschenmesser, dreht und schiebt vorsichtig den Korken nach innen...

Irgendwann müssen die zwei verschwunden sein, denn noch einmal stand ich im Laden, diesmal allein und verlangte nach etwas „Kräftigem". Soviel weiß ich noch.

Danach verwischen sich die Bilder. Ich hatte Streit mit irgend einem Kontrolleur, ich lief am Nordgraben entlang auf morastigem Untergrund, hielt mich an einem Baum fest, ich fuhr mit einer Taxe nach Neukölln, weil ich zu Madeleine wollte – doch wo bin ich jetzt? Allmählich werde ich der Konturen meiner Umgebung gewahr, ein langer, weißgetünchter Gang mit vielen offenen Türen. Um meine Stirn ist ein Verband gewickelt, meine Hände sind zerschrammt. Nun kommen Sie mal, höre ich jemanden sagen und werde in ein Untersuchungszimmer geführt. Wo, um Gottes Willen, bin ich nur gelandet?

Durch das halb geöffnete Fenster sehe ich einige Hochhäuser, davor ein verfallenes Fabrikgebäude. Eine mir unbekannte Gegend. Der Himmel ist grauschwarz. Ist es Abend oder Morgen? Ich werde nicht fragen, es wird sich zeigen.

Vorsichtig wird mir der Verband abgenommen. Na ja, sagt der Arzt. Was soll das heißen? Wir müssen jetzt nichts weiter machen, höre ich dann zu meiner Erleichterung. Ich gebe Ihnen eine Krankschreibung, und Sie kommen übermorgen wieder. Der Arzt hält mich kurz am Oberarm fest: Und – bitte nicht noch mal. Hier haben Sie eine Adresse, die ich Ihnen dringend empfehlen möchte.

Er drückt mir einen grünen Zettel in die Hand. Vielen Dank, sage ich und gehe hinaus. Inzwischen ist es hell geworden.

Und ich weiß jetzt sogar, wo ich bin. Noch zwei Straßen weiter, dann kommt das Kayßler-Eck, dort gibt's Frühstück ab um sieben.
Ich nehme Platz, und die Wirtin betrachtet mich argwöhnisch, als sie mir, ohne dass ein Wort gewechselt wäre, einen halben Liter hinstellt. *Wohl bekommt's.* Noch bin ich allein im Lokal, der Fußboden riecht nach frischem Wachs. Die Wirtin steht am Tresen und schaut zu mir herüber. Unter dem Tisch presse ich die Hände gegeneinander, um das Zittern zu unterdrücken, das schon auf die Handgelenke übergreift. *Kann die Frau nicht rausgehen?* Endlich tut sie es und verschwindet in ihre Küche. Ich beuge mich tief über das Glas, fasse es mit beiden Händen und trinke ein paar Schluck unter dem Schaum weg. *Ganz ruhig bleiben, es geht doch. Noch bin ich allein.* In ein paar langen Zügen leere ich das Glas.
Das ist geschafft.
Die Wirtin kommt zurück und lässt das nächste Bier einlaufen. Die frühe Morgensonne scheint freundlich durch die Scheiben.
Ich fühle den kleinen Zettel in meiner Tasche, zögere etwas, deute der Wirtin mit Daumen und Zeigefinger an, dass sie noch einen Klaren mitbringen möge. Dann wage ich einen Blick auf diesen Zettel: Ambulanz für Alkohol- und Drogenkranke. Zwei Namen, eine Anschrift, Telefon.
Was soll das heißen, was bilden die sich ein? Das Glas liegt jetzt ruhig in meiner Hand, die Nervosität ist verflogen.
Plötzlich muss ich an Madeleine denken. Sie heißt Ingrid Körner, aber sie hatte es immer gern, wenn ich sie Madeleine nannte. Ende des vergangenen Sommers hat sie mich verlassen, für immer, endgültig, wie sie sagte. Ich sei ja eigentlich ein liebenswerter Mensch, doch sie könne es nicht länger aushalten, dauernd in Angst vor meiner nächsten „Phase" zu leben. Ich sagte ihr, dass ich keinen Wert darauf lege, ein liebenswerter Mensch zu sein, wohl aber darauf, geliebt zu werden. Das sei nicht unbedingt ein Widerspruch. Doch, sagte sie, denn ich liebe dich nicht mehr.
Das war das Ende unseres letzten gemeinsamen Urlaubs. Die Rückfahrt war Schweigen. Wir fuhren durch eine herrliche Landschaft und sprachen kein Wort.
Sollte sie mich wegen der Trinkerei verlassen haben, und nur deswegen, dann besteht noch Hoffnung, sie wieder zu gewinnen. Ich brauchte eigentlich nur aufzuhören. Sollten es aber noch andere Gründe sein, von denen ich nichts weiß, das Ganze nur ein Vorwand ist, dann wird es schwierig.

Aber der Gedanke, sie zurückzuholen, wenn ich es denn wollte, lässt mich so schnell nicht los.

Die Wirtin nimmt mein leeres Glas und geht zurück zur Theke. Ich mache eine Handbewegung und sage ihr, dass ich eine Flasche Wein möchte. Zum Mitnehmen? Nein, zum hier trinken. Denn ich werde mich jetzt konzentrieren müssen.

Mit dem Wein kommt das Wohlbefinden, wie ich es mag und kenne. Das kann so schwierig nicht sein mit Madeleine. Sie will nur, dass ich aufhöre zu trinken, das ist alles.

Aufhören zu trinken. Was würde das bedeuten? Ich schaue fast entgeistert in mein Inneres, denn die Frage ist dümmer als alles, was zu fragen erlaubt ist. Aufhören heißt aufhören. Schluss, aus. Was sonst?

Während ich darüber nachsinne, schenke ich mir ein weiteres Glas ein und leere es in einem Zug. Die Idee hat etwas durchaus Reizvolles an sich. Madeleine, die Berge, der Strand. Ich betrachte die halbleere Flasche und denke: ein Anfang wäre gemacht, wenn ich einen Rest, und sei es auch einen noch so kleinen, zurückließe.

Die Wirtin fragt, ob ich nicht etwas zu frühstücken wünsche. Sie fragt in einer etwas aufdringlichen Art, aber sie meint es gut mit mir. Herr Brandtner, sagt sie so leise, als solle es niemand hören, Sie müssten auch mal was zu sich nehmen. Danke, später, sage ich, aber noch einen Klaren könnte ich gebrauchen…

Ich denke, ich habe Wort gehalten. Irgendein Rest ist – gewiss – in irgendeiner Flasche verblieben, nur in welcher und wann, kann ich nicht mehr sagen. Ich weiß es nicht mehr.

Allmählich weicht die Stille den Geräuschen des anbrechenden Tages. Und quälend langsam vergeht die Nacht…

Damit beginnt der Kreislauf von neuem. Michael Brandtner ist Alkoholiker. Er ist in einem Stadium angekommen, in dem das Trinken schon längst keine Quelle der Entspannung, der Befriedigung oder der Heiterkeit mehr ist. Es ist das Stadium der Abhängigkeit, der krankhaften Alkoholabhängigkeit. Doch bevor wir die Geschichte weiter verfolgen, wollen wir einige Tatsachen zusammenstellen, die mit der Entwicklung zur Abhängigkeit zu tun haben.

Sehr häufig trifft man auf das Vorurteil, Alkoholabhängigkeit bestehe generell in einem Fehlverhalten, das sich vor allem auf

Willensschwäche, Disziplinlosigkeit, psychische Labilität, charakterliche Mängel usw. gründet. Offenbar wird noch zu wenig verstanden, dass es zwar eine Alkoholproblematik gibt, die als Fehlverhalten dieser Art bezeichnet werden kann, darüber hinaus aber eine Abhängigkeit von der Droge Alkohol existiert, der echter Krankheitswert zukommt.

Worin besteht der Unterschied?

Gebrauch – Missbrauch – Abhängigkeit

Um die Frage beantworten zu können, muss man zwischen dem Gebrauch, dem Missbrauch und der Abhängigkeit vom Alkohol unterscheiden. Dabei handelt es sich, wie wir zeigen werden, um drei Stufen eines Prozesses der Krankheitsentwicklung.

Um den Missbrauch genau zu definieren, müsste der noch unschädliche Alkoholgebrauch genau festgelegt werden. Dies ist aber so gut wie unmöglich, weil die Verträglichkeit des Alkohols von Mensch zu Mensch verschieden ist. Immerhin ist jedes Angetrunkensein, also die Überschreitung der individuellen Verträglichkeit, bereits als Missbrauch anzusehen. Aber auch der unauffällige tägliche „Fernsehtrinker" kann Missbrauch betreiben, sofern er eine bestimmte Menge regelmäßig überschreitet. Bis zu 20 g Alkohol täglich bei Frauen (1/2 L Bier, 3 Schnäpse oder 1 Glas Wein) und 40 g Alkohol täglich bei Männern (1 L Bier, 6 Schnäpse, 2 Gläser Wein) können medizinisch noch als tolerabel angesehen werden. Neuerdings wird die ursprünglich als unbedenklich geltende Trinkmenge (siehe oben) noch weiter herabgesetzt. So beträgt nach neueren Erkenntnissen die unbedenkliche tägliche Trinkmenge bei Männern 24 g und bei Frauen 12 g. Das darf jedoch nicht zu dem falschen Schluss führen, dass es eine sichere Grenzdosis gibt, unterhalb derer es weder zu Abhängigkeit, noch zu alkohol-assoziierten Folgeerkrankungen kommen kann (W. Feuerlein, O. Krasny, R. Teschke, 1991).

Missbrauch setzt auf jeden Fall dort ein, wo Alkohol (auch mäßig) am ungeeigneten Ort (zum Beispiel am Arbeitsplatz) oder zur ungeeigneten Zeit (zum Beispiel während der Arbeit, bei Benutzung eines Kraftfahrzeugs), darüber hinaus vielleicht noch mit rauschverstärkenden Mitteln (zum Beispiel Medikamenten) bzw. durch ungeeignete Personen (zum Beispiel Kinder, Kranke, Schwangere) konsumiert wird.

Im Unterschied zur Alkoholabhängigkeit als Krankheit spricht man vom Alkoholmissbrauch ohne Krankheitswert, wenn der Betreffende noch entscheiden kann, ob, wann und wie viel Alkohol er trinkt. Diese Unterscheidung erlaubt es aber nicht, die Grenze zwischen Missbrauch und Abhängigkeit anhand bestimmter Mengenangaben festzulegen. Denn man begegnet immer wieder der Frage, wie viel man denn trinken müsse, um abhängig zu werden.

So kennen wir viele Menschen, die im Vergleich zu einem Abhängigen sehr viel mehr Alkohol verkonsumieren, ohne selbst abhängig zu sein. Diese Tatsache verstellt einem Abhängigen oft den Blick auf seinen eigenen Zustand („Der trinkt doch noch viel mehr als ich!").

1 Alkohol- und Medikamentenabhängigkeit

Der Alkoholabhängigkeit geht allerdings stets ein Missbrauch des Alkohols voraus, in der Regel über einen Zeitraum von vielen Jahren. Tatsächlich werden – grob geschätzt – nur etwa 8 % aller regelmäßigen Trinker alkoholabhängig. Wie schnell das geschieht, und ob überhaupt, hängt von vielen individuellen Faktoren ab, die leider zum größten Teil noch unbekannt sind. Im Durchschnitt veranschlagt man für eine Abhängigkeitsentwicklung etwa 6–10 Jahre, wobei ein niedriges Einstiegsalter, d. h. regelmäßiges Trinken schon in früher Jugend, den Prozess sehr beschleunigen kann.

Doch betrachten wir diese Entwicklung etwas genauer.

Der Gebrauch von Alkohol ist in erster Linie an dessen „psychotrope" Wirkung gebunden. Das wird auch der profundeste Weinkenner, der angeblich nur in das „Bouquet" seines Lieblingsgetränks vernarrt ist, letztendlich, wenn er ehrlich ist, nicht verleugnen können. Das heißt, es wird eine positive Stimmungsveränderung empfunden, ein Gefühl der Erleichterung, Entspannung und eine gehobene Stimmungslage (Euphorie). Aus diesem Grunde wird Alkohol auch meist in Gesellschaft getrunken. Über diese sog. „feucht-fröhliche" Phase sind nicht wenige Alkoholabhängigkeiten entstanden. Um dieses „Glücksgefühl" – auch unabhängig von geselligen Anlässen – öfter wiederholbar zu machen, wird mehr und in kürzeren Abständen getrunken.

Die Suche nach dem euphorischen Effekt beginnt sich allmählich zu verselbstständigen und es werden zunehmend Gelegenheiten für den Alkoholgenuss gesucht. Man gewöhnt sich mehr und mehr an die Wirkung des Alkohols, sein Gebrauch wird allmählich zur Gewohnheit. Psychische Belastungen und Spannungen werden dann ohne Alkohol immer schwerer ertragen, so dass die spannungslösende Wirkung des Alkohols direkt und gezielt gesucht wird.

Es kommt nicht selten zu einem fortlaufenden Erleichterungstrinken. Damit ist bereits eine psychische Bindung an den Alkohol eingetreten, ohne dass man schon von einer Alkoholkrankheit sprechen kann. Dieses Stadium wird als die sogenannte voralkoholische Phase bezeichnet. Die überwiegende Mehrheit der regelmäßigen Alkoholkonsumenten kann aber ein Leben lang in dieser Phase verbleiben. Das Bedürfnis nach Entspannung und gehobener Stimmungslage wird nie zu einer echten Gefährdung.

Problematisch wird der Alkoholkonsum aber für Personen, die einen solchen Gleichgewichtszustand nicht über einen längeren Zeitraum aufrechterhalten können. Sie steigern allmählich ihre Trinkmenge und gehen auch mit den Motiven zum Trinken immer leichtfertiger um. So wird zum Beispiel schon vorbeugend Alkohol eingenommen, wenn unangenehme Situationen sich anbahnen (Ärger mit dem Chef oder der Ehefrau, zu erwartender Bescheid vom Finanzamt und ähnliches). Die zunächst rein quantitative Steigerung des Alkoholkonsums wird über kurz oder lang in eine neue Qualität umschlagen: in den Zustand der Alkoholabhängigkeit. Dies geschieht für den Betroffenen in der Regel unbemerkt und natürlich außerhalb seines willentlichen Einflusses.

Es zählt zu den Pionierleistungen des ungarischen Soziologen Jellinek, das Trinkverhalten größerer Bevölkerungsgruppen genauer analysiert und valide statistische Aussagen erarbeitet zu haben. Diese 1957 im Auftrag der WHO vorgenommenen Untersuchungen haben ihn zu einer Differenzierung sogenannter Trinktypen geführt, die in ihren wesentlichen Aussagen auch heute noch gültig ist. Dabei wird der Kreis der Personen, die alkoholabhängig sind, grob in zwei Gruppen eingeteilt: die Kontrollverlusttrinker einerseits und die Spiegeltrinker andererseits. Darauf soll nun näher eingegangen werden.

Der Kontrollverlusttrinker

Für den Kontrollverlusttrinker ist kennzeichnend, dass er trotz des festen Vorsatzes, sich nicht maßlos zu betrinken, die Kontrolle über Trinkmenge und Trinkablauf verliert, was nicht selten zum Vollrausch führt. Zwischen den einzelnen Kontrollverlusten, die zunächst nur in größeren Abständen eintreten, muss er nicht unbedingt Alkohol zu sich nehmen. Durch diese Kontrollverluste wird der Betroffene für seine Umwelt in zunehmendem Maße auffällig. Insbesondere sind bei ihm die sozialen Folgen gravierend (Arbeitsbummelei, offensichtliche Trunkenheit bis zur Nichtansprechbarkeit, Aufgabe des Arbeitsplatzes, Partnerschaftsprobleme).

Eine Einsicht in die Krankhaftigkeit des Trinkverhaltens besteht bei dem Betroffenen zunächst nicht. Er zieht sich vielmehr auf ein buntes Arsenal von Ausreden zurück, die ihm zumindest die Tür zu weiteren Trinkexzessen offen halten (gerade mal zu wenig gegessen, Unpässlichkeit, schlecht geschlafen usw.).

Der Kontrollverlust ist das nach außen hin am augenfälligsten in Erscheinung tretende Phänomen, das den „maßlosen Trinker" kennzeichnet bzw. brandmarkt. Es ist nicht ganz einfach zu verstehen.

Immerhin muss man bedenken, dass mit zunehmender Alkoholisierung der Mensch nach und nach seine elementarsten Fähigkeiten verliert: Er kann nicht mehr klar denken, er kann nicht mehr richtig sprechen, seine Bewegungen werden unsicher, er kann sich nur noch mühevoll aufrecht halten, ihm wird übel usw. Trotzdem trinkt er, kaum dass er sich noch artikulieren kann, immer weiter Alkohol, selbst nachdem er erbrochen hat. Einer jeden anderen Substanz, die solche massiven Beeinträchtigungen nach sich zieht, würde man entsetzt aus dem Wege gehen (J. Lindenmeyer, 2010).

Des Rätsels Lösung liegt, wie man heute weiß, im menschlichen Stoffwechsel begründet. Wir können an dieser Stelle darauf nicht näher eingehen; der entscheidende Punkt ist, dass der Alkohol im Gehirnstoffwechsel Prozesse in Gang setzt, die stark euphorisierend (Lust erzeugend) wirken – bei besonders veranlagten Menschen eben leider besonders stark, und dieser Effekt alle anderen negativen Einflüsse überspielt (vgl. Kapitel: Alkoholismus als Krankheit). Der Betroffene sucht dann die ihm wohlbekannte euphorische Wirkung des Alkohols schließlich um jeden Preis, darum trinkt er immer mehr, wie unter einem inneren Zwang stehend, und bemerkt dabei nicht, dass infolge der zunehmenden Betäubung die erwünschte Wirkung mehr und mehr verloren geht. Die ersehnte Euphorie rennt dem Trinker gewissermaßen davon. Sehr häufig setzt nur die eintretende Bewusstlosigkeit diesem Prozess ein Ende.

Im Anfangsstadium, das sich aber über Jahre erstrecken kann, wird der Kontrollverlusttrinker zunehmend „trinkfester". Wir sprechen von einer Toleranzentwicklung (Erhöhung der Verträglichkeit). Manche Gewohnheitstrinker können geradezu beeindruckende Alkoholmengen zu sich nehmen, ehe sie schlussendlich doch zusammenbrechen. Kraftfahrer, die mit 3,5 Promille und mehr im Blut aus dem Verkehr gezogen werden, zählen zu solchen Exemplaren. Später, in der chronischen Phase, nimmt dann die Toleranz wieder ab.

Einige Symptome können als klare Kennzeichen für eine beginnende Abhängigkeit gelten: Die eben erwähnt Zunahme der Toleranz, auftretende Gedächtnislücken, sogenannte Filmrisse (black outs), heimliches Trinken, gieriges Trinken des ersten Glases, ständiges Denken an Alkohol. Damit verbunden sind Schuldgefühle: Der Betreffende

spürt, dass sein Trinkverhalten aus dem gesellschaftlichen Rahmen fällt (L. Schmidt, 1986).
Auch werden ständig innere Rechtfertigungen für das Trinken gesucht. Sehr verbreitet sind massive Stimmungsschwankungen, die sich zwischen Aggressivität und Selbstvorwürfen, verbunden mit wachsendem Selbstmitleid, bewegen. Diese primär psychischen Wirkungen können in diesem Stadium bereits mit dem Auftreten körperlicher Entzugserscheinungen verbunden sein, wie Händezittern (Tremor), Schweißausbrüche, psychomotorische Unruhezustände bis hin zu Krampfanfällen mit Bewusstseinsverlust.

Am Fortschreiten der Krankheit ändert sich auch nichts, wenn – wie das häufig geschieht – vorübergehende Änderungen des Trinkverhaltens, des „Trinksystems", vorgenommen werden, so etwa der Vorsatz, nur noch abends zu trinken oder hochprozentige Getränke zu vermeiden.

Auch eine vorübergehende Abstinenz, selbst für den Zeitraum von Wochen oder Monaten, ändert nichts an der Tatsache einer nicht mehr rückgängig zu machenden Alkoholabhängigkeit.

Es gehört daher zu den „Tücken" dieses Krankheitsbildes, dass dem Kontrollverlusttrinker das moderate, mithin kontrollierte Trinken über einen gewissen Zeitraum durchaus gelingen kann. Ob diese Kontrolle sich über Tage oder Wochen erstreckt, ist dabei unerheblich; entscheidend ist allein, dass solche Phasen zeitlich vergleichsweise eng begrenzt sind.

Nichts desto weniger wird der Betroffene, der sich gerade auf einer solchen „Stabilitätsinsel" befindet, alle Urteile über seine angebliche Alkoholabhängigkeit weit von sich weisen.

Natürlich ist die sogenannte „Stabilitätsinsel" nur eine typische Chimäre des Alkoholikers, gewissermaßen eine der vielen seiner Wunschvorstellungen (Siegfried Fritzsche) inmitten des tosenden Wellenganges im alkoholischen Ozean, um bei der Metapher zu bleiben.

In der Realität wurde Robinson Crusoe durch ein Schiff von seiner Insel aufs sichere Festland gerettet. Uns dagegen rettet nur eine Therapie um uns ans sichere Festland der Abstinenz zu bringen. Ohne Therapie keine Stabilität!

Und selbst das Argument, dass Zehntausende von Alkoholikern dieses Verhalten erfolglos praktizieren, wird ihn kaum überzeugen können. Schließlich sei doch jeder Mensch anders; was für viele Menschen zutrifft, braucht für *mich* noch lange nicht zu gelten. Mit dieser Logik überrennt der Kontrollverlusttrinker auch mehrere schwere – und immer schwerer werdende – Rückfälle. Kaum dass er sich von einem Zusammenbruch leidlich erholt hat, flammt in ihm schon der Gedanke auf: das nächste Mal mache ich es gescheiter! (V. Kielstein, 1990).

„Gleichwohl hat ein solches, der Selbstkontrolle entglittenes Trinken – Trinken gerade ist ja häufig ein Motiv oder Anlass für ein individuelle und gesellschaftlich gebilligtes und erwartetes oder sogar gefordertes Trinken! – oft als sehr negativ selbst- und fremd empfundene Auswirkungen, die den Betroffenen in eine Außenseiterstellung drängen. Dabei richtet sich der Vorwurf meist nicht in erster Linie gegen sein Trinken, sondern sein missbilligtes oder nicht akzeptiertes Verhalten (im älteren Deutsch noch das Verhalten eines Säufers, der erst relativ spät zum Trinker aufgewertet wurde!), das ihn im Rausch zu einer „anderen Persönlichkeit" macht. Statt des Ratschlags: „Beschimpfe nicht deine Frau" oder „Prügle dich nicht mit anderen!" o. ä. heißt es dann oft, in der Erkenntnis, dass der Alkohol dabei eine Rolle spielt oder doch spielen kann: „Trinke anders!" – Also, besser, unauffälliger, ungefährdeter und ungefährdender usw.

Von diesem „anders" zum „kontrolliert" oder „wieder kontrolliert" ist oft nur ein kleiner Schritt. Er meint am ehesten: „Trinke wie andere" oder „Trinke wie ich!", denn der Ratgeber glaubt, er trinke unauffälliger und gesellschaftlich gebilligter, weil er nicht ausrastet und die „Kontrolle über sein Trinkverhalten" nicht verliert.

Entscheidender mag dabei aber noch immer sein, dass dabei überhaupt nicht an die Möglichkeit eines krankhaften Trinkens gedacht wird. Schließlich ist dies keine gesellschaftliche Allgemeinerkenntnis.

Dieser Rat mag bei nicht krankhaften Trinkern hilfreich sein, auch wenn er nicht jedes weitere „Versagen" verhindern kann. Er ist völlig untauglich, wenn es sich um ein krankhaftes Trinken handelt, bei dem die Selbststeuerung – oder Selbstkontrolle, zunehmend versagt, wenn sie durch den Alkohol ausgeschaltet wird. Dazu genügen bekanntlich bei Alkoholabhängigen schon geringe Alkoholmengen (der „erste

Schluck") und nicht erst ein höherer Berauschungsgrad bei „normalen" Betrunkenen. Wenn weder der Betroffene noch seine Ratgeber den grundsätzlichen Unterschied zwischen einem nicht-krankhaften und einem krankhaften Trinken kennen – und das tun nicht einmal alle Ärzte, ja nicht einmal alle Psychiater und Psychologen – oder der krankhafte Trinker diese Krankheit für sich nicht akzeptieren kann oder will, dann kann bei ihm diese – grundsätzlich falsche – Entscheidung keine grundsätzliche Verhaltensänderung bewirken.

Er kann nicht lernen, nach Alkoholgenuss die Kontrolle über sich wiederzuerlangen – der Begriff des Kontrollverlusts ist ja keine Fiktion. Eher kann mit einem falschen Therapieangebot (wieder?) zu einem kontrollierten Trinken zu verhelfen, Geld verdient werden. Auch dies ist als Motiv therapeutischen Handelns nicht ausgeschlossen.

Die Erkenntnis, alkoholkrank zu sein – in der Regel keine Selbsterkenntnis, sondern eine von außen, oft gegen heftigen Widerstand, vermittelte Fremderkenntnis – ist schmerzhaft. Schmerzhafter noch ist die Erkenntnis, dass es nicht um einen zeitweiligen (kürzeren), sondern einen dauerhaften (lebenslangen) und totalen Alkoholverzicht geht, weil die Krankheit nicht heilbar ist." (E. Winter, 2016).

Wann, inwieweit und ob überhaupt ein mit den Rückfällen verbundener, also erfahrungsbedingter Lernprozess einsetzt, ist von mehreren Faktoren abhängig: u. a. vom Ausmaß und vom Druck sozialer Folgeschäden, vom Persönlichkeitsprofil des Abhängigen. Dabei erweist sich der letzte Faktor als der am wenigsten aufgeklärte. Keine eindeutigen Beziehungen lassen sich zum Beispiel aufzeigen zwischen „Willensqualitäten" (starker oder schwacher Wille) und Rückfallneigung (vgl. S. 46), ebenso wenig wie zwischen intellektueller Konstitution und Alkoholmissbrauch. D. h. der Faktor „Fähigkeit zur Einsicht" spielt ganz offensichtlich eine eher untergeordnete Rolle. In diesem Zusammenhang sei bemerkt, dass bei ausgesprochen Schwachsinnigen („Idioten") kein Alkoholmissbrauch erkennbar ist bzw. auch keine Neigung dazu besteht.

Unklar ist allerdings auch, warum der Kontrollverlusttrinker überhaupt größere Pausen, also längere Phasen strikter Abstinenz, einlegt. Denkt man an den sog. Quartalssäufer, der scheinbar aus heiterem Himmel, aber aufs Ganze gesehen doch nach einem gewissen

Zeitschema dem unkontrollierten Trinken nachgibt, dann steht natürlich die Frage nach den Ursachen einer solchen Periodizität. Rein psychisch dürfte das nicht zu erklären sein (etwa nach dem Schema: nun reicht's mir mal wieder!). Es deutet vielmehr einiges darauf hin, dass bestimmte, noch nicht detailliert beschreibbare Stoffwechselzyklen hinter der Verhaltensweise der periodischen Trinkanfälle stehen, zumal man weiß, dass sich Alkoholismus aus biologisch-medizinischer Sicht als Stoffwechselkrankheit darstellt und dass der pathologisch veränderte Gehirnstoffwechsel zu den dominierenden Einflussfaktoren gehört (vgl. Abschnitt „Alkoholismus als Krankheit").

Zeitperiodische Vorgänge in der genannten Art werden in neuerer Zeit durch die sogenannte **Chronobiologie** erforscht, und es liegt nahe, auch das periodisch auftretende Trinkbedürfnis (Craving, „Saufdruck") aus den Erkenntnissen dieses Wissenschaftszweiges heraus zu verstehen (G. Baier, 2001). Die Spannbreite dieser so benannten Biorhythmen reicht immerhin vom Sekunden-, Stunden-, Tages-, Monats- bis hin zum Jahreszyklus. Darum ist zu vermuten, dass auch der Craving-Zyklus sich in dieses Geschehen einordnen lässt, denn von der Zeitstruktur aus gesehen wäre dies durchaus möglich. Genauere Erhebungen hierzu stehen allerdings noch aus.

Die Phase des massiven Alkoholmissbrauchs kann sich über viele Jahre erstrecken. Der Alkohol wird zum Dauerproblem und zu einer erheblichen Belastung für nahezu alle Bereiche des Lebens. Daher sprechen wir auch von der kritischen Phase. Es ist die Zeit der ständigen Partnerschaftskonflikte, Ehescheidungen, Jobverluste. Und es ist auch die Zeit der immer wieder unternommenen Versuche, den Alkoholkonsum in irgendeiner Weise unter Kontrolle zu bekommen. Der totale Zusammenbruch tritt vorerst noch nicht ein oder besser: lässt noch auf sich warten.

Doch irgendwann ist die Kompensationsfähigkeit nicht mehr gegeben, sodass diese Phase in ein typisches Endstadium, die chronische Phase, übergeht. Diese äußert sich beim Kontrollverlusttrinker zunächst in einer sprunghaften quantitativen Zunahme des Alkoholkonsums, was unter Umständen in tagelange Rauschzustände ausarten kann. Hinzu kommt, dass in aller Regel schon am frühen Morgen oder bereits in der Nacht getrunken wird. Gegen die zunehmende Unruhe muss

1 Alkohol- und Medikamentenabhängigkeit

dann „nachgetankt" werden. Zumeist tritt morgens ein krankhaftes, qualvolles Würgen auf, vulgär als „trockenes Kotzen" bezeichnet, das so lange anhält, bis man sich langsam und mit viel Mühe in die Lage bringt, wieder Alkohol aufzunehmen. Die Abstände zwischen den einzelnen Kontrollverlusten verringern sich meistens in sehr kurzer Zeit.

Zur chronischen Phase gehört auch eine allmähliche Abnahme der Alkoholverträglichkeit (Toleranzbruch), die sich nach einiger Zeit einstellt. Diese wird vom Betroffenen und seiner Umgebung oft positiv gewertet, da es zu einer gewissen Reduzierung der Trinkmengen, d. h. der Quantitäten zur Erreichung der gewünschten Wirkung, führt. Tatsächlich aber hat nur die Widerstandsfähigkeit des Körpers zur Kompensation der Vergiftung nachgelassen, sodass weder die Kontrollverluste ausbleiben, noch von einem sozial besser angepassten Trinken die Rede sein kann. Die allgemeine körperliche Schädigung ist so weit fortgeschritten, dass schon relativ geringe Alkoholmengen ausreichen, um den Betroffenen in den Rauschzustand zu versetzen. Er kann nicht mehr so viel trinken, was ihm von seiner Umgebung irrtümlich als „maßvoll" gewordenes Trinken („er hat sich doch gebessert") bescheinigt wird. Die Entzugserscheinungen (Zittern, Schwitzen, panische Ängste, Krampfanfälle) nach Absetzen des Alkohols nehmen an Schwere zu (S. Fritzsche, 1989).

Im Verlauf dieser Phase können hirnorganische Schädigungen auftreten, die sich in einer Beeinträchtigung des Denkens, ethischem Abbau, Abflachung der Persönlichkeit, emotionalen Fehlreaktionen und Störungen der sinnlichen Wahrnehmung äußern. Dabei werden auch innere Organe bleibend geschädigt. Erfolgt keine ärztliche Behandlung, können psychotische Episoden auftreten bis hin zum Delirium tremens – einem Krankheitsbild, das ohne ärztliche Behandlung tödlich enden kann.

Der Spiegeltrinker
Dieser zweite Trinktyp fällt zunächst sozial viel weniger auf. Dass er aber für diese Unauffälligkeit einen sehr hohen Preis bezahlen muss, ist nicht auf den ersten Blick erkennbar: Er ist gezwungen, zur Herstellung seiner normalen Befindlichkeit stets einen bestimmten Alkoholspiegel im Blut aufrecht zu erhalten und wirkt so ein wenig angesäuselt, daher auch die Bezeichnung „Spiegeltrinker".

Die Anfangsphase ist bei ihm gekennzeichnet durch den oft jahrelangen komplikationslosen Umgang mit Alkohol. In dieser Phase überwiegt ein sogenanntes rauscharmes Trinken meist nach Feierabend und am Wochenende, an dem sich die Trinkmenge gelegentlich auch steigern kann. Bevorzugte Getränke sind Bier, Wein oder Sekt. Der Spiegeltrinker ist der typische Haustrinker, er besucht seltener Gaststätten. Er lässt es nie zum Vollrausch kommen, behält die Übersicht, ist stets Herr der Lage, nie „sturzbetrunken". Es ist der sozial noch Stabile, z. T. sogar Erfolgreiche, der für den „gewöhnlichen Trinker" auf der Parkbank nur ein mitleidiges Lächeln übrig hat. Und er könnte dieses Gefühl der Überlegenheit durchaus beibehalten, auch lebenslang – wenn er nicht in das Stadium der Abhängigkeit geriete. Doch genau das geschieht leider sehr oft (H. Windischmann, 1989).

Es gehört zu den unangenehmen Überraschungen für den an seinen mäßigen, „zivilisierten" Alkoholkonsum Gewöhnten, wenn er aus plötzlich eintretenden zwingenden Gründen auf seinen täglichen, von ihm so aufgefassten Genussalkohol verzichten muss. Dann wird er mit der Tatsache konfrontiert, dass sein Körper mit ganz unerwarteten Entzugserscheinungen reagiert. Und ohne dass er sich größerer Schuld bewusst ist, muss er feststellen, dass seine Hände leicht zu zittern beginnen, Schlafstörungen einsetzen und das Befinden ganz allgemein in einen unangenehm nervösen Erregungszustand versetzt wird. Erklärungen sind dann leicht gefunden: Überarbeitung, Ärger, Stress, Belastung. Und auch das Gegenmittel steht in greifbarer Nähe: ein Gläschen Kognak oder Wein zur Entspannung, zur Beruhigung.

Wenn das zum Dauerzustand wird, sind die Weichen gestellt für den Eintritt in die nächste Phase der Abhängigkeit, die mit einer Erhöhung des Alkoholspiegels verbunden ist. Charakteristisch dafür ist, wie auch beim Kontrollverlusttrinker, die Zunahme der Alkoholverträglichkeit (Toleranzsteigerung) und verstärktes Trinken am Feierabend, der oft sehnlich erwartet wird („nichts darf ihn verzögern!"). Besonders an Wochenenden und an Feiertagen wird stärker getrunken. Wegen der Zunahme der Alkoholmenge wird auf hochprozentige Getränke, vorwiegend Schnaps, umgestiegen. Das schafft auch weniger Transport- und Aufbewahrungsprobleme beim Anlegen geheimer Alkoholdepots, die nötig erscheinen, um gegebenenfalls schnell, unauffällig und wirkungsvoll die plötzlich und bedrohlich aufkommenden Entzugserscheinungen abzufangen. Es spielt sich hier ein Lernen aus Erfahrung ab – die Erfahrung, dass Alkohol als Moderator geeignet ist und daher stets griffbereit zu sein hat. Der Spiegeltrinker ist oftmals gezwungen, bei Feiern oder Geselligkeiten, bei denen verspätet oder auch nur mäßig Alkohol zu erwarten ist, schon zu seiner Sicherheit auf Vorrat zu trinken. Andererseits kann er bei Geselligkeiten, die vorschnell in ein handfestes Gelage ausarten, sich selber ohne weiteres zurückhalten. Dies ist die doppelte Logik des Spiegeltrinkers.

Oft „gleitet" der Spiegeltrinker, von ihm selbst unbemerkt, in die Abhängigkeit. Dazu mein *(Siegfried Fritzsche)* eigenes Beispiel:

Vor vielen Jahren, ich wollte mit meiner Familie in den Sommerurlaub fahren, bemerkte meine Frau sorgenvoll mein regelmäßiges Trinken, was ich so nicht wahrnahm. Meine Frau empfahl mir, für die ersten Tage des Urlaubs Bier mitzunehmen. Ich war bass erstaunt, denn ich war felsenfest der Meinung, dass ich dies nun wirklich nicht brauche. Am Urlaubsort angekommen, der Tag verging, der Abend dämmerte. Ich wurde plötzlich unruhig, bekam Ängste, die ich mir nicht erklären konnte. Kurzentschlossen ergriff ich einen im Flur stehenden Plasteeimer und eilte mit traumwandlerischer Sicherheit in die nächste Kneipe. Ich stellte meinen Eimer auf den Tresen und bat den Wirt, ihn mit Bier zu füllen. Er lächelte wissend und füllte mir den Eimer.

Nachdem ich die Gaststätte verlassen hatte, nahm ich unterwegs einen Schluck aus dem Eimer und verspürte einen angenehmen wohltuenden „Ruck", der durch meinen Körper ging. Alle Ängste waren im Nu verflogen, und nach weiteren Schlucken wurde ich ruhig und ausgeglichen, kurzum die Welt war wieder in Ordnung. Aber ich hatte nun ein großes Problem. Mir wurde bewusst: ich war abhängig, das durfte aber bloß nicht rauskommen. Von diesem Zeitpunkt an ging ich nun ganz anders mein Bier und den Wein einzukaufen. Stets mit der Angst im Nacken, es könnte mich jemand sehen, der mich kennt. Der einst unbefangene Einkauf hatte sich in Angst aufgelöst.

Das nahm bisweilen groteske Formen an. In einem Urlaubsort, wo ich mit meiner Familie die Ferien verbrachte, lernten wir ein Ehepaar kennen, wobei mich der Mann ganz sympathisch fand. Das wurde mir zum Verhängnis. Gleich am nächsten Morgen hängte er sich an meine Fersen und war nicht abzuschütteln. Ich wollte in der weit entlegenen Kaufhalle mein Bier einkaufen und hatte bereits sorgfältig meine Unzahl von leeren Flaschen in Zeitungspapier eingewickelt, um das Klappern zu verhindern Der schon genannte Mann wollte dort auch etwas einkaufen und begleitete mich zu meinem Leidwesen. Selbst bei der Flaschenabgabe wich er nicht von meiner Seite, so das ich die beträchtliche Anzahl von Flaschen in den beiden Taschen behalten musste, um nicht aufzufallen. Und die Vielzahl von vollen Bierflaschen, die ich gewöhnlich brauchte, konnte ich auch nicht einkaufen.

So zog ich schweren Herzens mit den leeren Flaschen zurück zum Hotel (2 km!) und tat dann endlich allein, und wieder mit den leeren Flaschen, erneut den beschwerlichen Raubzug zur Kaufhalle und zurück an.

In der chronischen Phase des Spiegeltrinkers wird die Trinkmenge, ebenso wie beim Kontrollverlusttrinker, weiter gesteigert. Denn jedes Absinken des Alkoholspiegels ist von heftigen Entzugserscheinungen begleitet. Das geschieht häufig bei von außen erzwungener Abstinenz (z. B. Krankenhausaufenthalte). Alkohol wird jetzt schon lange nicht mehr als Genuss- oder auch nur Beruhigungsmittel eingesetzt, sondern nach Art eines unverzichtbaren, lebensnotwendigen Medikaments.

Das tägliche Beschaffen meiner Alkoholvorräte glich einem Spießroutenlauf *(Siegfried Fritzsche).* **Natürlich wechselte ich immer die Supermärkte und nahm durchaus lange und beschwerliche Wege in Kauf. Aber wie es ebenso ist, über Jahre hinweg wiederholte sich alles regelmäßig und die Verkäuferinnen an der Kasse sahen mich oft mütterlich mitleidvoll an, wenn ich wieder aufkreuzte und meinen Korb auspackte. Oh, wie war ich froh, wenn ich neben meinem Bier manchmal auch noch ein paar andere banale Dinge kaufen konnte, die ich in der Regel nicht brauchte, einfach um weniger aufzufallen, so dachte ich damals.**

Die Alkoholaufnahme erfolgt häufig in Stundenrhythmen. Wir kennen den disziplinierten Angestellten, der seine Flasche Schnaps im Schreibtisch hat, um sich bei Bedarf unauffällig bedienen zu können. **Als Kind (Siegfried Fritzsche) amüsierte ich mich immer, wenn mir meine Großmutter von einem entfernten Onkel erzählte, der in grauer Vorzeit eine leitende Stellung im Solvey Konzern meiner Heimatstadt inne hatte (wohl sicher nicht sehr lange S. F.). Jener** soll damals regelmäßig mit der Schnapsflasche in den Gottesdienst gezogen sein. In meiner Saufphase war mir dieses Spiegeltrinken äußerst einfühlbar und leider auch traurige Realität.

Da der Spiegeltrinker in dieser Phase ständig Alkohol braucht, um zu „funktionieren", spricht man von Abstinenzverlust, während der oben beschriebene Kontrollverlust bei ihm nicht eintritt. Deshalb wird die chronische Phase bei ihm auch als <u>Abstinenzverlustphase</u> bezeichnet. Der Betroffene kommt aus diesem Teufelskreis seines Trinksystems aus eigener Kraft nicht heraus, da er längere alkoholfreie Zeiträume nicht mehr ertragen kann, und so können bei ihm massive körperliche Schäden auftreten wie Bluthochdruck, schwere Leberschäden, Zuckerkrankheit durch Bauchspeicheldrüsenerkrankung u. a.

Wenn die Kontinuität der Alkoholzufuhr durch äußere Umstände einmal unterbrochen wird, wozu auch durchgeführte Abstinenzversuche („Jetzt ist Schluss!") gehören, kann es zu schweren psychischen und körperlichen Krisen kommen (episodische Sinnestäuschungen, epileptische Anfälle und Delirium tremens).

In diesen Fällen kann ein eiserner Wille sogar gefährliche Auswirkungen haben. Längere Unterbrechungen der Alkoholvergiftung, wie sie der Kontrollverlusttrinker noch zustande bringt und dadurch dem Körper u. U. eine gewisse Regeneration ermöglicht, kommen beim chronischen Spiegeltrinker praktisch nicht mehr vor.

In der chronischen Phase nähert sich das Trinkverhalten der Kontrollverlust- und Abstinenzverlusttrinker einander an und ist in der Endphase kaum noch zu unterscheiden:

- Die verbrauchten Alkoholmengen haben für beide Trinktypen massiv zugenommen.
- Beide können auch nicht vorübergehend abstinent leben.
- Massive körperliche Schädigungen.
- Beide bedürfen ärztlicher Hilfe.
- Beide suchen immer verzweifelter nach einer Lösung ihres Problems.

Die letzten beiden Feststellungen sollen uns im Folgenden beschäftigen.

Einstieg in den Ausstieg

Sowohl der als willenlos geltende Kontrollverlusttrinker, als auch der in Grenzen sozial angepasste Spiegeltrinker wird, wenn auch zunächst nur unterschwellig, zur Einsicht gelangen, dass er durch ausschließlich eigenes Bemühen die Alkoholabhängigkeit nicht überwinden kann.

Während nun ein normaler Mensch bei jeder ernsthaften Beeinträchtigung der körperlichen oder seelischen Befindlichkeit einen Arzt aufsucht, um die Ursachen abzuklären und sich ggf. in Behandlung zu begeben, wird das ein Alkoholabhängiger zunächst nicht tun. **Aber schon das Wort Arzt hatte bei mir in meiner Saufphase eine besonders negative und angstbesetzte Bedeutung (Siegfried Fritzsche). So ein Arzt hätte mir ja schnell auf die Schliche kommen können, meine geschwollene Leber tasten und meine Magenbeschwerden auf seine ganz eigene Art deuten, in eine Richtung die für mich gefährlich gewesen wäre. Um einen Arzt machte ich damals einen riesen Bogen. Er war in dieser Phase meines Suffs mein erklärter Feind! So blieb mir in jener Zeit nichts weiter übrig als „gesund" zu bleiben.** Als allgemeine Regel kann gelten, dass die Betroffenen erst dann um medizinische Hilfe nachsuchen, wenn der körperliche und seelische Zustand oder die sozialen Konflikte ein fast unerträgliches Maß erreicht haben. Und auch dann wird die Entscheidung, sich in eine Behandlung zu begeben oder anderweitig Hilfe zu suchen, alles andere als einfach sein. Denn dieser Entschluss wird letztendlich als gravierender Einbruch der eigenen Autorität und des Selbstbewusstseins, als Eingeständnis der Hilflosigkeit empfunden.

Oft war es so, dass ich mir *(Siegfried Fritzsche)* der eigenen Misere durchaus bewusst war. Und doch trank ich wieder Alkohol und nahm Tabletten. Morgen allerdings, da wollte ich mit aller Gewissheit ein neues abstinentes Leben beginnen, aber eben erst morgen.

Heute aber mochte ich mir den Tag noch nicht verderben, denn schließlich, so bildete ich mir ein, konnte ich ja auch kontrolliert trinken, wie viele andere, und ich versuchte es auch (getreu jener Propheten, die heute dem „kontrollierten Trinken" das Wort reden).

Natürlich wurde daraus nichts. Der nächste Tag und die dann folgenden Jahre liefen immer nach dem gleichen Muster ab, bis ich mich auf diese Weise an den Rand meiner Existenz manövrierte.

Erst dann, nach 20 Jahren, entstand bei mir eine Abstinenzmotivation, für die ich nun jeden Tag aufs Neue dankbar bin. Grundsätzlich kann ich zusammenfassend sagen: Es reicht immer nur so weit, wie es im Kopf bereits klar ist.

Die schwere Entscheidung

Ich mache mir nicht die Mühe, mich an etwas erinnern zu wollen, sondern versuche aufzustehen. Doch meine Beine wollen nicht mehr gehorchen. Ich lasse mich zurück auf die Bettkante sinken und überlege, ob ich noch betrunken sein könnte. Doch schon aus der Tatsache, dass ich diese Überlegung anstellen kann, folgt, dass ich es nicht bin. Meine Gedanken sind klar und folgerichtig, doch mein Gleichgewichtssinn scheint ausgeschaltet zu sein. Eine neue Erfahrung. Das wird wohl heute nichts mit der Tankstelle. Und auch nichts mit dem Arztbesuch. Das ist schlimm, sehr schlimm, aber nicht zu ändern. Ich gehe in die Hocke und sehe, dass ich irgendwie in Richtung Bad vorwärts komme, dabei fasse ich in einen Beutel, der am Boden liegt und höre den hellen Klang von Flaschen. In einem letzten Instinkt von Vorsorge muss ich sie gestern noch besorgt haben. Das Gefühl der Erleichterung, das mich in diesem Moment erreicht, ist grenzenlos – so grenzenlos, dass ich zu Tode erschrocken sein müsste, zu Tode erschrocken darüber, wie die Wahrnehmung von ein paar schäbigen Flaschen Bier meine Stimmung verändert. Aber ich werde aufhören, noch heute werde ich aufhören, nur eben jetzt noch nicht. Ich lasse die Flüssigkeit in mich hineinlaufen und versinke in einen ruhigen und traumlosen Schlaf…

Mich umgibt noch ein feiner Schleier von Betäubung, dann mache ich mich endlich auf den Weg. Zu meiner Verwunderung kann ich wieder aufrecht stehen und laufen.

Die Ambulanz liegt weit draußen am Nordend, ist aber leicht zu erreichen. Niemand kann mich zu etwas zwingen, sage ich mir, ich kann kehrt machen, wann immer ich will, ich gehe hin, damit der Arzt in der Chirurgie morgen nicht ausrastet. Sie werden fragen, woher die Wunde am Kopf kommt, vielleicht fragen sie auch überhaupt nichts.

Ich gehe die schmutzigen Wege zwischen den Backsteinbauten entlang und hoffe im Innersten, die Ambulanz sei vielleicht gar nicht zu finden. Dann habe ich es wenigstens versucht. Ich werde die Sache mit mir allein ausmachen. Ich könnte Madeleine erzählen, dass ich „dort" gewesen und wieder weggeschickt worden bin. Doch dann wird sie jede Hoffnung aufgeben. Aber dort ist sie schon, die Ambulanz für Alkohol- und Drogenkranke. Ich nehme keine Drogen, was hat das eine mit dem anderen zu tun? Gut, wie auch immer. Sollen sie mir einen Termin geben, dann gehe ich wieder.

Ihr Name bitte? Brandtner. Sind Sie angemeldet?
Nein, ich wollte nur einen Termin. Vielleicht nächste Woche?
Sie können warten, wenn Sie wollen. Termine kriegen Sie dann später.

Ich gebe auf und setze mich. Wenn ich jetzt irgendeinen Fragebogen ausfüllen muss, haben sie Pech gehabt. Dazu brauchte ich erst einen Viertelliter Schnaps. Doch die Chip-Karte reicht erst einmal.

Die Zeit zieht sich endlos hin. Mir gegenüber sitzt ein Pärchen, adrett gekleidet ist die junge Frau, sie unterhalten sich leise, lachen über irgendetwas. Daneben ein Mann um die Fünfzig, so wie ich.

Kann mir vielleicht jemand sagen, was ich hier soll? Mich belustigt die Vorstellung, diese Frage in den Raum zu stellen, doch in Wirklichkeit ist mir ziemlich elend zumute. Die Betäubung lässt nach, der Nebel, der mich bisher noch umgab, lichtet sich, und mit zunehmender Klarheit der inneren Wahrnehmung wächst auch die Angst, was kommen mag.

Schließlich werde ich aufgerufen. Herr Brandtner, bitte. Mein Gang ist wieder unsicher und etwas schwankend. Nimm dich jetzt um Gottes Willen zusammen, denke ich.

Ich darf in einem bequemen Sessel Platz nehmen, und der Arzt, der etwa in meinem Alter sein dürfte, schaut mich an, ohne nähere Fragen zu stellen. Er sagt nur, dass er es gut findet, dass ich gekommen bin.

In mir breitet sich ein unangenehmes Schuldgefühl aus, und ich würde – so scheint es mir – viel darum geben, wirklich krank zu sein. Eine verrenkte Schulter vielleicht, Rückenschmerzen, Erkältung mit hohem Fieber oder was auch immer. Doch ich habe kein Fieber, ich habe, genau besehen, nicht einmal Schmerzen.

Doch nun muss ich auf die Frage, was der konkrete Anlass meines Erscheinens sei, etwas antworten.

Ich beginne mit größter Vorsicht, und es klingt fast wie eine Ausrede.

Ich denke, so erkläre ich mühsam, dass ich irgendwann, wenn es so weitergeht, ja irgendwann so ein Problem mit dem Alkohol kriegen könnte. Ich habe ja gehört, dass es der Leber nicht gut tut, wenn man zuviel Alkohol trinkt, vielleicht könnte man mal die Leber … In letzter Zeit war es eben etwas zu viel, ich meine, ich habe etwas zu viel getrunken. Ich glaube, auch mein Magen hat etwas abbekommen. In letzter Zeit habe ich fast gar keinen Appetit mehr.

Das müsste eigentlich reichen, denke ich. Man wird mir etwas Blut entnehmen und einen neuen Termin machen. Dann wird sich herausstellen, ob ich krank bin oder nicht.

Mein Gegenüber sieht mich mit einer freundlichen Gelassenheit an, die mich etwas verwirrt. So so, keinen Appetit mehr, na ja, sagt er schließlich und schiebt mir einen weißen Zettel herüber.

Schreiben Sie mal bitte Ihren Namen, Anschrift und Telefonnummer auf, damit ich Sie gegebenenfalls erreichen kann.

Ich fühle, wie plötzlich mein Puls in die Höhe geht. Um dem Anfall von Unruhe, der auf mich zukommt wie eine Flutwelle, zuvorzukommen, greife ich hastig nach dem Stift und setze ihn auf das Papier. Zu spät. Die Spitze des Kugelschreibers zittert in unkontrollierten Bewegungen hin und her. So schlimm war es ja noch nie, denke ich, und gebe auf. Ich lehne mich schweißgebadet zurück und erwarte eine Diagnose. Oder auch eine Moralpredigt.

Der Arzt drückt zwei Tabletten aus einer Folie und reicht sie mir. Nehmen Sie die erst einmal, zwei gebe ich Ihnen für heute Abend mit. Wir sehen uns dann morgen früh wieder. Trinken Sie bis dahin nichts.

Das war alles? Und warum schon wieder morgen früh?

Ich stehe wie benommen vor dem Ausgang. Was hatte ich erwartet? Eine längere Aussprache oder auch gezielte Befragungen? Oder auch eine milde Empfehlung, es künftig nicht zu übertreiben, einen Gang zurückzunehmen? Nichts dergleichen. Kommen Sie morgen wieder, das war alles.

Immerhin hatte er nicht behauptet, ich sei Alkoholiker. Das war meine geheime Befürchtung, und sie ist nicht eingetroffen. Er kann das auch nicht behaupten, denn Alkoholiker sehen anders aus. Ich kenne welche.

Bis morgen nichts trinken? Eigentlich ist von vornherein klar, dass er so reden muss, was soll er sonst empfehlen. Er würde es auch dann verlangen, wenn es nicht unbedingt nötig wäre. Er ist schließlich Arzt. Es kann also nicht viel zu bedeuten haben.

Ich habe die Freiheit der Entscheidung und fühle mich trotzdem allein gelassen. Aber wie hätte ich's denn gern? Ich habe gehört, dass man Patienten hinter Schloss und Riegel bringt, um sie von ihren Suchtstoffen fern zu halten. Stationärer Aufenthalt heißt das dann. Aber will ich das wirklich? Nein, denke ich, das sollte den „richtigen" Alkoholikern vorbehalten sein, und dass mir diese Möglichkeit gar nicht erst angeboten wurde, ist Beweis genug, dass ich es nicht bin.

Meine Gedanken kreisen um die zwei Tabletten, die in meiner Tasche liegen. Wer weiß, was das für ein Zeug ist. Vielleicht vertragen sie sich nicht mit Alkohol, es käme auf einen Test an. Doch dann hätte ich mir die ganze Mühe sparen können.

Also werde ich mich an die Anordnung halten, wenigstens einen Tag lang, und auf das Gespräch morgen früh warten. Und wenn das alles nichts bringt, dann habe ich immer noch die Möglichkeit, das zu tun, was ich wirklich will.

Der Erstkontakt eines Alkoholabhängigen mit einem Therapeuten bedeutet für ihn die Überwindung einer erheblichen Hemmschwelle. Er nimmt in aller Regel sein Suchtverhalten als persönliches Versagen wahr, das sich aus genau diesem Grunde auch durch persönliches Engagement, durch eigene Anstrengung, durch ein schlichtes „Sich-Zusammennehmen" wieder beheben lassen sollte. Und in der Tat gehen einem Arztbesuch zahlreiche Anstrengungen dieser Art voraus, zum Teil über viele Jahre hinweg. Das Bekenntnis, selbst hilflos zu sein und damit Hilfe suchen und annehmen zu müssen, steht meist am Ende einer ganzen Kette von gescheiterten Selbstbehandlungsversuchen, welche alle zum Ziel hatten, das Trinkverhalten doch wieder unter Kontrolle zu bekommen.

Doch auch dieses Bekenntnis wird zunächst nur unvollständig, wenig konsequent und halbherzig sein, kaum mehr als eine Ahnung dessen, was nach heutigem Wissen als manifeste Alkoholkrankheit bezeichnet werden muss. Das heißt, eine wirkliche Krankheitseinsicht ist für gewöhnlich auch zu dem Zeitpunkt noch nicht vorhanden, da der

Betroffene einen Therapeuten aufsucht. Und das bedeutet auch, dass das Arzt-Patienten-Verhältnis sich in wesentlichen Punkten von dem unterscheidet, was wir bei traditionellen Behandlungen somatischer (körperlicher) oder psychosomatischer Erkrankungen vorfinden.

Diese zunächst unzureichende Krankheitseinsicht stellt auch zugleich das Haupthindernis bei der Behandlung des Alkoholabhängigen dar.

Nur in Ausnahmefällen suchen Alkoholkranke aus freiem Entschluss einen Arzt oder eine Beratungsstelle auf. Zwar behaupten sie fast durchweg, sich freiwillig in Behandlung zu begeben, doch tatsächlich folgen sie einer Reihe von äußeren Zwängen, die ihnen praktisch keine andere Wahl lassen.

Da ist zunächst der Druck aus dem unmittelbaren persönlichen und familiären Umfeld. Die Familie leidet oft jahrelang unter dem ständigen Trinken eines Partners (nicht immer muss es der Mann sein), ist gestresst und erschöpft von den ständigen Bemühungen um Schadensbegrenzung. Irgendwann aber erfolgt dann ein Aufbegehren, und all die Bemühungen und Opfer werden dann in ein Ultimatum münden: Behandlung – oder Trennung mit allen Konsequenzen.

Eine analoge Zuspitzung der Lage ergibt sich meist parallel dazu im Arbeitsumfeld: Bereitschaft zu einer Behandlung – oder Kündigung (sofern überhaupt noch diese Alternative gegeben ist).

Ein weiteres Therapiemotiv ergibt sich – wenn auch meist sehr spät – aus dem Erlebnis von körperlichen Entzugserscheinungen, die deutlicher als alle anderen Symptome auf eine bestehende Krankheit hindeuten. Denn der Alkoholentzug ist ein völlig neuartiges Symptom und darf nicht verwechselt werden mit den Erscheinungen des üblichen „Alkoholkaters" (Übelkeit, Kopfschmerzen etc.).

Somit baut sich ein mehrfacher Druck auf, dem der Betroffene auf Dauer nicht mehr standhalten kann und der die Aussage „ich bin freiwillig gekommen" unglaubwürdig macht oder zumindest stark relativiert.

Wie auch der spezielle Fall im Einzelnen liegen mag: Der (künftige) Patient befindet sich im Zustand einer erheblichen psychischen Belastung, wenn er sich schließlich in die Therapieeinrichtung begibt.

Die Therapeuten wissen das natürlich. Der typische „Neuankömmling" offenbart eine bestimmte Form von Abwehrhaltung. Er weiß, dass er nicht ohne eigene Schuld in seine Lage gekommen ist und Hilfe beansprucht, die er eigentlich hätte vermeiden können. Er wird daher versuchen, seine Lage zu bagatellisieren oder seinen Zustand anderen Ursachen oder „höherwertigen" Konflikten zuzuschreiben. Er wird verschiedene Alibis für sein Trinken konstruieren (familiärer Ärger, beruflicher Stress, Schicksalsschläge usw., aber auch Vorstellungen vom fehlenden Sinn im Leben), die zu seiner Entlastung beitragen sollen.

In der Mehrzahl der Fälle kann die inhaltliche Auseinandersetzung mit der Suchtproblematik beim Erstkontakt nicht näher angesprochen werden, sondern muss auf einen späteren Zeitpunkt verschoben werden, da der Betroffene sich meist in einem auch körperlich schlechten Zustand befindet, der eine medizinische Hilfe erfordert. Zu diesen Maßnahmen gehört in erster Linie die Bekämpfung der Entzugssymptomatik, eine unter ärztlicher Kontrolle durchgeführte Entgiftung des Körpers unter Verwendung von Medikamenten. Im Rahmen einer ambulanten Behandlung kann dies schon deshalb notwendig sein, damit für die nächsten Stunden und Tage die vorgeschriebene Abstinenz ohne größere Komplikationen durchgehalten werden kann.

Diese Phase wird auch Entgiftungsphase genannt. Sie dauert im Allgemeinen nur wenige Tage, in Ausnahmefällen bis zu drei Wochen.

Das heißt aber, dass der Alkoholabhängige, gemessen an der langen Zeit seines Missbrauchs, außerordentlich rasch in einen Zustand relativen Normalbefindens versetzt werden kann, was in erster Linie bedeutet, dass die Entzugserscheinungen behoben worden sind. Das ist einerseits erfreulich für den Betroffenen, andererseits birgt es für ihn die Gefahr, die Schwere seiner Erkrankung zu unterschätzen. Er wird sich in seinem stets unterschwellig angelegtem Bestreben, die Alkoholabhängigkeit zu bagatellisieren oder zu verleugnen, zunächst einmal bestätigt fühlen. Im Ergebnis führt das dann zu Rückfällen gerade in der ersten Zeit der gesundheitlichen Wiederherstellung.

Im therapeutischen Erstkontakt müssen bestimmte Weichen gestellt werden. Zum einen muss ein vertrauensvolles, von moralischen Werturteilen weitgehend freies Arzt-Patientenverhältnis hergestellt werden, zum anderen muss aber auch eindeutig klargestellt werden, dass ohne die aktive Mithilfe des Patienten jede Art von Therapie schon im Ansatz sinnlos wird, dass also an dieser Stelle die freie Entscheidung des Patienten gefordert ist. Insbesondere muss ihm deutlich werden, dass er sich durchaus auch **gegen** eine Therapie entscheiden kann. Erst wenn diese Grundsatzfragen geklärt sind, kann mit der eigentlichen therapeutischen Arbeit begonnen werden.

Es ist eine Erfahrungstatsache, dass Alkoholkranke sehr häufig die zunächst angenommene Hilfeleistung wieder abweisen, sobald sich ihre körperliche, seelische und soziale Lage einigermaßen gebessert hat. Sie werden sich dann über kurz oder lang wieder der Versuchung aussetzen, Alkohol zu trinken, diesmal „selbstredend kontrolliert und in Maßen". Die Blamage einer erneuten Niederlage sitzt dann so tief, dass wieder Selbstversuche zur Rückkehr in die Abstinenz unternommen werden.

Hiermit hängt auch der tatsächlich schwierigste Punkt bei der Behandlung Alkoholkranker zusammen, nämlich die Einsicht zu vermitteln, dass sie zu einem kontrollierten Trinken nicht in der Lage sind und auch niemals in der Lage sein werden. Denn dieses Defizit ist durch den Betroffenen von seinem „inneren Gefühl her" überhaupt nicht nachzuvollziehen. Und auch das eigentlich zwingende Argument, dass es Hunderten, Tausenden, Zehntausenden von Alkoholikern nicht anders ergeht, kann immer noch durch Überlegungen wie „jeder Mensch ist anders; was für so viele gilt, muss auf mich noch lange nicht zutreffen etc." ausgehebelt werden. In diesem Falle hilft nur – wenn überhaupt – die schmerzliche Erfahrung der Rückfälle in das unkontrollierte, exzessive Trinken.

Doch diese Erfahrungen haben ihren Preis. Meist nach wenigen Tagen, unter Umständen aber erst nach Wochen, wird der Alkoholabhängige wieder den Kampf aufnehmen müssen, um in eine abstinente Lebensweise zurück zu finden. Er wird es abermals aus eigener Kraft versuchen, da das Eingeständnis, es nicht geschafft zu haben, vor allem die Offenbarung seiner Schwierigkeiten anderen gegenüber nunmehr doppelt schwer fällt. Die Tage werden zur Qual, denn der Wille zur Abstinenz muss gegen die wieder aufkommenden Entzugserscheinungen durchgesetzt werden. In kaum einer anderen Situation fühlt sich der Abhängige einsamer und so auf sich selbst gestellt wie in diesem Spannungsfeld zwischen Trinken-Müssen und Aufhören-Wollen.

1 Alkohol- und Medikamentenabhängigkeit

Ich will nicht mehr!
Wie gut, dass ich wenigstens noch diesen Garten habe. Eigentlich nur ein Stück Rasen, ein paar Sträucher, drei Tannen und – immerhin – ein Bungalow. Es ist alles verwildert, das Gras steht hoch, von den Beeten ist fast nichts mehr zu erkennen. Mit der Pacht bin ich im Rückstand, aber es scheint niemanden zu kümmern.

Ich weiß, dass ich großen Ärger kriegen werde. Sie werden sich fragen, wo ich bin und vermuten, dass ich wieder einmal „abgestürzt" bin und mich eine Krise niedergestreckt hat, oder dass ich vielleicht doch noch, irgendwann am späten Vormittag, zum Dienst erscheine, halb zerstört zwar, aber nüchtern, bedingt arbeitsfähig, fahrig, unkonzentriert, aber immerhin. Ich würde das noch aushalten bis in den frühen Nachmittag hinein, bis endlich die Kantine öffnet und mir schweigend und diskret die Flasche Lindenblättriger in die Hand gedrückt wird. Ich würde dann in der Toilette verschwinden, den Korken lösen und ein paar Minuten später einigermaßen beruhigt und gelassen an meinen Schreibtisch zurückkehren. Genau das würde ich jetzt um diese Stunde tun, doch heute nicht, ich will nicht mehr.

Ich werde den heutigen Tag durchstehen, komme was wolle. Und wenn nachher Adolf's Imbiss öffnet, werde ich kurz grüßen und vorbei gehen. Ich muss mich jetzt auf mich selbst und mein Innerstes konzentrieren, alles andere ist unwichtig. Doch was ist mein Innerstes? Worauf soll ich mich konzentrieren, wenn da kaum mehr ist als ein heilloses Durcheinander von aufflammenden Wünschen und gestorbenen Zielen? Wo ist die innere Substanz geblieben, der ich mir einst so sicher war?

Und welchen Sinn soll es haben, den heutigen Tag durchzustehen, wenn doch morgen alles wieder zusammenbricht? Wozu dann die Quälerei, wenn sich doch alles als nutzlos erweist? Der Gedanke könnte mir fast gefallen. Ich setze mich in Bewegung, unschlüssig, wohin und wozu, und schließe das Gartentor hinter mir zu.

Doch ich gehe in eine ganz andere Richtung, dorthin, wo sich die Häuser allmählich in der Landschaft verlieren. Adolf kann warten. Wenigstens noch zwei, drei Stunden, das muss möglich sein.

Die Mittagssonne steht hoch, die Wege sind staubig, und ich spüre ein unangenehmes Gefühl im Magen. Seit einigen Tagen habe ich nichts mehr gegessen, und irgendwie hat sich ätzender Schleim gebildet, der mir die Übelkeit verursacht. Aber das ist alles nichts Neues. Ich weiß, wie es ist, wenn man aufhört zu trinken. Der Körper spult eine immer gleiche und genau vorherbestimmte Szenerie ab und lässt keinen Schritt aus. Als nächstes kommt das trockene Erbrechen, ein Schütteln und Würgen ohne wirkliche Erleichterung.

Ich komme an der Waldschänke vorbei, das letzte Anwesen im Dorf. Sie hat schon geöffnet, im Vorgarten stehen Tische und Stühle, die Sonnenschirme werden aufgerichtet. Eine wirkliche Gefahr bedeutet diese Waldschänke nicht, wenigstens im Moment nicht. Der Grund dafür ist einfach: hier wird das Bier in Gläsern ausgeschenkt. Wer das nicht selber mitgemacht hat, wird diesen Satz nicht begreifen. Doch ich weiß, dass das Zittern meiner Hände ein schier unüberwindliches Hindernis ist, ein gefülltes Glas zum Mund zu führen, und die Blamage kann ich mir nicht noch mal leisten. Bei Adolf ist das leichter. Er stellt einem die geöffneten Flaschen vor die Nase.

Die Weggabelung führt rechts im großen Bogen genau dorthin, nach links geht es in eine kleine Schonung hinein. Ich bleibe eine Weile stehen, drehe mich im Kreise und bin überrascht, wie viele Gedanken über mich hereinstürzen. Ich sehe mich vor einer symbolischen Entscheidung. Ich weiß, dass ich mich jetzt entscheiden muss, doch ich will mich nicht entscheiden. Der Wegweiser, der an die alte Kiefer genagelt ist, hilft auch nicht weiter. Rechts geht es nach Meppendorf, also wieder zurück, links zum Kienitzsee. Doch was soll ich dort? Ganz langsam, nur so, als wolle ich die Möglichkeit prüfen, gehe ich in Richtung See. Fast verspüre ich so etwas wie Erleichterung, dann aber überkommt mich wieder diese Übelkeit.

Das ist nun höhere Gewalt, sage ich mir und mache kehrt. Das halte ich nicht aus, das muss ich mir nicht antun, nicht jetzt, nicht heute, zurück also ins Dorf.

Ich suche nach einem Gedanken, der mein Gewissen beruhigt. Andere sprechen von Ausrede, Schwäche, Suche nach einem Alibi. Der Gedanke erscheint mir plausibel. Wie geht man jedes größere Ziel an: Step by step, Schritt für Schritt, nicht alles auf einmal erzwingen wollen. Der Weg zur Abstinenz ist ein Prozess, so habe ich es doch schon gehört. Und das heißt: nicht von heut' auf morgen, sondern nach und nach. Fast bin ich etwas erschrocken, wie einleuchtend mir das erscheint. Und step by step, das heißt jetzt: noch mal zum Imbiss, ein wenig plaudern, ein kleines Bierchen, vielleicht auch zwei, nichts übertreiben, nur etwas Ruhe finden, und morgen ist

schon ein ganz anderer Tag. Fast schon ist die Übelkeit verflogen, eigentlich hat sich damit der Grund meiner inneren Umkehr ja schon aufgehoben, aber ich will meine Entscheidungen auch nicht laufend korrigieren.
Oder doch? Vielleicht sollte ich den Rasen mähen. Wenn ich damit fertig bin, ist es Abend. Ein paar gewonnene Stunden. Und dann noch mal zu Adolf, viel Zeit bleibt dann nicht mehr, um sich zu besaufen. Sicher ist sicher, so müsste es gehen, und die Nacht würde nicht ganz so ruhelos verlaufen.
Doch Adolf hat unsichere Öffnungszeiten. Wenn er keine Lust mehr hat, schließt er einfach seinen Laden und ich stehe im Trockenen. Das ist schon passiert, und ich musste bis Milkau rüberfahren, um mir was zu holen. So geht's also auch nicht. Wie also? Was soll ich tun? Was soll ich nicht tun?

Solche Überlegungen sind typisch für einen Abhängigen, der zu der Einsicht gekommen ist, dass es wie bisher nicht weiter gehen kann und aus eigener Kraft aussteigen will. Der Konflikt zwischen dem – ganz und gar ernst gemeintem – Willen zur Abstinenz und der verzweifelten Suche nach einem milderen, gar schmerzfreien Ausweg führt oft zu ganz kuriosen Verhaltensweisen. Es werden künstlich Barrieren aufgebaut, die wenigstens das Abgleiten in die Volltrunkenheit verhindern sollen. Das „Zeitschinden" ist eine dieser in der Regel erfolglosen Strategien. Der Betroffene versucht, die noch verbleibende Dauer seines Alkoholkonsums so zu begrenzen, dass er auch bei hastigstem Trinken nicht mehr „zum Zuge" kommt. Oder er macht sich mit einem nur geringen Geldbetrag auf den Weg, lässt die größeren Scheine zu Hause usw. Noch erstaunlicher allerdings erweist sich dann der Erfindungsreichtum, die aufgestellten Barrieren wieder einzureißen. Denn es gehört zum Wesen der Alkoholabhängigkeit, dass eine vernünftige, vorausschauende Handlungsplanung kaum noch stattfindet, sondern das Geschehen allein durch den unmittelbaren Druck der seelischen und körperlichen Entzugserscheinungen bestimmt wird.

Aus diesem Grunde ist einem Alkoholabhängigen der Versuch, sich selbst aus dem Kreislauf der Sucht zu befreien, nur selten ein dauerhafter Erfolg beschieden. Er benötigt daher, wie das bei jeder ernsthaften Erkrankung der Fall ist, eine Therapie. Das klingt einfach, logisch und folgerichtig, doch bei Suchterkrankungen sind die Verhältnisse im Vergleich zu rein körperlich bedingten Krankheiten eben anders gelagert.

Am Anfang meiner Alkoholkarriere *(Siegfried Fritzsche)* dachte ich immer für mich, ach so schlimm ist es bei dir ja noch lange nicht, und so soff ich weiter bis zum bitteren Ende. Zum Glück kriegte ich dann doch noch die Kurve, es hätte durchaus viel schlimmer kommen können. Nun kann sich aber die Ideologie der Verharmlosung derart verfestigen, dass sie zu einer Art Lebenshaltung wird, die so in den langsamen, aber sicheren Tod führen kann. Alkoholismus ist Selbstmord auf Zeit. Viele Freunde und Bekannte habe ich auf diese Weise verloren.

Von den Schwierigkeiten, sich überhaupt in eine Behandlung zu begeben, war schon die Rede. Was bei anderen Erkrankungen keiner besonderen Erwähnung bedarf, nämlich bei Beschwerden einen Arzt aufzusuchen, wird beim Alkoholabhängigen schon durch den besonderen Begriff „Erstkontakt" problematisiert. Dementsprechend hat auch die Therapie der Alkoholabhängigkeit ihre spezifischen Merkmale.

Wie bei keiner anderen Behandlung spielt hier die Motivation die entscheidende Rolle für den Einstieg in ein abstinentes Leben. Gesund werden heißt ja in diesem Falle nicht einfach, sich von einem Leiden befreien zu lassen, sondern jeglichen Kontakt zur Droge Alkohol abzubrechen, zu der sich im Verlaufe der Jahre eine Art Hass-Liebe eingestellt hat, die schwer zu durchbrechen ist. Davon wird noch ausführlich die Rede sein.

Hier sollen nur die wichtigsten Erkenntnisse vorweg genommen werden:

Der erste Schritt besteht in der Einsicht, dass ein Leben wie bisher nicht mehr fortgeführt werden kann. Gesundheitliche Probleme, ein zerstörtes Familienleben, finanzielle und soziale Schwierigkeiten versperren die Aussicht auf ein gesundes und zufriedenes Leben.

Der zweite Schritt ist für den Betroffenen die Erkenntnis, dass er den Ausstieg aus dem Kreislauf der Sucht allein nicht bewältigen kann; er braucht die Hilfe anderer – und muss sie annehmen.

Der dritte und vielleicht wichtigste Schritt besteht im Eingeständnis, suchtkrank zu sein („Ich bin Alkoholiker"). Gegen alle objektiven Gründe ist gerade dieses Eingeständnis sehr schwer zu erreichen.

Es liegt schon ein gehöriges Maß an Tragik in solchen Alleingängen und Alleinversuchen, wenn man bedenkt, dass es durchaus Möglichkeiten gibt, die es dem Alkoholkranken zumindest erleichtern, aus seinem

Suchtkreislauf auszusteigen. Neben einer professionell geführten Therapie, über die später noch berichtet werden wird, besteht immer die Möglichkeit, sich einfach einer Gruppe Gleichbetroffener anzuschließen. Wir sprechen daher auch von **Selbsthilfegruppen.** In einer solchen Gruppe kann man ohne falsche Scham seine Probleme darlegen und mit dem Verständnis anderer rechnen, das einem sonst nur selten widerfährt.

Das alles klingt plausibel, doch in Wirklichkeit ist der Widerstand, solche Gruppen zu besuchen, zumindest in der Anfangsphase, sehr groß. Das hängt, wie schon erwähnt, vor allem mit dem beschädigten Selbstbewusstsein des Betroffenen zusammen, mit dem Eingeständnis also, die Probleme nicht allein lösen zu können.

Ich brauche keine Gruppe!
Ich bin ein Einzelkämpfer. Alles, was ich geschafft habe, ist mir durch eigene Kraft gelungen. Und so kann ich auch mit dem Alkohol fertig werden. Allein. Die Regel kenne ich: nichts mehr trinken. Es ist die einfachste aller Lebensregeln. Man braucht nicht etwas zu befolgen, man muss nur etwas unterlassen.

Die Empfehlung meines Arztes, eine sogenannte Gruppe, eine Art Selbsthilfegruppe aufzusuchen, empfinde ich als unangenehm aufdringlich; auf der anderen Seite möchte ich mir sein Vertrauen erhalten. Eine Zwangslage also. Doch um argumentieren zu können, sollte ich wenigstens einmal dort gewesen sein. Es wird an meiner Ablehnung nichts ändern, doch ich werde dann wissen, wovon ich rede.

Ich fühle mich wie in einem Stachelkorsett, als ich das Gebäude gegenüber dem Nordbahnhof betrete. Kein Zweifel, da stehen sie. Noch könnte ich zurück, aber ich überwinde mich.

Guten Tag sage ich, ist das hier die Selbsthilfegruppe? Ich soll mich bei Herrn Jung melden. Ein fragender Blick. Natürlich, ich wusste es, man mag mich nicht. Ach so, der Herbert, sagt schließlich einer, der da drüben, der sich gerade die Zigarette anbrennt, der ist es. Ich stelle mich kurz vor. O.k., sagt Herbert und lacht, kannst schon reingehen.

Ich setze mich an den langen Tisch, auf dem Kaffeetassen und etwas Gebäck stehen, und mein einziger Gedanke ist, dass es nicht ewig dauern kann, bis ich hier wieder raus bin. Doch niemand hat es eilig, und es dauert eine Weile, bis alle Platz genommen haben. Jeder hat noch mit jedem etwas zu bereden.

Herbert begrüßt uns, sagt, dass er sich freue, dass alle wohlbehalten durch die Woche gekommen sind.

Wer will anfangen? Gudrun fängt an. Ich heiße Gudrun, sagt sie, bin 41 Jahre alt und Alkoholikerin. Warum, zum Teufel, denke ich, sagt sie Dinge, die jeder weiß. Sind wir in einer Sekte? Doch dann berichtet sie von Problemen, die sie hat, von der Schwierigkeit, im Supermarkt an den magischen Flachen vorbeizukommen. Ich empfinde das als lächerlich, halte mich aber zurück mit einer Bemerkung, die mir auf der Zunge liegt. Stattdessen frage ich sie, wie lange sie schon nichts mehr trinkt. Seit drei Monaten bin ich trocken, erhalte ich zur Antwort. Wie ich dieses Wort hasse: trocken. Es ist erniedrigend, entmündigend. Doch immerhin, drei Monate sind schon eine lange Zeit. Dahin müsste ich erst einmal kommen – wenn ich denn wollte. Dann wird der Fall ausdiskutiert. Sie könne doch ihren Sohn einkaufen schicken, wenn es ihr noch so schwer fällt. Nein, das geht nicht, weil ihn seine Freunde dann aufziehen würden. Außerdem vergisst er immer alles. Es geht vom Hundertsten ins Tausendste. Und ich werde nervös. Schließlich sagt Gudrun noch, dass sich ihre Haut deutlich gebessert hat, es käme eben doch alles vom Saufen. Ich glaube zwar nicht, dass das stimmt, aber ich spüre, dass hier ehrlich miteinander geredet wird. Jeder darf erzählen, was für ihn wichtig ist. Und wichtig ist, was jeder für wichtig hält.

Dann ist Bernd an der Reihe. Ich heiße Bernd und bin 35 Jahre. Ich bin Alkoholiker. Ich bin seit drei Wochen trocken. Das ist mir schon sympathischer. Drei Wochen, so wie ich. Er kann nicht schlafen, sagt er, möchte sich am liebsten mit einer Flasche Schnaps zur Ruhe bringen, tut es aber nicht. Aber ob er das noch lange durchhält, weiß er nicht. Daran solle er auch gar nicht denken, wirft Herbert ein, er solle nur daran festhalten, heute nichts zu trinken, heute und nur heute. Der Alkohol läuft dir nicht weg, den gibt es morgen auch noch. Also: trinke heute nichts.

Ich beginne zu verstehen, dass es hier nicht um spitzfindige Diskussionen geht, sondern schlicht und einfach ums Überleben. Und ich beginne mich von meinem Vorhaben zu verabschieden, mich selbst als einen schwierigen, in gewisser Weise noch nicht entschiedenen Fall darstellen zu wollen. Doch kann ich mich denn wirklich ungeprüft als Alkoholiker bezeichnen?

Doch, ich kann. Denn ich bin an der Reihe. Ich heiße Michael, ich bin 51 Jahre alt. Ich bin Alkoholiker.

Die sogenannte Gruppentherapie hat sich für die Langzeitbehandlung von Suchtkranken als eine sehr wirkungsvolle Methode erwiesen. Dies ist zunächst eine Erfahrungstatsache, welche durch nüchterne Statistiken belegt werden kann.

Gruppe, doch nicht mit mir *(Siegfried Fritzsche),* war sofort mein erster Gedanke, als man mir nach meiner Klinikentlassung den Besuch einer Gruppe empfahl. Zum Glück sagte mir eine andere Eingebung: du hast immer alles besser gewusst und es ging so herrlich schief, geh doch lieber mal in die Gruppe. Als ich dann die Gruppe besuchte, merkte ich, dass ich dort goldrichtig war. Heute nach 33 Jahren Abstinenz weiß ich, dass ohne Gruppe keine dauerhafte Abstinenz zu erreichen ist. Das bestätigen mir alle, denen es so ähnlich ging wie mir.

Die Teilnahme an einer Selbsthilfegruppe bedeutet in ihrem wesentlichen Kern, dass sich eine bestimmte Anzahl von Betroffenen in regelmäßigen Abständen (z. B. wöchentlich) zusammenfindet, um über aktuelle Lebensprobleme zu sprechen, zu denen in erster Linie, aber keineswegs ausschließlich, das Durchhalten der angestrebten Abstinenz gehört. Ob bei diesen Gesprächsrunden ein Therapeut zugegen ist (Therapiegruppe) oder nicht (Selbsthilfegruppe), ist von untergeordneter Bedeutung. Es scheint aber so zu sein, dass Selbsthilfegruppen effektiver sind, da sich der leitende Therapeut, wenn auch unausgesprochen, den Vorwurf gefallen lassen muss, dass er „eigentlich" gar nicht weiß, wovon die Rede ist.

Die Teilnahme an einer Gruppe bedeutet zunächst einen ersten Schritt auf dem Wege zur Überwindung der seelischen und sozialen Isolation, in der sich der Abhängige häufig befindet. Er findet sich in einer Gemeinsamkeit wieder, in der er seine Probleme, zumindest die der Suchtabhängigkeit, nicht verstecken muss. Obwohl dies auch für ein Einzelgespräch mit einem Therapeuten zutrifft – vorausgesetzt, der Wille zur Behandlung ist überhaupt gegeben –, ist der Einfluss einer Gruppe insgesamt stärker, nachhaltiger und in seiner Langzeitwirkung höher zu bewerten.

Die Ursache dafür ist nicht vordergründig erkennbar. Denn die rein sachlichen Informationen, die dem Betroffenen durch die Gruppe vermittelt werden, sind eher gering. Dies ist auch der Grund, weshalb gerade in der Anfangsphase der Abstinenz der Widerstand gegen die Teilnahme an einer Selbsthilfegruppe in der Regel sehr groß ist. Denn der Abhängige hat von seinem Arzt oder Therapeuten „alles Notwendige" über sich und seine Krankheit erfahren; weshalb soll er sich also mit viel Zeitaufwand dieselben Argumente nochmals anhören? Darüber hinaus haben sich Alkoholabhängige meist auch zu typischen Einzelgängern entwickelt, was ihnen den Kontakt zu anderen Menschen schon aus diesem Grunde erschwert.

Die – wie schon gesagt: nachweisbare – Wirksamkeit dieser Therapieform muss also andere Ursachen haben.

Da ist zunächst die in der Anfangsphase ungewollte, dann aber mit einiger Sicherheit eintretende emotionale Bindung an die Gruppenmitglieder, und zwar unabhängig davon, ob sie von persönlicher Sympathie getragen wird oder nicht. Der Gedanke, einen Rückfall vor der Gruppe verantworten zu müssen, ist eine Art unsichtbare Schutzbarriere. Die Gruppe wird als eine Art von Autorität erlebt, der man sich, wenn auch möglicherweise ungewollt, so doch faktisch unterordnet.

Ein weiterer positiver Einflussfaktor liegt schlicht und einfach in der Regelmäßigkeit der Zusammenkünfte begründet. Egal, was eine „Gruppenstunde" an substanziellen Erkenntnissen hervorbringt (im schlimmsten Falle also nichts) – die Betroffenen werden zumindest an die Tatsache ihrer Abhängigkeit erinnert.

Und noch eins verdanke ich (Siegfried Fritzsche) der Gruppe, den enormen Gewinn an Freiheit. Vorher hatte ich immer unbeschreibliche Ängste „entdeckt" zu werden und war dann immer bass erstaunt, wenn man mir die Wahrheit ins Gesicht sagte. Und das aus einer Ecke, aus der ich es wirklich nicht erwartete.

So fuhren wir, ein Kollege und ich, von der bestandenen Facharztprüfung von Rostock nach Greifswald. Unterwegs sagte plötzlich mein Kollege: „Was willst Du eigentlich dann machen, Du kannst doch nicht alles versaufen!" Ich ging wie vom Donner gerührt in mich.

Vor solchen Situationen, deren es mehrere gab, hatte ich eine Heidenangst entwickelt, die sich mit der Therapie und der daraus

resultierenden Abstinenz völlig verlor. Diese Freiheit möchte ich um nichts in der Welt wieder aufgeben!!!

Darüber hinaus wird aber auch eine beträchtliche Anzahl konkreter Einzelerfahrungen ausgetauscht. Sie werden meist unbewusst verarbeitet und spielen eine wichtige Rolle beim Durchstehen der Abstinenz in konkreten Situationen. Denn Mahnungen wie „du darfst nicht trinken" oder „halte durch" etc. sind weitgehend abstrakt und damit weniger wirkungsvoll. Wichtiger ist, sich in konkreten Rückfallsituationen mit dem Verhalten anderer identifizieren zu können und so einen Rückfall „abzubiegen". Und je breiter das Spektrum solcher Verhaltensweisen ist, das man zum Vergleich der eigenen Situation verfügbar hat, desto unwahrscheinlicher wird der Rückfall sein.

In den meisten Gruppen werden auch Adressen bzw. Telefonnummern ausgetauscht mit dem Ziel, dass jeder in einer sich anbahnenden Gefahrensituation sich mit einem anderen Gruppenmitglied austauschen, gleichsam „freisprechen" kann. Umso erstaunlicher ist es, dass von dieser Möglichkeit nur selten Gebrauch gemacht wird. Wer vor der Entscheidung steht: Trinke ich jetzt oder nicht, wird die Frage mit sich selbst ausfechten wollen, und die Wirksamkeit der Gruppe ist im Wesentlichen durch den von ihr vermittelten kollektiven Erfahrungshintergrund gegeben.

Tatsache ist, dass die Rückfallgefahr mit der Regelmäßigkeit von Gruppenbesuchen erheblich zurückgeht. Das gilt selbst für den Fall, dass der Betroffene ungern und gegen innere Widerstände die Gruppe aufsucht. Umgekehrt bedeutet ein längeres Fernbleiben von der Gruppe mit großer Wahrscheinlichkeit, dass ein Rückfall sich anbahnt oder schon stattgefunden hat. Das sind Fakten, deren tiefere Ergründung oder Erklärung nicht einmal unbedingt erforderlich ist; notwendig ist nur, sie anzuerkennen.

Der Rückfall
Ich bin topfit

Ich vermag es kaum zu glauben. Fünf Monate sind vergangen, seit ich den letzten Schluck Alkohol in meinen geschundenen Körper hineingezwängt hatte. Es war der zehnte Juli, ein fast denkwürdiger Tag. Am Vormittag hatte ich mich in einem zweiten Anlauf zum Arzt geschleppt mit einem

Gemisch aus Scham und Hoffnung. Seine Mahnung, bis zum nächsten Tag nicht mehr zu trinken, also „trocken" zu bleiben – wie hasste ich dieses Wort! – hatte ich nach langem Hin und Her doch nicht befolgt. Gegen Abend fing ich an, Bier zu trinken, mit schlechtem Gewissen zwar, aber auch mit dem guten Gefühl, dass es vielleicht das letzte Mal sein würde. Und ich trank nur so viel, dass am nächsten Tag nichts mehr zu bemerken war. Das war nicht einmal schwer gewesen. Nach der dritten Flasche ließ ich die vierte sogar stehen, und es kam mir vor wie ein Sieg. Es war viel zu einfach, um von einem Sieg zu sprechen. Aufhören, wenn ich aufhören will, das ist alles. Wozu eigentlich das ganze Gerede vom eisernen Willen, vom Durchhalten, von Standfestigkeit, wenn es doch so einfach ist?

Immerhin haben mir die fünf Monate gut getan. Das ist nicht zu bezweifeln. Ich fühle mich fit, gut ausgeschlafen, unternehmungslustig. Ja, so soll es sein, so muss es sein.

Doch ich möchte nun endlich auch einen Schlussstrich ziehen. Es kann nicht angehen, dass ich bei jeder erdenklichen Gelegenheit auch auf das kleinste Gläschen zum Anstoßen verzichte. Das ist ja, genau besehen, geradezu geschäftsschädigend. Mein Vorrat an Ausreden ist längst erschöpft. Einmal ist es eine Magenverstimmung (Gelächter: da hilft nur ein Kräuterschnaps), ein anderes Mal sind es Antiallergie-Tabletten, die sich nicht mit Alkohol vertragen, dann wiederum das Auto vor der Tür. Ich bin es leid, immer wieder neue Ausreden zu erfinden. Und in drei Wochen ist Weihnachten, dann kommt Sylvester. Was dann? Nein, ich werde mir das nicht antun. Gewiss, wenn ich es unbedingt nötig hätte, dann ja, aber habe ich das? Ich denke, ich habe das, was man Alkoholkrankheit nennt, überwunden, denn mein Stoffwechsel funktioniert wieder normal. Doch ich bin mir nicht ganz sicher, der Arzt und auch die Mitglieder der Selbsthilfegruppe behaupten schließlich das Gegenteil.

Doch es gibt eine einfache Möglichkeit, das zu überprüfen, einen ultimativen Test gewissermaßen.

Und wenn ich ganz ehrlich auf mein Innerstes schaue, so bin ich mit diesem Test schon seit langem beschäftigt. Es kann doch sein, dass allein die äußeren Umstände meines Lebens, die gehetzte, fast hektische Art meiner Lebensführung, die Ursache für das Übel vergangener Zeiten waren. Inzwischen bin ich ausgeglichener, ruhiger, konzentrierter und besonnener in jeder Hinsicht. Ich habe mein Leben geordnet, die Schäden sind auskuriert, man vertraut mir wieder. Warum sollte es mir also nicht gelingen, mit dieser sogenannten Droge Alkohol maßvoll und sinnvoll umzugehen? Ich bin kein willensschwacher Mensch, sonst hätte ich nicht all das erreicht, worauf ich einigermaßen stolz sein kann. Und schließlich: Man kann aus Fehlern lernen, das ist das Gesetz der Natur.

Also gut. Es ist früher Nachmittag, ich stehe nicht unter Termindruck, alles ist wohlgeordnet. Und ich weiß, welche Fehler ich vermeiden muss. Es hat keinen Sinn, sich in irgendeine Kneipe zu setzen und stumpfsinnig ein Bier nach dem anderen zu kippen. Ich werde mir ein gutes Buch zur Hand nehmen, am besten Erich Fromms „Anatomie der menschlichen Destruktivität", das hatte mich schon immer interessiert. Und dazu ein Gläschen guten Rotweins. Die Betonung liegt auf -chen und gut.

Die Weingläser sind schon lange nicht mehr benutzt. Ich nehme eines zur Hand und reibe es ab, bis es strahlend glänzt. Nun, das woll'n wir doch mal sehen! Abhängig in dem mir eingeredeten Sinne bin ich eigentlich nicht.

Der Wein ist dunkelrot und klar. Das Buch beginnt mit einer Analyse des Terminus Aggression und einer kurzen Auseinandersetzung mit Lorenz und Freud. Es verspricht, interessant zu werden. Zufrieden lehne ich mich zurück und lasse mir den Wein schmecken. So geht es also auch...

Doch meine Gedanken sind irgendwie zweigleisig. Ich vertiefe mich in den Text und überlege gleichzeitig, wie viele Gläschen ich mir eigentlich genehmigen möchte. Immerhin sind es kleine Gläschen, dennoch ist die Flasche schon halb leer. Ich verspüre einen Anflug von Angst, und der Text scheint jetzt etwas kompliziert zu werden. Die Psychoanalyse habe ich ohnehin nie verstanden. Ich lege das Buch zur Seite. Vielleicht sollte ich erst einmal über das Gelesene nachdenken.

Ein bohrendes Unbehagen steigt jetzt in mir auf, es wird fast unerträglich. Ist das, was ich gerade mache, nicht eben jener Rückfall, vor dem so eindringlich, ja fast hysterisch gewarnt wird? Und warum erscheint es mir jetzt – ja jetzt im Augenblick – so unzumutbar, den Rest einfach stehen zu lassen? Zum Teufel noch mal! Ich werde doch wohl die Übersicht noch behalten, wenn ich mir noch die restlichen Gläschen einschenke. Wer bin ich eigentlich? Habe ich es nötig, mir mit solchen Gedankenspielen den Tag zu verderben? Ist die Welt so kompliziert? Auf jeden Fall ist mir unbehaglich zumute, und das ist nicht der Sinn der Sache. Ich weiß aber auch, wie dieses Unbehagen zu beseitigen ist: Ich leere den Rest der Flasche in einem einzigen langen Zug.

Und siehe da, noch kann ich klar denken. Doch dieses Denken ist schmerzhaft. Ich verspüre die Angst, dass der Alkohol wieder mein Leben bestimmt.
Dagegen, das steht fest, muss etwas unternommen werden. Und zwar sofort. Es muss jetzt etwas Entscheidendes passieren, wenn ich nicht tatenlos einer weiteren Niederung in meinem Leben entgegensehen will. Es muss jetzt irgendwie in meinen Kopf hineingehen, dass ich alkoholabhängig bin. Ich muss das endlich einsehen, sonst bin ich verloren. Und die Frage ist, was muss ich jetzt tun, um diese Einsicht endlich zu bekommen, um mir selbst zu dieser Einsicht zu verhelfen?
Ich fühle mich verwirrt und elend, aber nun werde ich von einer rettenden Logik eingefangen: Ich muss jetzt weiter trinken, weiter bis zum bitteren Ende, denn wenn ich jetzt aufhöre, dann bleibt das Spiel ja wieder unentschieden. Das ist es! Genau genommen, beginne ich jetzt mit meiner Therapie. Ein Glück, dass mir das noch eingefallen ist. Komme nun, was wolle! Und mit einem Seufzer der Erleichterung hole ich die nächste Flasche aus dem Schrank. Abhängig in dem Sinne bin ich eben doch! Schön, dass mir diese Einsicht noch ins Bewusstsein dringt, doch es ist zu spät – für dieses Mal.

Was bei den meisten Krankheiten gelingt, nämlich die vollständige Heilung, trifft bei Suchtkrankheiten nicht zu. Sie sind nicht heilbar. Das heißt aber nicht, dass Abhängigkeit ein unabwendbares Schicksal sein muss.

Man kennt in der Medizin viele unheilbare Krankheiten, mit denen die Menschen leben müssen. Unheilbarkeit heißt nicht, dass man gegen die Krankheit nichts tun könnte oder ihr hilflos ausgeliefert wäre. Nehmen wir zum Beispiel die Zuckerkrankheit. Sie ist genau genommen eine unheilbare Krankheit, oder die Epilepsie, ebenfalls eine nicht wirklich heilbare Krankheit. Erstere ist durch Diäten und Medikamente einstellbar, letztere nur durch Medikamente.

Ein Zuckerkranker zum Beispiel muss mit einer streng geregelten Diät leben, will er nicht in ein Koma oder einen Schock fallen. Wenn er sich daran hält, wird er in seiner Lebensqualität nicht wesentlich eingeschränkt sein. Tut er es nicht, muss er schwerwiegende gesundheitliche Folgen in Kauf nehmen. Der Alkoholkranke steht genau vor derselben Alternative: auch er als Suchtkranker benötigt eine bestimmte Diät – sie heißt Abstinenz vom Suchtmittel. Wird diese eingehalten, kann er sein Leben völlig frei von gesundheitlichen Einschränkungen führen.

Das einzige – und wichtigste zugleich –, was bei der Abstinenz beachtet werden muss, ist die Tatsache, dass sie keine echte Heilung bedeutet, d. h. dass sich auch nach langen (jahrelangen) trockenen Phasen die Suchterkrankung selbst nicht zurückbildet. Denn die Symptome der Krankheit können bei Wiedergebrauch des Suchtmittels (Rückfall) auch nach Jahren stärker und heftiger wieder aufflammen. Ursache dafür ist, wie man inzwischen weiß, die Existenz eines neuronal fixierten „Suchtgedächtnisses" im menschlichen Gehirn. Es bleibt auch nach jahrelanger Abstinenz stets funktionsfähig. Es ist jederzeit in der Lage, längst vergessen geglaubte Verhaltensweisen, sprich Suchtverhalten, in kritischen Situationen erneut zu reaktivieren und einen Rückfall auszulösen. Das alte Suchtverhalten verharrt sozusagen in einer stets abrufbaren „Lauerstellung" und wird durch den Rückfall wieder aktiviert (H.P. Steingass, 2010).

Das Hauptmotiv des Rückfalls ist der Wunsch, wieder normal trinken zu können – so, wie viele andere es auch tun. Der scheinbar problemlose Einstieg wird noch unterstützt durch die Tatsache, dass das Trinken des ersten Glases nicht unbedingt einen sofortigen Kontrollverlust bzw. einen Abstinenzverlust nach sich ziehen muss. Der Abhängige wiegt sich dann in Sicherheit, wieder kontrolliert trinken zu können. „Siehst du, ich kann doch normal trinken, die Diagnose Alkoholabhängigkeit ist falsch."

Doch dabei bleibt es nicht. Nach einigen Tagen, manchmal auch nach Wochen, stellt sich das alte Suchtverhalten wieder ein. Das Suchtgedächtnis ist wieder aktiviert, und das übermäßige Trinken beginnt erneut, meist noch stärker als zuvor, als müsse das Versäumte auf einen Schlag nachgeholt werden.

Ein weiterer Abstinenzversuch fällt häufig viel schwerer, manchmal gelingt er überhaupt nicht mehr, und die Krankheit nimmt ihren schicksalhaften Verlauf, wenn nicht Hilfe von außen kommt.

Rückfallbegünstigend sind auch die nach längerer Abstinenz in unregelmäßigen Zeitabständen auftretenden Beschwerden wie Stimmungsschwankungen, Schweißausbrüche, Gliederschmerzen, Schlafstörungen, Angstzustände, innere Unruhe, Potenz- und Libidostörungen.

Für den abstinent Gewordenen können diese zu einer großen Belastung werden. Hinzu kommt noch die mangelnde Fähigkeit, Spannungen zu ertragen, sodass Alkohol in der Verzweiflung häufig als Selbstbehandlung getrunken wird.

Ein weiteres rückfallgefährdendes Moment ist dem Umstand geschuldet, dass der abstinent Gewordene die Fähigkeit erworben hat, sich wieder durchzusetzen. Das mag zunächst paradox klingen, man muss aber bedenken, dass im Laufe der Zeit die Verantwortung für die Lebensführung auf die anderen Familienmitglieder übergegangen ist, verbunden mit einer gewissen Vormachtstellung dem Alkoholiker gegenüber, die nun aufgegeben werden muss. Das heißt, diese an sich positive Seite der Abstinenz kann zu vorübergehenden Spannungen in der Familie führen, die den Partner zu der Aussage verleiten kann: „Früher, als er noch trank, kam ich mit ihm besser aus."

Der wichtigste Gefahrenpunkt aber bleibt die halbherzige Annahme der Abstinenz, die mangelnde Bereitschaft, sich als Alkoholiker zu bekennen.

So kann es bei plötzlicher Konfrontation mit Alkohol (bei Familienfeiern, Wiedersehen mit Freunden usw.) zu unerwarteten Rückfällen kommen. Deshalb sollte man in der ersten Zeit der Abstinenz Anlässe, bei denen Alkohol getrunken wird, meiden.

Ein Rückfall wird meist wie ein Geschehen aus heiterem Himmel erlebt, tatsächlich aber ist er in den meisten Fällen innerlich vorbereitet, und das geschieht stets unbewusst. Sehr häufig wird auch von nächtlichen Albträumen berichtet, in denen Rückfallerlebnisse sehr plastisch und intensiv erlebt werden. Plötzliche äußere Belastungen, die in konkreten Situationen auftreten, können den Rückfall auslösen, dem der Betroffene meist völlig ratlos gegenüber steht (J. Körkel, G. Kruse, 1993).

Oft hört man die Meinung, der Rückfall gehöre einfach zur Krankheit. Das mag zwar für den Moment tröstend wirken, doch so pauschal kann man das nicht sehen. Der Rückfall ist immer ein dramatisches Ereignis mit oft weit reichenden Konsequenzen. Aber wie jede Krise birgt auch jeder Rückfall den Keim des Neuanfangs in sich. Viele Betroffene haben erst durch ihren Rückfall entscheidende Schlüsse für ihre weitere Abstinenz gezogen und konnten neue Erkenntnisse gewinnen, die ihnen vorher verschlossen blieben. Der Rückfall kann somit eine wichtige Selbsterfahrung sein. Er ist keinesfalls eine Katastrophe, wenn man etwas dagegen unternimmt und das Geschehene kritisch und positiv verarbeitet. Allerdings sind zu häufig stattfindende Rückfälle nicht mehr als solche zu betrachten, sondern als Fortsetzung der Trinkphase mit gelegentlichen Pausen!

Rückfälle haben stets etwas Irrationales an sich, weil selbst die größten Unannehmlichkeiten und gravierende Folgeschäden den Betroffenen in der Regel nicht davon abhalten, nach kürzeren oder längeren Pausen der Abstinenz wieder mit dem Trinken zu beginnen. Dies ist insofern schwer zu verstehen, weil es dem normalen Verhaltensmuster des Menschen widerspricht: Wer schon einmal von einer klapprigen Leiter gestürzt ist und sich ein Bein gebrochen hat, wird mit Sicherheit diese Leiter nicht mehr benutzen. Bei alkoholbedingten „Unfällen" sieht das bekanntlich anders aus.

Eine gängige und auch plausible Erklärung dabei ist, dass die Erinnerungen an das Rückfallgeschehen und die damit verbundenen Begleiterscheinungen (z. B. überstandene Entzugsphasen) allmählich zu verblassen beginnen. Damit ist nicht gemeint, dass die Erinnerung im Sinne eines wirklichen Gedächtnisverlustes nachlässt – das sicher nicht –, sondern dass sich die Bewertung des vergangenen Geschehens im Laufe der Zeit neutralisiert. Die so veränderte Rückschau ergibt dann, bewusst oder weniger bewusst, nachträgliche Einschätzungen der Art: „So schlimm war es ja eigentlich gar nicht gewesen."

Ganz im Gegensatz dazu scheint das Gehirn des Alkoholabhängigen aber auch zu einer Leistung fähig zu sein, welche gerade die positiven (und nur diese) Gedächtnisinhalte, die ja zweifellos auch mit dem Trinken verbunden sind, ganz selektiv aufbewahrt und so gut wie unvermindert fortbestehen lässt. Dabei handelt es sich um das bereits erwähnte *Suchtgedächtnis*. Es bildet eine Art Plattform, auf der sich Rückfälle, ganz unbeeinflusst von den normalen Erwägungen der Vernunft, vorbereiten und etablieren. Und wenn es dann „so weit ist", dann sind auch alle Gründe der Vernunft längst überrollt (W. Feuerlein, 1989).

Diesem Suchtgedächtnis ist in den letzten zehn Jahren zunehmend Aufmerksamkeit gewidmet worden. Wie unterscheidet es sich von anderen Formen der Erinnerungsfähigkeit, wie wird es wirksam, wo ist es lokalisiert und schließlich: lässt es sich beeinflussen oder im günstigsten Falle sogar auslöschen?

Soweit sich die Befunde, die auch von zahlreichen Experimenten flankiert sind, schon interpretieren lassen, ergibt sich eine ausgeprägte Wirksamkeit des Suchtgedächtnisses im Bereich des Unterbewussten, also in einer Sphäre, die dem verstandesmäßigen Zugriff weitgehend entzogen ist. Dies entspricht auch der bekannten Tatsache, dass der intellektuelle Status und die Rückfallneigung einer Person nur wenig miteinander zu tun haben.

Bei Menschen, die nicht alkoholabhängig sind (obwohl sie durchaus Alkohol konsumieren), ist dieses unterhalb des rationalen Denkens angelegte Erinnerungsvermögen offenbar nicht vorhanden oder weit weniger ausgeprägt. Das spiegelt sich auch im Alltagsdenken wider: Es gibt eine wahrscheinlich zutreffende Redewendung, nach der ein Alkoholiker schon betrunken ist, bevor er die Flasche öffnet; das soll heißen, dass er sich gewissermaßen schon „zielführend" in die entsprechende Handlung einlässt, wobei das Ziel eben genau jene Vorgabe ist, die durch das Suchtgedächtnis bestimmt wird.

Ich *(Siegfried Fritzsche)* habe das so erlebt: Bevor ich mir meine täglichen Alkoholvorräte zusammengekauft hatte, war ich voller Unruhe, Angstzustände, Zittern, Schweißausbrüche, kurzum ein Häufchen Elend. Als ich dann alles beisammen hatte, sozusagen in der Tasche gut verstaut, war ich die Ruhe in Person, freudestrahlend und nahezu glückselig, frei von jeglichen Entzugserscheinungen und das, ohne einen Schluck getrunken zu haben. Leider hielt dieser Zustand nicht lange an.

Ursache dieser „Vorfreude" ist das sogenannte „Belohnungssystem" (vgl. S. 84) im menschlichen Gehirn, das in Erwartung von etwas Erfreulichem das bekannte „Glückshormon" Dopamin aussendet. Dieses hebt dann kurzzeitig die Stimmung, ohne dass zunächst getrunken wird. Wie auch immer das Geschehen im Einzelnen aussehen mag, es ordnet sich ein in eine Betrachtungsperspektive, die subjektiven Wert- bzw. Vorurteilen zugunsten einer objektiven Sichtweise den Boden entzieht. Dies soll im nachfolgenden Abschnitt (Alkoholismus als Krankheit) näher erläutert werden.

Um das hier dargestellte Rückfallproblem gar nicht erst zum Problem werden zu lassen, muss – das kann gar nicht oft genug betont werden – der Missbrauchs- und Abhängigkeitsentwicklung vorgebeugt werden.

Und das ist keine unlösbare Aufgabe, denn so gut wie jeder Mensch ist in der Lage, für sich selbst leicht erkennbare Anzeichen eines gesundheitlich bedenklichen Alkoholgebrauchs zu bemerken und entsprechend zu reagieren, noch bevor überhaupt ein kritisches Stadium erreicht wird. Und die Empfehlungen, die sich daraus ableiten, sind letzten Endes auch höchst einfach:

- Trinke nie, wenn du ein Verlangen nach Alkohol verspürst!
- Mache lange Trinkpausen!
- Verdünne möglichst die alkoholischen Getränke!
- Trinke nie auf leeren Magen und nicht auf einen „Kater"!
- Stelle dir immer vor, dass du zu viel trinkst!
- Überlege, ob bei freudigen Anlässen oder Geselligkeiten nicht auf Alkohol verzichtet werden kann!
- Achte darauf, dass sich keine Gewohnheiten beim Alkoholkonsum herausbilden!
- Benutze Alkohol nicht als Medikament (z. B. bei Schlafstörungen oder zur Anregung)!

Alkoholismus als Krankheit?

Die Auffassung, dass Alkoholismus eine behandlungsbedürftige Krankheit ist, wird keineswegs von jedermann geteilt. Neueren Umfragen zufolge sind wenigstens 40 % der Bevölkerung der Meinung, ein Alkoholiker könne durchaus aufhören zu trinken oder sich wenigstens einschränken, wenn er denn nur wolle. Er wird dementsprechend als willensschwach, undiszipliniert und verantwortungslos angesehen. Ein mitfühlendes Verständnis, welches in der Regel einem Kranken zuteilwird, kann vor allem dann nicht erwartet werden, wenn der Alkoholiker in seinem familiären und beruflichen Umfeld notorisch erheblichen Schaden anrichtet, sich als unbelehrbar erweist und gut gemeinte Hilfestellungen in den Wind schlägt. Das ist aber nur allzu oft der Fall.

Darüber hinaus kann die Mehrheit der Bevölkerung mit dem Genussmittel Alkohol durchaus kontrolliert umgehen, was die Frage, warum es gerade diesem und jenem nicht gelingen soll, nur noch weiter zuspitzt.

Auf der Ebene solcher Alltagsbetrachtungen wird man die Frage nach dem Krankheitswert des Alkoholismus auch nicht beantworten können. Dazu sind genauere Kenntnisse über die Ursachen der Suchtentwicklung erforderlich.

Von grundlegender Bedeutung ist in diesem Zusammenhang – darauf wurde schon mehrfach hingewiesen – die klare Unterscheidung zwischen Alkoholmissbrauch und Alkoholabhängigkeit. Dabei kommt es nicht darauf an, welche Mengen jeweils konsumiert werden, jedenfalls nicht in erster Linie. Entscheidend ist vielmehr, ob das Trinkverhalten noch der willentlichen Kontrolle unterliegt oder nicht.

So kennen wir Alkoholkonsumenten, die fast täglich, etwa nach Dienstschluss, ihre zehn Bier oder mehr trinken und sich danach auf den Heimweg begeben. Sie haben dieses Quantum von vornherein anvisiert und belassen es auch für gewöhnlich dabei. Das heißt, der für den Alkoholabhängigen typische Kontrollverlust findet nicht statt. Solche Menschen können dann auch, falls die Umstände es erfordern, ohne Schwierigkeiten auf ihren täglichen Alkohol verzichten, z. B. wenn sie ein Kraftfahrzeug führen müssen oder andere Verpflichtungen anstehen. Dies ist dann das Bild des typischen Missbräuchlers, der durch seine periodische Alkoholzufuhr freilich auch körperlich krank werden kann, aber nicht alkoholkrank im eigentlichen Sinne ist.

Im Gegensatz dazu hat der Alkoholabhängige nur geringe oder gar keine Kontrolle mehr über sein Trinkverhalten, sei es, dass er den typischen Kontrollverlust erleidet, sei es, dass er als Spiegeltrinker überhaupt nicht mehr auf Alkohol verzichten kann (H. Windischmann, 1989).

Ein generelles Urteil über fehlende Willensqualitäten ist schon aus dem einen Grunde nicht zutreffend, weil – wie wahrscheinlich wenig bekannt ist – der Alkoholiker zur Kompensation seiner eingetretenen Handlungsdefizite sogar ein Übermaß an Anstrengungen, persönlichem Einsatz und damit auch Willensleistung aufbringen muss und in der Regel auch aufbringt. So ist etwa die Bewältigung eines Arbeitstages in Anwesenheit quälender Entzugserscheinungen für sich gesehen schon eine beachtliche Leistung! Dass diese Härte für ihn vermeidbar gewesen wäre, steht auf einem anderen Blatt.

Da nicht jeder, der Alkohol missbraucht, auch abhängig wird, muss es Ursachen und Faktoren geben, die einige Menschen betreffen, die Mehrheit aber nicht. Die Erkenntnisse hierzu sind noch relativ jung und nicht in allen Einzelheiten gesichert, im Wesentlichen aber ergibt sich folgendes Bild:

Die emotionale Gesamtlage eines Menschen (positive, neutrale oder negative Stimmungen) hängt nicht nur von den Einflüssen der Umwelt ab, z. B. vom Eintreffen guter oder schlechter Nachrichten oder von der objektiven Lebenslage, sondern wird in erheblichem Maße auch vom Vorhandensein bestimmter chemischer Substanzen im Gehirn gesteuert. Dies sind zum einen die sog. Neurotransmitter, die den Informationsaustausch zwischen den Nervenzellen bewerkstelligen, zum anderen die sog. Endorphine (volkstümlich auch „Glückshormone" genannt). Letztere haben ihren Angriffspunkt vor allem in solchen Gehirnabschnitten, von denen bekannt ist, dass sie für die Steuerung der Affekte und Emotionen verantwortlich sind (limbisches System).

Von diesem überaus komplexen Zusammenspiel der einzelnen chemischen Botenstoffe (Neurotransmitter) spüren wir selbstverständlich nichts – jedenfalls solange nicht, wie sich das System in einem physiologischen Gleichgewicht befindet, was sich dann psychisch in einer „normalen", ausgeglichenen Befindlichkeit äußert. Wird dieses Gleichgewicht in der Biochemie des Gehirns, wodurch auch immer, gestört, geraten wir je nach Art der Verschiebung in eine euphorische, aggressive, gereizte, ängstliche oder depressive Stimmungslage, ohne dass wir die Ursachen dafür wahrnehmen können. Sämtliche Drogen und Psychopharmaka, Alkohol eingeschlossen, entfalten ihre Wirkung auf diese Weise. Ein Großteil der biochemischen Abläufe, die dafür verantwortlich sind, unsere Bewusstseinslage positiv zu beeinflussen, ist auch unter der Bezeichnung „Belohnungssystem" bekannt und populär geworden (B. Nickel, G.V. Morosov, 1989).

Wenn man üblicherweise davon spricht, dass Alkohol euphorisierend wirkt, also die Stimmung hebt, dann ist das in Wirklichkeit nicht ganz zutreffend, zumindest ist es eine sehr verkürzte Sicht auf die wahren Zusammenhänge.

Die direkte, unmittelbare Wirkung des Alkohols auf das Zentralnervensystem ist ausschließlich schädigend. Es werden die Zellmembranen der Nervenfasern und Nervenendigungen durch den Angriff des Alkohols auf deren Fettbestandteile (Lipide) verändert, sodass die Weiterleitung der Informationen zunehmend gestört wird. Wer durch ständigen Alkoholgenuss „trinkfest" geworden ist (Toleranzentwicklung), bei dem haben sich adaptive (anpassende) Maßnahmen gegen diese Art von Schädigung herausgebildet. Der menschliche Organismus versucht bekanntlich, jede Störung durch kompensatorische Maßnahmen abzuschwächen oder auszugleichen. Dazu gehört auch die Aufstockung der Alkohol-Abbau-Kapazität (das sog. MEOS[1] in der Leber), die außerordentlich schnell wirksam wird, um die Entgiftung zu beschleunigen.

Das alles hat mit der psychotropen, d. h. stimmungsverändernden Wirkung noch nichts zu tun. Diese kommt erst über die durch den Alkohol verursachte Veränderung des Gehirnstoffwechsels zustande.

Akuter Alkoholgenuss führt u. a. zu einem raschen Anstieg des Botenstoffes Dopamin sowie des β-Endorphins in den Regionen des Belohnungssystems. Da dieser Effekt auch bei der Einnahme anderer Drogen, wie Kokain oder Amphetaminen, zu beobachten ist, kann man ihn verantwortlich machen für die bewusstseinsverändernde Wirkung in Richtung Wohlbefinden bzw. Euphorie.

Bei chronischer Alkoholzufuhr hingegen sinken die Konzentrationen der genannten Stoffe weit unter das normale Niveau ab, was zur ursächlichen Erklärung des ständigen Alkohol- und Drogenverlangens (Craving) der Betroffenen beitragen kann. Fehlt der Nachschub an Suchtstoffen, treten die bereits beschriebenen Entzugserscheinungen auf – ein fortwährender Teufelskreis, der sich immer wieder schließt (O. Geisel, P. Panneck, Ch. A. Müller, 2014).

---

[1] Mikrosomales ethanoloxidierendes System.

1 Alkohol- und Medikamentenabhängigkeit

Diesen Erkenntnissen zufolge lassen sich in Bezug auf den Zusammenhang zwischen Alkoholabhängigkeit und Trinktyp drei Gruppen unterscheiden:

1. Der konstitutionell veranlagte Alkoholiker. Bei ihm liegt ein angeborenes Defizit an Endorphinen vor, das ihn im Vergleich zu anderen Personen suchtanfälliger macht.
2. Der kontrollierte Trinker. Bei ihm führt der Konsum von Alkohol und auch dessen Missbrauch zu keiner merklichen Störung des Belohnungssystems.
3. Die erworbene Alkoholabhängigkeit. Sie ist dadurch gekennzeichnet, dass der Alkoholmissbrauch zu einer permanenten Absenkung des β-Endorphinspiegels führt, der sich auch nach dauerhafter Abstinenz nicht mehr vollständig normalisiert.

Wenn also vom Alkoholismus als einer Stoffwechselerkrankung die Rede ist, dann sind genau diese Vorgänge gemeint.

Ergänzend sei noch erwähnt, dass das erste Folgeprodukt in der Alkohol-Abbaukette, das Acetaldehyd, selbst chemische Verbindungen in Form von Alkaloiden mit den zentralnervösen Transmittern Noradrenalin, Serotonin und Dopamin eingeht (TIQs und THBCs[2]), welche ihrerseits psychotrope Wirkungen entfalten. Ihr Einflussgebiet im Gehirn entspricht dem der von außen zugeführten Opiate (limbisches System) (W. Feuerlein, 1989).

Ich möchte das etwas näher erläutern.

Suchtmittel, und das konnte durch die funktionelle Kernspintomografie nachgewiesen werden, entfalten ihre Wirkung über neuronale Abläufe. Sie hinterlassen nachweisbare Veränderungen im Gehirn. Hinzu kommt, dass bei Suchterkrankungen das limbische Belohnungssystem noch eine verstärkende Rolle spielt. Das Belohnungssystem beruht auf dem Neurotransmitter **Dopamin** („Dopaminpfad"), der zum Beispiel bei Alkoholeinnahme durch den Betroffenen in großen Mengen im Nucleus

---

[2] Tetrahydro-Isochinolin/Tetrahydro-Beta-Carbolin.

accumbens des ventralen Striatums ausgeschüttet wird. Außer Dopamin sind noch andere Botenstoffe wie Gamma-Aminobuttersäure, Glutamat und Serotonin beteiligt.

Die Dopaminausschüttung löst bei dem Betroffenen ein Hochgefühl aus, wodurch das Suchtmittel immer mehr und häufiger konsumiert wird. Durch neuroadaptive Veränderungen im Belohnungssystem kommt es zu einer Down-Regulierung der Rezeptoren, die für Dopamin dann immer unempfindlicher werden. Somit sind immer höhere Dosen des Suchtmittels erforderlich, um das Belohnungssystem zu aktivieren, das auf natürliche Stimuli nicht mehr anspringt (I. Munk, 2009).

Durch die genannte Adaption wird der fortlaufende Alkoholkonsum **automatisiert.** Es erfolgt so ein reflexhafter Gewohnheitskonsum. Anders ausgedrückt: das automatisierte süchtige Verhalten führt dazu, das Abhängige auf andere Belohnungen nicht mehr ansprechen. Der Suchtstoff ist das Einzige, das noch antreibt. Die Automatisierung ist somit Hauptbestandteil des Suchtgeschehens.

Bei Unterbrechung des Alkoholkonsums in der Abstinenz und besonders in den frühen Phasen der Abstinenz spielt das Phänomen der „Sensitivierung" eine wichtige Rolle. Es tritt bei alkoholbezogenen Reizen wie Reklamen, Gewohnheiten und Verhaltensweisen in Erscheinung, die einen Bezug zum Suchtmittel haben, gewissermaßen darauf aufmerksam machen. Auch hier ist wieder der Nucleus accumbens zentraler Dreh- und Angelpunkt des Geschehens. Er hat Fasern ins dorsale Striatum, zu Arealen, die für unbewusste Stereotypien verantwortlich sind. So kann es geschehen, dass der Betroffene bei einschlägigen Alkoholreklamen plötzlich rückfällig wird, ohne dass er ein Trinkverlangen realisiert hat. Hier haben Nucleus accumbens und das dorsale Striatum stereotyp ein rückfälliges Trinken ausgelöst unter Umgehung des präfrontalen Kortex. Das Ganze wird als **„Magnetverhalten"** bezeichnet (M. Kensche, A. Heinz, Th. Kienast, 2012).

Dazu ein Beispiel aus dem eigenen Erleben:
Ich (Siegfried Fritzsche) war 1983 nach meiner Entwöhnungsbehandlung gerade fünf Monate trocken und fuhr mit meiner

Familie in Urlaub. Beim morgendlichen Frühstück und zu Mittag im Hotel lief alles ohne Probleme, was sollte auch passieren, dachte ich. Beim Abendessen, ich saß mit dem Rücken zur Theke, die aber weit von mir entfernt in der Richtung des Raumes stand. Von daher spürte ich plötzlich einen starken Sog in meinem Rücken, der mich unwiderstehlich dorthin zog. Ich sprang sofort vom Abendessen auf, lief zur Tür und ging einige Schritte ins Freie und dachte tief nach. Wenn es noch eines Beweises für meine Abhängigkeit bedurft hätte, so war es dieser! Fakt war, dass ich in den vergangenen Jahren im selben Hotel, an derselben Theke immer kräftig gezecht habe, nun zog mich diese magnetisch an, ohne dass ich ein Trinkverlangen verspürte. Gottlob war ich hochmotiviert und habe dem seltsamen Sog nicht nachgegeben.

Wir wollen diese Einsichten nicht weiter vertiefen, aber mit Nachdruck feststellen, dass durch die genauere Analyse der Stoffwechselvorgänge Zug um Zug naturwissenschaftliche Erklärungen für die sonst weitgehend unverständlichen und schwer nachvollziehbaren Verhaltensweisen von Alkoholikern und Drogenabhängigen gefunden werden können. Zu diesen Fakten gehören vor allem der Kontrollverlust sowie die (immerhin endlos diskutierte) Erfahrung, dass Alkoholiker auch nach jahrelanger Abstinenz nicht mehr zum kontrollierten Trinken zurückkehren können.

Seit langem wird die Frage nach einer typischen Alkoholikerpersönlichkeit diskutiert. Gesucht wird dabei nach bestimmten Merkmalen des Charakters oder der Intelligenz, welche die Menschen für eine Alkoholkrankheit vorherbestimmen. Obwohl feststeht, dass die Suchtanfälligkeit im Individuum selbst begründet liegen muss (da nicht jeder, der Alkohol missbraucht, abhängig wird), konnte bisher noch keine solche Merkmalskombination gefunden werden. Weder der soziale Status noch das Intelligenzniveau scheinen (heute weniger denn je) mit der Suchtanfälligkeit zu korrelieren; es trifft Introvertierte ebenso wie Extrovertierte, Melancholiker ebenso wie Choleriker, sozial Agile ebenso wie Einzelgänger. Aus diesem Grunde vermag auch niemand, weder für sich noch für andere, vorauszusagen, ob Alkoholmissbrauch irgendwann in eine Abhängigkeit übergehen wird (R. Harten, P. Röhling, K.P. Stender, 1992).

Eng im Zusammenhang mit dem Krankheitsbegriff steht auch die Frage, ob Alkoholismus vererbt werden kann. Hier muss man, um Missverständnissen vorzubeugen, sehr differenziert vorgehen.

Wenn überhaupt etwas vererbt wird – das trifft für andere Krankheiten ebenso zu – dann ist es nicht der Alkoholismus selbst, sondern die Veranlagung, ein Alkoholiker zu werden. Ohne Missbrauch entwickelt sich auch keine Abhängigkeit (obwohl es trivial ist, sollte es noch einmal gesagt sein).

Was allerdings diese Veranlagung, Alkoholiker zu werden, betrifft, so ist ein genetischer Faktor eindeutig und zweifelsfrei nachgewiesen. Mit anderen Worten, Kinder von Alkoholikern bringen eine größere (statistische) Wahrscheinlichkeit mit ins Leben, selbst Alkoholiker zu werden als Kinder von Nicht-Alkoholikern. Der Nachweis für diesen Tatbestand ist methodisch nicht ganz einfach, da es nicht genügt festzustellen, dass Kinder, die in Alkoholikerfamilien aufwachsen, mit größerer Wahrscheinlichkeit alkoholkrank werden als solche, die in abstinenten Familien aufwachsen. Denn hier ist auch der Einfluss des Milieus, z. B. in Form einer Vorbildwirkung, nicht von dem gesuchten erblichen Faktor abzutrennen.

Den entscheidenden Hinweis gaben vielmehr sorgfältig durchgeführte Studien an Adoptivkindern. Es stellte sich heraus, dass Kinder von Alkoholikern, die in abstinent lebende Familien hinein adoptiert wurden, mit einer statistisch signifikant größeren Wahrscheinlichkeit selbst Alkoholiker wurden als Kinder von Nichtalkoholikern, die in Alkohol missbrauchende Familien gelangten (und natürlich erst recht im Vergleich zu Kindern, die weder erblich noch milieubedingt vorbelastet waren). Diese Fakten belegen eindeutig die Dominanz des Erbfaktors gegenüber den Milieu (Umwelt-) Einflüssen. Nach neuesten Erkenntnissen gibt es zunehmend Hinweise darauf, dass genetische Faktoren den Einfluss von Umweltfaktoren modulieren.

Neu ist auch die Erkenntnis, dass Alkoholkonsum in der Pubertät langfristig zu schweren Folgen führen kann (siehe jugendliche

„Komasäufer"). Denn in der Pubertät baut sich das menschliche Gehirn nochmals gründlich um. Das heißt es befindet sich in einer sogenannten labilen Phase, in der die Reifungsprozesse für das Erwachsenwerden durch erhöhten Alkoholkonsum empfindlich gestört werden können. Zeitgleich wird auch in diesem Zusammenhang das mesolimbische Belohnungssystem aktiviert, das bei der Suchtentstehung eine verstärkende Rolle spielt. So kann die Passage durch die Pubertät entscheidend sein für eine spätere Suchtkarriere (T. Harmsen, 2013).

Mit der Einsicht, dass Alkoholismus als Krankheit zu werten ist (und auch seit 1968 in der BRD im Sinne der RVO auch gewertet wird), ist natürlich das Problem der Verantwortlichkeit des Betroffenen nicht entschärft und schon gar nicht aufgehoben. Die vielfältigen damit verbundenen ethischen und rechtlichen Fragen bedürften aber einer gesonderten Abhandlung, die unseren Rahmen sprengen würde. Immerhin sei so viel gesagt, dass die Verantwortungslosigkeit gegenüber der eigenen Gesundheit zumindest auf die lange Vorgeschichte der Suchtentwicklung bezogen werden muss. Doch das ist bei vielen anderen Krankheiten – man denke etwa an Herzinfarkt durch starkes Rauchen – nicht grundsätzlich anders.

Damit möge die Diskussion um den Krankheitswert des Alkoholismus abgeschlossen sein. Unabhängig davon handelt es sich natürlich bei den Folgeschäden des Alkoholmissbrauchs um klar umrissene Krankheitssyndrome. Davon soll nun die Rede sein.

Folgeschäden des Alkoholmissbrauchs

Missbrauch und Abhängigkeit können zu den vielfältigsten Organschädigungen führen. Dabei ist ein täglicher Gebrauch von Alkohol noch gefährlicher als ein gelegentlicher übermäßiger Gebrauch. So ist der sozial unauffällige Spiegeltrinker viel häufiger ein Anwärter auf Organschäden als der Kontrollverlusttrinker im Anfangsstadium seiner Abhängigkeit.

Das relativiert sich in der chronischen Phase, da die Trinkmengen beider Trinktypen stark zunehmen, vor allem die Kontrollverluste beim

Kontrollverlusttrinker zeitlich dichter werden (3–4 Kontrollverluste in der Woche) und sich die beiden Trinktypen auf diese Weise einander annähern.

Alkohol ist in erster Linie ein Nervengift und wirkt sich besonders auf das menschliche Gehirn und das Nervensystem aus. Am sichtbarsten ist beim chronischen Trinker zunächst sein Händezittern, auch Tremor genannt. Es tritt bei vorübergehendem Alkoholentzug oder auch nur bei einer Verminderung der Trinkmenge auf. Das am schnellsten und am zuverlässigsten wirkende Gegenmittel ist dann die erneute Alkoholzufuhr („Du zitterst ja, du musst unbedingt einen trinken").

Die Entzugserscheinungen sind ein fester Bestandteil im Leben des Alkoholabhängigen; wir haben schon öfters darauf hingewiesen. Es soll nun kurz erklärt werden, wie sie zustande kommen (A. Dudeck, 1986).

Die Hauptwirkung des Alkohols besteht in einer Dämpfung der Aktivität des Zentralnervensystems (ZNS). Die Hemmung betrifft zunächst die Großhirnrinde, kann aber bei höheren Alkoholkonzentrationen auch tiefere, lebenswichtige Zentren ergreifen. Bei tödlichen Dosierungen wird beispielsweise das im verlängerten Rückenmark gelegene Atemzentrum gelähmt.

Wird nun die Droge Alkohol über einen längeren Zeitraum hinweg eingenommen, reagiert der Körper mit einer entsprechenden Gegenregulation, um die wichtigsten Lebensvorgänge auf einem möglichst normalen Niveau aufrecht zu erhalten. Das ist eine vom Prinzip her sehr zweckmäßige biologische Anpassungsreaktion. Das Nervensystem stellt sich auf ein höheres Erregungsniveau ein, sodass zusammen mit der dämpfenden Wirkung des Alkohols eine Art „Normalniveau" erreicht wird.

Wird nun der Alkohol abgesetzt, d. h. entzogen, dann bleibt die Gegenregulation in Form des erhöhten Erregungsniveaus zunächst noch unvermindert bestehen. Es kommt daher zu einer überschießenden Reaktion, die sich in erhöhter Erregbarkeit, Nervosität, Zittern, Schlafstörungen, Panikattacken usw. bemerkbar macht. Man spricht in diesem Zusammenhang auch von einem Rebound-Effekt (rebound = Gegenkraft, Rückschlag). War das Erregungsniveau dauerhaft und auf ein hohes Level verschoben, kann der Rebound zu schwerem Tremor, Krampfanfällen, Sinnestäuschungen, optischen und akustischen Halluzinationen und zum Delirium tremens führen (S. Fritzsche, 1989).

An dieser Stelle wird auch klar, welche Rolle die Medikamente zur Entzugsbekämpfung spielen. Sie müssen dem Nervensystem die Erregungsspitzen nehmen und die Schwelle zur Krampfbereitschaft anheben. Das Problem dabei ist, dass durch das Medikament nicht eine neue Abhängigkeit eingeleitet wird. Daher versucht man, die Zeitdauer der medikamentösen Unterstützung möglichst kurz zu halten. Das gelingt auch in den meisten Fällen, da die akuten Entzugserscheinungen in der Regel schon nach 7–14 Tagen abgeklungen sind.

Der genannte Tremor ist im Anfang der Abhängigkeitsentwicklung noch feinschlägig und wird dann in weiteren Stadien grobschlägig. Er ist zunächst an den Händen sichtbar und ergreift später auch Handgelenke, Arme, den Kopf und die Füße und er kann auch zu einer erheblichen Beeinträchtigung der täglichen Lebensführung werden. So kann der Betroffene keine Unterschrift mehr leisten (ist also geschäftsunfähig), kann kein behördliches Formular mehr ausfüllen, muss sich sogar von geselligen Zusammenkünften fernhalten, da er keine gefüllte Kaffeetasse oder auch nur ein Glas Alkohol mehr zum Mund führen kann, ohne dass seine Schwierigkeiten auffielen. Unglücklicherweise verstärkt sich der Tremor noch erheblich, wenn man ihn mit Willenskraft zu unterdrücken versucht.

Die alkoholbedingten Schädigungen an Gehirn und Nervensystem manifestieren sich zum einen in den verschiedenen Formen der Entzugssymptomatik, zum anderen werden durch die chronische Vergiftung nahezu alle Organe direkt oder indirekt in Mitleidenschaft gezogen. Als besonders schwerwiegend sind dabei die komplexen Schädigungen des Gehirns anzusehen. Dazu gehören die zerebralen Krampfanfälle, das Delirium tremens, die Alkoholhalluzinose, der Eifersuchtswahn, das Korsakow-Syndrom und schlussendlich die alkoholische Demenz.

Zerebrale Krampfanfälle
Sie entsprechen ihrem Erscheinungsbild von epileptischen Anfällen und sind mit vorübergehendem Bewusstseinsverlust verbunden. Es handelt sich um ein typisches Alkoholentzugssyndrom, das innerhalb der ersten drei Tage (gelegentlich auch später) nach Absetzen der Alkoholzufuhr einsetzt. Etwa 20–30 % der Alkoholabhängigen sind davon betroffen. Zerebrale Krampfanfälle sind häufig ein Vorpostensymptom eines beginnenden Delirs. Sie können aber auch

isoliert bei Alkoholentzug auftreten und sind Ausdruck einer kompensatorischen Übererregbarkeit des Zentralnervensystems. Sie verschwinden meist bei Alkoholabstinenz. Sehr selten sind epileptische Anfälle, die auch bei lang andauernder Abstinenz auftreten. Sie müssen dann mit antiepileptischen Medikamenten behandelt werden.

Delirium tremens
Es handelt sich hierbei um die stärkste Form des Alkoholentzuges, eine sogenannte Alkoholpsychose. Sie tritt bei etwa 15 % der Alkoholiker auf, meist nach langjähriger Abhängigkeit. Zu einem Delir kann es bei abruptem Absetzen von Alkohol kommen, meist nach 2 bis 6 Tagen (Entzugsdelir), sehr selten auch beim kontinuierlichen Weitertrinken (Kontinuitätsdelir). Es zeichnet sich aus durch eine Bewusstseinstrübung sowie durch eine weitgehende örtliche, zeitliche und situative Desorientiertheit sowie optische Sinnestäuschungen (Halluzinationen), szenische Erlebnisse mit lebensgeschichtlichem Hintergrund. Dabei ist der Betroffene stark erregt, psychomotorisch unruhig und im Allgemeinbefinden stark beeinträchtigt.

Beim Delir handelt es sich in jedem Falle um einen medizinischen Notfall. Die Sterblichkeit liegt unbehandelt bei über 20 % und bei ärztlicher Behandlung bei 1 %. Die Symptome selbst klingen in wenigen Tagen ab, doch bleibende Folgeschäden sind nicht auszuschließen.

Die Alkoholhalluzinose
Hierunter wird eine seltene alkoholbedingte Geistesstörung verstanden, der Betroffene hört Stimmen, die ihn beschimpfen oder bedrohen. Bewusstsein und Ich-Orientierung sind dabei aber im Wesentlichen erhalten. Diese akustischen Sinnestäuschungen können Wochen bis Monate dauern, bilden sich aber bei Abstinenz zurück. Bei häufigen Rückfällen allerdings können sie chronisch werden. Der Betroffene ist sich der Wahnhaftigkeit der Halluzinationen bewusst, kann sich ihrer aber nicht erwehren.

Der alkoholische Eifersuchtswahn
Dieser tritt nur bei Männern auf und bleibt auch bei Abstinenz erhalten. Es handelt sich hierbei um groteske, übertriebene,

unkorrigierbare Wahnvorstellungen, die meist geheim gehalten werden. Die Lebenspartnerin wird dabei der Untreue verdächtigt, und es kommt zu äußerst abwegigen Handlungen. So wird zum Beispiel Wäsche der Partnerin auf Sperma von einem anderen Mann untersucht, es kommt dabei zu völlig abstrusen Verdächtigungen. Objektiver Hintergrund dieses Eifersuchtswahns ist oftmals die durch den Alkoholmissbrauch verursachte Minderung der sexuellen Potenz bei erhaltener oder sogar gesteigerter Libido.

Die Korsakowkrankheit
Kernstörung ist hierbei der totale Verlust des Neugedächtnisses und damit der Merkfähigkeit. Neue Eindrücke können nicht mehr behalten werden, es besteht ein völliger Orientierungsverlust. Die durch die Störungen der Merkfähigkeit entstehenden „Erinnerungslücken" werden mit freien Erfindungen (Konfabulationen) ausgefüllt, die aber nicht bewusst „erlogen" sind.

Die Prognose dieser Krankheit ist schlecht, da sich das Syndrom auch bei Abstinenz und rechtzeitiger Therapie nicht zurückbildet.

Die alkoholische Gehirnatrophie (Gehirnabbau)
Da Alkohol ein starkes Nervengift ist, sterben bereits in jedem Vollrausch viele Gehirnzellen ab. In der gesamten Abhängigkeitsentwicklung, besonders in der chronischen Phase, kommt es dann zu einer deutlichen Erweiterung der Zwischenzellräume bei gleichzeitigem Schwund des funktionellen Gewebes. Dies ist ein schleichender Prozess, der zunächst vom Betroffenen unbemerkt bleibt. In der chronischen Phase allerdings lässt die geistige Spannkraft rapide nach, es kommt zu erheblichen Merkfähigkeitsstörungen, die sich u. a. darin äußern, dass die Betroffenen einmal formulierte Gedanken zum Ärgernis der Umgebung unablässig wiederholen. Vorschnelle Ermüdbarkeit und Konzentrationsschwäche bei Belastung stellen sich ein. Parallel dazu geht ein drastischer Persönlichkeitsabbau einher bis hin zur totalen Demenz, d. h. einer bleibenden Geistesschwäche, die zur vorzeitigen Invalidität und zur lebenslangen Pflegebedürftigkeit führen kann.

Die Kleinhirnatrophie

Der gleiche Prozess der Gewebeatrophie kann sich auch am Kleinhirn vollziehen. Das Kleinhirn reguliert den Muskeltonus, die Bewegungskoordination (Bewegungs-Feinabstimmung) und den Gleichgewichtssinn, und Schädigungen betreffen dementsprechend den Bewegungsapparat.

Eine alkoholische Kleinhirnatrophie ist relativ selten und kann in allen Altersgruppen zwischen dem 30. und 60. Lebensjahr in Erscheinung treten. Sie geht einher mit einem Tremor (Zittern) der Hände und des Kopfes, einer verwaschenen, abgehackten Sprache, der Unfähigkeit, Bewegungen zu steuern und einem ataktischen breitspurigen Gangbild verbunden mit massiven Gleichgewichtsstörungen.

Die alkoholische Nervenschädigung (Polyneuropathie)

Die Alkoholpolyneuropathie ist eine relativ häufige Alkoholfolgekrankheit (ca. 20 %). Der Betroffene nimmt sie zunächst als Kribbeln und schmerzhafte Missempfindungen in den Beinen wahr. Hinzu gesellen sich dort oft stechende, ziehende, bohrende Schmerzen und Muskelkrämpfe. Da die peripheren Nervenstränge der Beine nachhaltig geschädigt werden, kann es zu einem ataktischen Gangbild kommen, das dem Kranken sehr zu schaffen macht. Weiterhin kann ein deutlicher Schwund der Wadenmuskulatur auftreten (sog. „Storchenwaden").

Diese Folgekrankheit hat bei Abstinenz eine relativ günstige Prognose, kann aber sehr lange andauern und erfordert viel Geduld.

Wie eingangs erwähnt, führt der Alkoholmissbrauch auch zu gravierenden internistischen Komplikationen, von denen die wichtigsten aufgeführt werden sollen.

Die Bauchspeicheldrüse

In der Bauchspeicheldrüse werden zum einen die Verdauungsfermente zur chemischen Aufspaltung der Nahrung gebildet, zum anderen liefert sie das lebensnotwendige Insulin. Etwa 60 % aller Bauchspeicheldrüsenentzündungen entstehen durch Alkoholmissbrauch.

Diese alkoholtoxischen Bauchspeicheldrüsenentzündungen treten annähernd so häufig auf wie die gefürchtete Leberzirrhose.

Nicht immer müssen Bauchspeicheldrüsenentzündungen Beschwerden verursachen, sie können, ebenso wie leichtere Leberschädigungen, klinisch „stumm" bleiben und daher zunächst übersehen werden.

Zu aktuellen Bauchspeicheldrüsenentzündungen kann es durch Alkoholexzesse im Zusammenhang mit stark fettreicher Nahrung kommen. Symptome sind dabei Übelkeit und Erbrechen, Schmerzen im linken Oberbauch mit Ausstrahlung in den Rücken. Häufiger ist allerdings die chronische Bauchspeicheldrüsenentzündung, die das Drüsengewebe dieses Organs fortschreitend zerstört. Anfänglich bestehen noch Schmerzen, die aber mit zunehmender Krankheitsdauer abnehmen bis zur völligen Schmerzfreiheit. Dabei entstehen dann häufig Zuckerkrankheit, Fettsucht, Gewichtsverlust und Bauchspeicheldrüsenkrebs.

Der Magen

Der exzessive Alkoholmissbrauch kann zu akuten Magenschleimhautentzündungen führen, da die Magenschleimhaut sehr empfindlich auf hochprozentige Alkoholika reagiert. Dabei kommt es meist zu starker Übelkeit, Magenschmerzen und Erbrechen (zunächst noch unblutig, bei zunehmender Häufigkeit kann zusätzlich Blut erbrochen werden).

Mit fortschreitender Krankheit entstehen chronische Magenschleimhautentzündungen mit zunächst uncharakteristischen Symptomen wie Übelkeit und Druckgefühl im Oberbauch. 15 % aller Alkoholkranken leiden an Magengeschwüren. Auch hier wird eine Beziehung zur Entstehung von Magenkrebs diskutiert. Auffällig ist der relativ hohe Anteil der Magenresezierten unter den Alkoholabhängigen. Dafür gibt es eine plausible Erklärung: Die vorhandenen Magengeschwüre können oft nur durch eine Magenoperation, eine Entfernung von zwei Dritteln des Magens (sog. 2/3 Resektion) behandelt werden. Danach kommt es zu einer sehr viel schnelleren Resorption des Alkohols durch den Dünndarm, wodurch sich die „Anflutungsphase" verkürzt und die ohnehin schon vorhandene Gier nach Alkohol eine noch stärkere Bekräftigung erfährt. Das dürfte dazu beitragen, dass am Magen operierte Patienten noch anfälliger für das Suchtmittel Alkohol sind.

Das Herz-Kreislauf-System

Jahrelanger hoher Alkoholkonsum kann zu einer Herzerweiterung führen, die vorwiegend Männer zwischen dem 30. und 40. Lebensjahr betrifft. Diese Herzerweiterung kann zu einer Funktionsminderung des Herzens führen, verbunden mit Atembeschwerden und Wasser (Ödeme) in den Beinen. Die Prognose ist durchaus ernst, wenn keine Abstinenz eingehalten wird. Des Weiteren führt regelmäßiger Alkoholkonsum zu einer Blutdruckerhöhung, die sich medikamentös kaum noch beeinflussen lässt. Der Blutdruck kann sich aber unter Abstinenzbedingungen wieder vollkommen normalisieren.

Bekanntermaßen fördert ein erhöhter Blutdruck seinerseits die Schlaganfallbereitschaft. In neuerer Zeit erfährt man immer wieder in Veröffentlichungen, dass eine täglich getrunkene geringe Alkoholmenge (z. B. 1 Glas Rotwein) das Herzinfarktrisiko senken würde. Man kommt dann zu der Fehlannahme, dass Alkohol eigentlich gesund sei. Dies trifft jedoch keineswegs zu, da auch ein täglich geringer Alkoholgebrauch den Blutdruck erhöht. Somit steigt das Schlaganfallrisiko. Dass diese Empfehlung natürlich für Alkoholabhängige erst recht keinen Sinn macht, versteht sich von selber.

Die Haut

Am auffälligsten sind die Auswirkungen des Alkohols auf der Haut. Das Gesicht ist aufgedunsen und fettig, die Blutgefäße sind stark erweitert, besonders an der Nase, weshalb diese vergrößert und knollig erscheint („Säufernase"). Diese Hautveränderungen bilden sich auch in der Abstinenz nicht mehr zurück.

Sichtbares Zeichen starken Alkoholkonsums sind auch die geröteten Bindehäute der Augen, weshalb Alkoholiker häufig eine Sonnenbrille tragen. Dieses Symptom verschwindet wieder mit der Abstinenz.

Die Leber

Die Leber ist das zentrale Organ für den Alkoholabbau im Körper. Es lassen sich verschiedene Stadien der Schädigung unterscheiden, von denen die wichtigsten kurz aufgeführt werden sollen.

Bei Alkoholikern kann sich zunächst eine *Fettleber* entwickeln, da beim Alkoholabbau Fettmengen entstehen, die nur mangelhaft abgebaut werden. Der Betroffene merkt außer einem leichten Druckgefühl im rechten Oberbauch und einem eventuellen Völlegefühl sehr wenig davon. Die Fettleber bildet sich bei Abstinenz relativ gut zurück.

Die *alkoholische Leberentzündung (Hepatitis)* kann im Ergebnis massiver Alkoholexzesse auftreten. Die Leber ist hierbei vergrößert und derb. Die Entzündung geht einher mit stärkeren Oberbauchbeschwerden, Übelkeit, Erbrechen, Durchfällen, Gelbsucht und daraus resultierender Gewichtsabnahme. Es kann sich bei aggressivem Verlauf infolge einer akuten Stoffwechselvergiftung ein Leberkoma entwickeln bzw. der Übergang zur Leberzirrhose eingeleitet werden.

Die *alkoholische Leberzirrhose* ist häufig das finale Erkrankungsbild nach langzeitigem exzessivem Alkoholmissbrauch. Die Leber ist dann groß und höckerig. Die bisher genannten subjektiven Beschwerden verstärken sich (Appetitlosigkeit, Erbrechen und Durchfälle). Die Leber ist nicht mehr voll funktionstüchtig. Die Alkoholverträglichkeit (Toleranz) wird geringer, die Haut wird pergamentartig dünn, es finden sich auf der Haut Gefäßerweiterungen, sogenannte Gefäßsternchen, die Potenz bei Männern geht auf ein Minimum zurück.

Durch das harte funktionsuntüchtig gewordene Lebergewebe kommt es zu Blutstaus, und es bilden sich sog. Umgehungskreisläufe um die Leber herum. Auf diese Weise entstehen Krampfadern, die sich in der Speiseröhre und am After manifestieren (Hämorrhoiden).

Eine schwere Komplikation ist das Aufplatzen dieser Krampfadern, was zu lebensgefährlichen Blutungen, vor allem in der Speiseröhre, führen kann (sog. Ösophagus-Varizen).

Durch die Erhöhung des Drucks in der Pfortader bilden sich Wasseransammlungen (Ödeme) im Bauch (Ascites) und in den Beinen.

Eine weitere Folge der Leberzirrhose ist Nierenversagen, und in schweren Fällen kann es zu einer Gehirnerkrankung kommen, die einem Delir ähnlich ist und nicht selten zu einer tiefen Bewusstseinsstörung mit Koma führen kann. Ist die Leberzirrhose erst einmal manifest geworden, ist die weitere Prognose meist sehr schlecht, auch bei gewissenhaft eingehaltener Abstinenz.

Schließlich können die durch den Alkoholmissbrauch verursachten Gewebeveränderungen auch zu einem Leberkarzinom führen.

Die Alkoholembryopathie

Regelmäßiger Alkoholkonsum, auch bereits geringer Alkoholmengen während der ersten Schwangerschaftsmonate, lässt ausgeprägte Schäden am Embryo erwarten. Jährlich werden etwa 2200 Kinder mit einer Alkoholembryopathie geboren. Alkohol passiert ungehindert die Plazentaschranke, und der Embryo kann den Alkohol nicht abbauen, da seine Leber noch keine Alkoholdehydrogenase besitzt, ein Ferment, das beim Erwachsenen den Alkohol abbaut.

Folgende Schäden können auftreten:

- Missbildungen am Gehirn- und Gesichtsschädel
- Minderwuchs
- Hyperaktivität
- Intelligenzdefizit

Meist treten diese Schäden in Kombination auf, besonders bei Gebrauch hochprozentiger Alkoholika in den ersten Schwangerschaftsmonaten (W. Feuerlein, 1989).

Psychische Beeinträchtigungen

Häufig klagen Betroffene über Depressionen, die sie allein für ihre Suchtkarriere verantwortlich machen. In Einzelfällen mag das durchaus so gewesen sein. In der Regel aber entstehen depressive Verstimmungen erst mit steigendem Suchtmittelkonsum und sie können sich dann zu einem vitalen depressiven Krankheitsbild entwickeln. Die Beschwerden sind dann oft so hartnäckig, dass sie den Blick für Ursache und Wirkung verstellen.

> Die psychische Komponente spielt bei Abhängigkeitskrankheiten im Unterschied zu den meisten anderen Krankheiten eine herausragende Rolle.
> Gerade diese ist es der im Therapieprozess höchst Bedeutung zukommt. Wie bei keiner anderen Krankheit wirken Suchtmittel in hohem Grade auf der psychischen Funktionen und beeinträchtigen sie. Darum konzentriert sich jede Entwöhnungsbehandlung wesentlich auf die psychische Seite der Abhängigkeit (S. Fritzsche, 1988).

Ähnlich war das auch bei mir *(Siegfried Fritzsche)*. Mit zunehmendem Suchtmittelgebrauch, also steigendem Alkoholkonsum, kamen depressive Verstimmungen auf, die ich vorher nicht kannte. Und ich hatte trotz aller medizinischer Vorkenntnisse keine Erklärung dafür. Eine Abhängigkeit wies ich weit von mir. Das Leben wurde freudlos und grau, ich konnte mich zu nichts mehr aufraffen. Den Tagesablauf konnte ich nur mit Mühe bewältigen und alles wurde zunehmend schwieriger. Fehler unterliefen mir und leider auch deren Realisierung. Quälende Suizidgedanken traten auf. Hinzu kam die ständige Angst, die ärztliche Approbation zu verlieren – ein scheinbar ausweglocer Zustand, verbunden mit grenzenlosem Selbstmitleid ohne Hoffnung. Doch eines Tages kam der Kollege, Dr. Keil, der bei uns in Prenzlauer Berg und darüber hinaus sehr bekannt war, zu mir und versuchte mich für eine Entwöhnungsbehandlung zu motivieren. Ich hielt davon zunächst nichts, hatte ich doch schon mehrere erfolglose stationäre Behandlungen hinter mir. Da es aber nicht mehr so weitergehen konnte, willigte ich ein und ich bin ihm heute noch dankbar, dass er mir zu diesem Schritt verhalf.

Alle stofflichen Suchtmittel, wie Alkohol, Schlaf- und Beruhigungsmittel und illegale Drogen wirken im Laufe der Zeit zerstörend auf die menschliche Persönlichkeit. Auf der Grundlage einer organischen Schädigung des Gehirns durch die chronische Intoxikation (Vergiftung) kommt es im Laufe der Suchtkarriere zu dauerhaften psychoorganischen Veränderungen mit einer auffälligen Hirnleistungsbeeinträchtigung. Diese drückt sich aus in einer Minderung der Auffassungsgabe, einer deutlichen Merkschwäche mit allgemeiner Verlangsamung des Denkprozesses und der Psychomotorik. Es sind dies alles Symptome, wie sie auch im fortgeschrittenen Alter bei sonst gesunden Menschen auftreten können. Der nichtabstinente Alkoholiker aber altert vorzeitig. **Ich (Siegfried Fritzsche) merkte, dass ich mit fortgeschrittenem Alkoholkonsum Probleme mit der Rechtschreibung und dem Kopfrechnen bekam, logische Zusammenhänge konnte ich nur noch mühevoll erkennen. Teilweise war ich auch nicht mehr in der Lage irgendwelche Veranstaltungen** zu besuchen weil ich durch die Suchtmittel (Alkohol und Tabletten) derartig eingeengt und gehemmt war, so dass ich mich nicht mehr traute und wahnsinnige Ängste entwickelte wenn ich irgendwo hin sollte. Ein fürchterliches Zustandsbild das ich mit vielen Alkoholikern teilte. Dieser Prozess verläuft langsam, aber stetig. Psychische Belastungen und Spannungen werden ohne Einnahme des Suchtmittels kaum noch ertragen (S. Fritzsche, 1985). Da diese aber durch ihr innewohnendes Suchtpotenzial immerfort nach einer Steigerung des Gebrauchs verlangen, kann sich der menschliche Stoffwechsel nur noch unvollständig an das Suchtmittel anpassen. Es kommt dadurch zu psychischen Störungen, die nicht nur schlechthin als Entzugserscheinungen gedeutet werden können, sondern eine tiefere Wurzel haben, auf die kurz eingegangen werden soll.

Jeder Mensch hat in seiner Entwicklung unbewusste neurotische Grunderfahrungen gemacht, sogenannte Mikrotraumen (negative Erfahrungen), die langfristig im Gedächtnis gespeichert werden. In einer harmonischen Lebensbewältigung führen diese negativen Erfahrungen zu keinen Einschränkungen im Lebensentwurf. Im Verlaufe einer Abhängigkeit aber kommt es durch die Verunsicherung der psychischen Konstitution infolge der chronischen Intoxikation durch das Suchtmittel zu Regressionen (d. h. Rückentwicklungen) in kindliche Verhaltensmuster (H. Kulawik, 1991). Es vollzieht sich eine Wiederholung früher kindlicher Lösungsmuster, die nicht mehr den Ansprüchen und Lebenserfahrungen des Erwachsenen entsprechen. Die Folgen sind Verunsicherung, Ängste und schwindender Selbstwert. Das Selbstbewusstsein ist empfindlich gestört, da keine eigenen Kräfte mehr mobilisiert werden können. Man fühlt sich als Versager. Aufgrund der sich einstellenden Misserfolge entwickeln sich depressive Verstimmungen, zum Teil bedingt durch ein übergroßes Selbstmitleid und die selbst verschuldete Misere, für die man nicht verantwortlich sein will, sondern die – ach so böse – Umwelt. Es ist ein Kreislauf, den der französische Schriftsteller und Pilot Antoine de Saint Exupery in seiner Erzählung vom kleinen Prinzen so treffend schildert:

Den nächsten Planeten bewohnte ein Säufer. Dieser Besuch war sehr kurz, aber er tauchte den kleinen Prinzen in eine tiefe Schwermut. „Was machst du denn da", fragte er den Säufer, den er stumm vor einer Reihe leerer und einer Reihe voller Flaschen sitzend antraf.
„Ich trinke", antwortete der Säufer mit düsterer Mine.
„Warum trinkst du?", fragte ihn der kleine Prinz.
„Um es zu vergessen", antwortete der Säufer.
„Um was zu vergessen?", erkundigte sich der kleine Prinz, der ihn schon bedauerte. „Um zu vergessen, dass ich mich schäme", gestand der Säufer und senkte den Kopf.
„Weshalb schämst du dich?", fragte der kleine Prinz, der den Wunsch hatte, ihm zu helfen. „Weil ich saufe!", endete der Säufer und verschloss sich endgültig in sein Schweigen (A. de Saint Exupery, 1967).

Das kann aber noch lange so gehen. Die Stimmung wird immer schlechter, die Ängste nicht mehr aushaltbar, nichts gelingt mehr. Hoffnungslosigkeit und Resignation bestimmen den Tagesablauf. Suizidgedanken kommen auf. Am Tiefpunkt des Erlebens kann jetzt die Erkenntnis reifen: Es geht nicht mehr so weiter, ich muss etwas tun.

Oft war die Verzweiflung (Siegfried Fritzsche) so enorm, dass ich völlig sinnlose Handlungen unternahm. Um meinem Schicksal zu entfliehen, lief ich eines Nachmittags völlig kopflos zum Bahnhof und stieg in einen Zug ein, der irgendwo hinfuhr. Es war mir völlig egal wohin! Eine Fahrkarte löste ich nicht, ich hatte auch kein Geld bei mir.

Ein Schaffner ließ sich Gott sei Dank nicht blicken. Es war ein völlig auswegloser Zustand. Ich glaubte so meinem Suchtschicksal zu entfliehen.

Schließlich brachte mich dieser „Zug nach nirgendwo" doch nach Stralsund, wo ich natürlich nicht hin wollte und das alles ohne Fahrkarte und ohne Geld.

Da wurde mir doch recht mulmig zu Mute: In einer Stunde musste ich die Rückreise antreten, schließlich wartete zu Hause auch mein Bier auf mich!

Ein Gutes hatte aber diese „Reise". Mir wurde allmählich klar: ohne Therapie hätte ich fliehen können wohin ich wollte, ich wäre stets im Zug nach nirgendwo geblieben!!!

Sollte nun eine Abstinenz erreicht werden, bildet sich nach neueren Erkenntnissen auch der stattgehabte Hirnabbauprozess zurück und damit auch nach einer längeren Zeit die geschilderten psychischen Ausfallerscheinungen.

Mir selbst *(Siegfried Fritzsche)* ging es nach wenigen Wochen meiner Abstinenz fast so wie dem treuen Heinrich in dem bekannten Grimm'schen Märchen ‚Der Froschkönig oder der eiserne Heinrich'. Der eiserne Ring der Depression, der mich in den langen Jahren der Sucht fest im Griff hatte, fiel klirrend zu Boden, ich konnte wieder frei atmen und so mein neues Leben gestalten.

Natürlich löst die Abstinenz auf Anhieb nicht alle Probleme und Ängste, die seit der Kindheit weit in das Erwachsenalter hinein-ragen. Aber sie hilft entscheidend, mit ihnen umzugehen und selbstsicher zu werden.

So hatte ich in meiner Kindheit und besonders in der Pubertät eine enorme Scheu vor Menschen entwickelt. Man sagte mir damals, das seien eben Hemmungen, mit denen man leben müsse. In der Fachsprache bezeichnet man diese Störung diagnostisch als „soziale Phobie" (Angst vor Menschen), eine Symptomatik, die ich mit vielen Suchtkranken teilte. Sie kann mitunter auch am Anfang so mancher Suchtkarriere stehen.

So konnte ich unter Alkohol locker reden, war kontaktfreudig und konnte aus mir herausgehen. Doch die anfänglichen Flitterwochen mit dem Suchtmittel gingen vorbei und mit der längeren Dauer der Abhängigkeit stellten sich zunehmend starke Versagensängste ein, die sich bis ins Unermessliche steigern konnten. Ich isolierte mich zusehends und vermied peinlichst angstbesetzte Situationen, wie gemeinsames Mittagessen mit Kollegen, meldete mich krank, wenn Fortbildungsvorträge und Seminare anstanden – ein nahezu unerträglicher Zustand.

In der Abstinenz dann gewann ich Selbstvertrauen, lernte mich durchzusetzen und übernahm soziale Verantwortung. Das geschah aber keinesfalls schlagartig, sondern erforderte sehr viel Geduld und Stehvermögen, denn auch das abstinente Leben geht am grauen Alltag nicht vorbei. So bemerke ich auch noch heute ein ausgeprägtes Sicherheitsverhalten in psychisch belastenden Situationen, an dem ich arbeiten muss. – Der Weg ist das Ziel!

Und ein Punkt ist noch erwähnenswert: Als Suchtkranker führte man gewissermaßen ein Leben in der sozialen Isolation. Jeder Tag brach herein mit neuen Ängsten und Problemen (Angst, entdeckt zu werden, Beschaffungsprobleme, Angst vor dem sozialen Abstieg). All das spielte sich ab in einem alltäglichen, sozusagen „untergründigen" Kampf, der sehr viel Kraft kostete. Diese verdeckten Energien können in der Abstinenz dann gut mobilisiert werden. Voraussetzung ist allerdings eine nüchterne Lebensweise ohne Suchtmittel.

Darin eingebettet verläuft ein psychisch unbewusst verlaufender Prozess, der als sogenannte **Nachreifung** bezeichnet wird. Der Betroffene wird wieder frei, um Verantwortung für sein Leben zu übernehmen. Einst äußerst problematische Situationen verlieren ihre dämonische Gewalt. Und ich lerne es im Laufe des abstinenten Lebens, mich wieder alltäglichen Anforderungen zu stellen, vor denen ich mich in der Sucht stets gedrückt habe und unfähig war, damit umzugehen. Abstinenz heißt, Ja zum Leben sagen, oder anders ausgedrückt, mein Leben ist mir in die Hände gegeben, damit ich es gestalte, und das kann ich jetzt. Das ist ein langer Weg, der viel Geduld und Gelassenheit erfordert, um sich dann wieder am gelungenen Leben zu orientieren: Ich bin endlich ich.

Der Co-Alkoholiker

Nur in Ausnahmefällen ist der Alkoholiker mit seinem Problem allein. In der Regel ist er eingebettet in ein soziales Umfeld, das mehr oder weniger durch sein Suchtverhalten mit betroffen ist, vor allem seine Familie, aber auch der engere Kreis seiner Arbeitskollegen. Diese Personen werden auch als Co-Alkoholiker oder Mitbetroffene bezeichnet – nicht, weil sie selbst süchtig wären, sondern weil sie typische Verhaltensweisen an den Tag legen, die darauf gerichtet sind, sich mit dem Alkoholkranken bestmöglich zu arrangieren. Zwischen drei und fünf Millionen Menschen sind als Angehörige von Alkoholabhängigen mitbetroffen. Das Ziel ist meist, unmittelbaren Schaden zu begrenzen, Auffälligkeiten zu verstecken, aber auch in irgendeiner Weise Hilfe zu leisten. Denn die Hilflosigkeit des Alkoholkranken gegenüber seiner Sucht ist ein auf Dauer nicht zu übersehendes Symptom.

Im privaten wie beruflichen Umfeld versucht man natürlich, irgendwie zu reagieren, wobei das eigentliche Problem damit zusammenhängt, dass die Sucht nicht von heute auf morgen hereinbricht, sondern sich über einen langen Zeitraum, Stufe um Stufe, entwickelt. Und genau dieser Zeitraum steht dem Umfeld, vor allem aber den näheren Angehörigen zur Verfügung, um sich schrittweise dem Verhalten des Betroffenen anzupassen, Toleranz zu erlernen und zu üben, Ausgleichsmanöver zur Abschottung des Alkoholikers gegenüber der neugierigen Nachbarschaft zu trainieren und ähnliches. In der Firma werden alkoholisierte Mitarbeiter oft einfach nach Hause geschickt, damit sich die Auffälligkeit nicht herumspricht.

Zu Anfang wollen Angehörige oder Freunde nach Möglichkeit noch den Schein eines intakten Familienlebens wahren, betrügen sich dabei selbst oder ziehen Vergleiche mit anderen, scheinbar „schlimmeren" Fällen („so schlimm ist es ja eigentlich bei ihm noch nicht"). Sie belügen Vorgesetzte und Arbeitskollegen des Alkoholkranken durch immer raffinierter konstruierte Ausreden. Damit sitzen sie aber bereits, ohne es bewusst wahrzunehmen, im gleichen Boot wie der Kranke selbst, der nun weiter trinkt und entsprechend passiv bleibt. Die Argumente für eine solche Art von Hilfestellung sind vielfältig. Sie reichen von einer Art bemitleidendem Einfühlungsvermögen („Er ist ebenso empfindsam und labil") bis hin zur Angst, dass das Gerüst der Lebensführung zusammenbrechen könnte („Wenn ich ihn jetzt nicht schütze, verliert er seine Arbeit"). Auch fällt es schwer, den einst oder noch immer geliebten Partner einfach ins Abseits zu stoßen, z. B. mit der Androhung oder gar Verwirklichung einer Scheidung.

Überdies liegen die Verhältnisse nicht immer so einfach. Was bei der Beurteilung der Co-Abhängigkeit oft übersehen wird, ist die Tatsache, dass der alkoholabhängige Partner über weite Strecken seiner Suchtentwicklung durchaus noch eine objektiv dominante Stellung in der Familie innehaben kann, etwa in finanzieller und wirtschaftlicher Hinsicht. Das mitleidige, klischeehafte Bild vom Manne, der irgendwie durchgeschleppt wird, kann, muss aber durchaus nicht zutreffen. Daher gehen Ratschläge wie: lass ihn fallen, trenne dich von ihm etc. oft vollkommen an der Wirklichkeit vorbei. Es nimmt daher nicht Wunder, dass die Angehörigen versuchen, zunächst durch milde und unaufdringlich wirkende Kontrollhandlungen den Alkoholkonsum des Betroffenen zu regulieren und zu begrenzen. Sie verstecken einen Teil seiner Schnaps-, Wein- oder Bierflaschen in der Hoffnung, er würde sich mit dem noch auffindbaren Rest begnügen. Auch wird versucht, ihm einen kleinen Vorrat für den nächsten Tag aufzubewahren, damit er nicht gleich am frühen Morgen wieder das Haus verlässt. Doch all diese Maßnahmen verfehlen letzten Endes ihr Ziel. Sie scheitern schon an dem fast unerschöpflichen Einfallsreichtum des Alkoholabhängigen, sich den Zugriff auf sein Suchtmittel zu sichern.

Über kurz oder lang folgt das Eingeständnis, dass alle Versuche, den Kranken zu einem moderaten Trinken zu bewegen, gescheitert sind. Die Umgebung reagiert jetzt unmutig und gereizt, man ist mit den Nerven am Ende, und es folgt eine Phase harter, wütender, ständiger Anklagen. Der Betroffene ist nunmehr überhaupt an allem schuld (was so auch nicht zutreffen muss), er hat das Leben insgesamt zerstört, die Familie wechselt zwischen kollektivem Selbstmitleid und Aufbegehren. Scheidungsabsichten werden geäußert, Scheidungen auch oft beantragt, dann aber häufig wieder zurückgezogen, wenn die Drohung eine vorübergehende Wirkung zeigt. Zwischendurch kann es immer wieder zu Aussprachen und Versöhnungen kommen – letztlich dreht sich alles im Kreise. Es bleiben Hilflosigkeit und Angst, wie es denn weitergehen könnte.

Aus dieser Erfahrung heraus lassen sich folgende Regeln formulieren:

- Akzeptieren Sie, dass Sie einen alkoholkranken Partner haben.
- Besonders wichtig, aber anfangs schwer zu verwirklichen ist der Ratschlag: Helfen Sie ihm nicht beim Vertuschen seiner Krankheit, weder beim Arbeitgeber, noch bei Freunden und Bekannten. Damit machen Sie sich frei von seinen Versprechungen, die er aus Krankheitsgründen ohnehin nicht wird einhalten können.

- Halten Sie Kontakt zu Freunden und Bekannten. Klären Sie diese über die Alkoholkrankheit Ihres Partners auf.
- Versuchen Sie – gegebenenfalls mit mehreren Anläufen – mit ihrem Partner ein ruhiges und sachliches Gespräch zu führen, ohne Streit und gegenseitige Kränkungen. Machen Sie ihm vor allem klar, dass Sie unter diesen Bedingungen das Leben mit ihm nicht mehr weiterführen wollen und auch nicht werden. Über die Ernsthaftigkeit einer solchen Ankündigung müssen Sie sich aber selbst erst Klarheit verschafft haben, sonst bleibt es bei einer mehr oder weniger milden Absichtserklärung.

Vorbildhaft löste der kürzlich verstorbene Schauspieler Hilmar Thate das Problem. Wenn jemand telefonisch seine alkoholabhängige Frau sprechen wollte und die gerade im „Tee" war, sagte er kurz und bündig: „die können sie nicht sprechen, die ist besoffen."

Sie sind in gewissem Sinne selbst abhängig von der Krankheit Ihres Partners geworden und haben Ihr ganzes Leben darauf eingestellt, ohne dass das jemals Ihre freie Entscheidung gewesen wäre. Sie müssen sich darüber im Klaren sein, worauf Sie sich, bewusst oder unbewusst, im Laufe der Jahre gegen Ihren Willen eingelassen haben:

- Sie haben in der Familie im Wesentlichen alles selbst geregelt, alle Sorgen, Nöte und Probleme vom alkoholkranken Partner wegdelegiert in der Hoffnung, ihm auf diese Weise alle Anforderungen und Belastungen zu ersparen.
- Sie haben ihn oftmals fast wie ein Kind bemuttert.
- Sie haben sich von ihm beleidigen lassen, alle seine Bedrohungen (auch physische Gewalt) geduldig ertragen.
- Sie haben ihn beim Arbeitgeber entschuldigt und so seine Krankheit vertuscht.
- Sie haben Angst davor gehabt, dass Ihre Familie in einem schlechten Licht erscheint.

Auf diese Weise wurden Sie im Laufe der Jahre unbewusst sogar zum Verbündeten des Süchtigen, haben seine Krankheit verfestigt und in die Länge gezogen.

Es sollte aber auch eines nicht ganz verschwiegen werden: Die Hilflosigkeit Ihres Partners war für Sie auch mit einem gewissen Machtgewinn verbunden: Sie haben in der Familie alles geregelt und haben dabei die volle Anerkennung aus Ihrem Umfeld erfahren. Vielleicht sind Sie auch der verständlichen Versuchung unterlegen, ihren Partner zu kommandieren oder ihn faktisch zu entmündigen, indem Sie ihn an wichtigen Entscheidungen nicht mehr teilhaben ließen. Sie wurden allerorts bewundert, wie Sie das Leben unter diesen Umständen bewältigt haben. Andererseits konnte der andauernde Partnerschaftskonflikt für Sie auch zum Daueralibi werden, sich nicht mit den eigenen Problemen auseinandersetzen zu müssen. Dass der Co-Abhängige auch Vorteile aus der ansonsten misslichen Lage gezogen hat, wird oft dann erkennbar, wenn sich der Alkoholkranke zur Abstinenz entschließt. Die anfängliche Erleichterung darüber wird dann überschattet durch ein neues Selbstbewusstsein, das der Abhängige an den Tag legt und das zu Konflikten führen kann. Das geht manchmal auch so weit, dass Partner auf die Abstinenz des Betroffenen gar verzichten wollen, um auf diese Weise „ruhiger" zu leben nach dem Motto: „Zehn Tage war der Vater krank, jetzt säuft er wieder, Gott sei Dank." Zum Glück ist dies nicht die Regel.

Auch der Umgang mit dem abstinent lebenden Alkoholkranken bringt, besonders in der ersten Zeit, Probleme mit sich, die kurz angesprochen werden sollen.

Für den Betroffenen ist die Abstinenz zunächst eine erhebliche Leistung. Normalerweise erhofft oder erwartet man für bestimmte Leistungen auch eine bestimmte Art von Anerkennung. In diesem Falle sollten Sie aber mit äußerstem Feingefühl vorgehen. Vermeiden Sie auf jeden Fall Bemerkungen wie: „Na siehst du, es geht doch auch ohne Alkohol!" oder „Nun – ist es denn so schlimm ohne Alkohol?" oder dergleichen. Auch vielleicht gut gemeinte Hinweise („Nimm bitte nichts von dem Rum-Kuchen, der ist für Onkel Franz") sollten Sie tunlichst unterdrücken oder das Problem anderweitig und diskreter entschärfen. Warum? Einfach deshalb, weil durch solche Bemerkungen der Betroffene das Gefühl bekommt, von einem Stadium der Entmündigung in das nächste zu gelangen, und das verträgt er nicht – schon gar nicht in der ohnehin schon labilen Anfangsphase. Und verbergen Sie Ihr – durchaus verständliches – Misstrauen. Wenn der Betroffene den Eindruck bekommt, ein Kuss werde nur dazu benutzt, um festzustellen, ob er Alkohol getrunken hat, dann kann es unter Umständen der letzte sein.

Goethe & Co.

Dass der Hang zu übermäßigem Alkoholkonsum an keine soziale Schicht und an keinen bestimmten Persönlichkeitstyp gebunden ist, hatten wir schon erwähnt. Die Alkoholkrankheit ergreift aber auch nahezu unterschiedslos Menschen aller Abstufungen ihrer intellektuellen Fähigkeiten.

Für nicht wenige unserer Altvorderen, die Dichter, Denker, Künstler ihrer Zeit, bedeutete der Umgang mit dem Alkohol eine große Belastung in ihrem Leben, wenn nicht sogar ihren frühzeitigen Untergang.

Wir wollen hier nur einige Persönlichkeiten erwähnen, die – nach heutiger Auffassung und Terminologie – als schwer alkoholgefährdet bzw. alkoholabhängig gelten würden.

Am bekanntesten dürfte in diesem Zusammenhang der Dichter **Jack London** (1876–1916) sein. Er hat sein vom Alkohol gezeichnetes Leben in einem Buch mit stark autobiografischen Zügen festgehalten: John Barleycorn. Alcoholic memoirs/dtsch. König Alkohol). Danach hatte der gerade fünfjährige Junge sich schon bis zur Bewusstlosigkeit betrunken. Andererseits glaubte Jack London, sich durch seine Streifzüge durch die Straßen von Oakland Anregungen für sein literarisches Schaffen holen zu können, da er genau dort, wie er betonte, das wahre, pulsierende Leben hautnah erfahren konnte; ein Motiv, das auch andere Dichter zu endlosen Kneiptouren veranlasste.

Schon in früher Jugend war Jack London gezwungen, wegen des morgendlichen Zitterns der Hände und schwerer Übelkeitsanfälle den Tag mit einigen Gläsern Whisky zu beginnen. Wir kennen diese Symptomatik heute nur allzu gut. Seine geistige Haltung war aber stets gegen den Alkohol gerichtet, er verachtete ihn geradezu, war also alles andere als ein „fröhlicher Zecher". Trotzdem trank er, vor allem in seinen späteren Jahren, fast hemmungslos weiter, was als sicheres Zeichen einer schweren Alkoholabhängigkeit gelten kann.

Jack London (1876–1916)

Im Nachhinein ist natürlich nicht zu entscheiden, welchen Weg der Dichter genommen hätte ohne die Berührung mit Alkohol. Vielleicht hätte er es zu noch genialeren Leistungen gebracht, vielleicht wäre er aber auch zeitlebens ein blasser Sachbearbeiter in irgendeiner belanglosen Behörde geblieben. Man muss einräumen, dass der Alkohol, wie auch andere Rauschdrogen, ein ambivalentes (zweischneidiges) Potenzial in sich trägt – Anregung bis zum Schöpferischen oder aber psychischen, sozialen und körperlichen Verfall. Der Selbstmord Jack Londons lässt darauf schließen, dass schlussendlich die zerstörerische Kraft Oberhand gewonnen hat.

Auch für den deutschen Dichterfürsten **Goethe** gehörte der Genuss von alkoholischen Getränken zum festen Bestandteil seines Lebens.

1 Alkohol- und Medikamentenabhängigkeit 77

Johann Wolfgang von Goethe (1749–1832)

Seine Zeitgenossen wissen zu berichten, dass er täglich seinen Champagner und den „guten" Rotwein konsumierte, auch im hohen Greisenalter noch. Der Weinverbrauch im Hause Goethe musste beträchtlich gewesen sein, wie der spätere Einblick in die Haushaltsbücher verriet. Da keine psychischen (oder gar psychiatrischen) oder gesundheitlichen, erst recht keine sozialen Ausfälle bekannt sind, könnte man Goethe den mehr oder weniger stabilen Spiegeltrinkern zuordnen.

Man muss aber vorsichtig sein mit solchen Urteilen, da, wie wir gesehen haben, auch immense Mengen konsumierten Alkohols noch keine Abhängigkeit bedeuten müssen.

Goethes Sohn August hat es weniger gut getroffen: Er scheiterte im Leben als notorischer Trinker.

Ähnlich wie Jack London hat auch **Edgar Allan Poe** (1809–1849) lebenslang unter dem Alkohol gelitten, und auch er ist jung, gerade 40-jährig, gestorben.

Edgar Allan Poe (1809–1849)

Die folgenden Ausführungen sind einer Dokumentation von Niels Höpfner: „Der Alkohol, die Dichter & die Literatur" entnommen[3]:

Schon als 17jähriger Student begann er zu trinken, obwohl er sich, nach dem Zeugnis eines Kommilitonen, vor dem Alkohol ekelte und ihn bereits geringe Mengen in den Rausch versetzten. Poes Kindheit war sehr unglücklich verlaufen: der Vater verließ die Familie, und nach dem frühen Tod seiner Mutter, einer Schauspielerin, wuchs der kleine Edgar bei Pflegeeltern auf.

---

[3]veröffentlicht in http://www.angelfire/poetry/alkohol/.

Sein Verhältnis zum wohlhabenden Pflegevater, der Poe auch finanziell unterstützte, verschlechterte sich so sehr, dass Poe keinen einzigen Cent erbte. Autorenhonorare waren höchst miserabel in jener Zeit (heute sind sie nur miserabel), und so wird das Leben des Dichters zu einer einzigen grauenvollen Jagd nach dem Dollar – fürs Überleben bis zum nächsten Tag.

Seine Heirat scheint Poe psychisch stabilisiert zu haben.

Ein paar Jahre später (1843) klang es bei einem zweiten Zeitzeugen bereits anders: „Schon bei einem einzigen Glas von leichtem Wein, Bier oder Cider hatte er den Rubikon überschritten – es endete fast immer in Exzess und Krankheit ..."

Während einer Vortragsreise erleidet Poe 1849 in Philadelphia einen Anfall von Verfolgungswahn und verbringt wegen Trunkenheit eine Nacht auf einer Polizeiwache. Ein paar Monate später, auf der Rückreise wiederum von einem Vortrag, findet man ihn in Baltimore als hilflose Person auf der Straße. Im Krankenhaus versinkt er in ein Delirium, in dem er sich nach Beschreibung des Arztes „an fantastische und eingebildete Wesen wandte, die er an den Wänden sah, das Gesicht war bleich, der ganze Körper mit Schweiß bedeckt". Einige Tage darauf stirbt Poe. Tod also im Delirium tremens, damals gab es noch kein Distraneurin.

Zu den schillerndsten Figuren aus dem Kreise der Dichter, deren Leben vom Alkohol beeinflusst war, gehört auch **Ernest Hemingway** (1899–1961). Zahlreiche Biografien sind über ihn erschienen (z. B. in Donald W. Goodwin: Alkohol & Autor. Suhrkamp 2000).

Danach hat Hemingway eine strenge puritanische Erziehung im Hause einer wohlhabenden Arztfamilie durchlebt. Das ist insofern interessant, als es der These widerspricht, Alkoholismus könne durch falsche Erziehung, frühkindlichen Kontakt mit Alkohol, Modellwirkung durch das familiäre Umfeld etc. verursacht sein. Möglicherweise kann auch der umgekehrte Effekt eintreten:

Die Loslösung vom Elternhaus wird als Befreiung erlebt, die auch den bewusst fahrlässigen Umgang mit dem „Verbotenen" und den Gefahren des Lebens einschließt.

So begann Hemingway mit 18 Jahren – wie dem Elternhaus zum Trotz – zunehmend Wein und Bier zu konsumieren – zunächst als Genussmittel, wie das in jeder Alkoholikerkarriere der Fall ist. Später, etwa ab seinem dreißigsten Lebensjahr, wurde Alkohol für ihn allmählich zur unverzichtbaren Medizin, vor allem als Schlafmittel und tagsüber zur Anregung und (scheinbarer) Beflügelung der schöpferischen Fantasie.

Ernest Hemingway (1899–1961)

Wiederholt versuchte er, durch festgelegte Zeitabläufe seine Trinkgewohnheiten in beherrschbare Bahnen zu zwingen, doch ohne Erfolg. In den letzten zehn Jahren seines Lebens konnte er, schon durch schwere Leberschäden gezeichnet, ohne Alkohol praktisch nicht mehr leben und schreiben.

Obwohl immer wieder angezweifelt, scheint doch festzustehen, dass er selbst mit seinem Jagdgewehr seinem Leben ein Ende setzte.

Die Reihe jener bekannten Persönlichkeiten der vergangenen Jahrhunderte ließe sich weit fortsetzen. Wir wollen nur, stellvertretend für viele, G. Hauptmann, E.T.A. Hoffmann, H. Fallada, G. Keller,

E. O'Neille, U. Sinclair, W. Faulkner erwähnen, deren Leben z. T. schwer und vernichtend vom Alkohol beeinflusst waren.

Doch, wie erwähnt, tut man gut daran, mit Urteilen über den tatsächlichen medizinisch-psychologischen Status der Personen zurückhaltend zu sein. Die lustig-humorvolle Seite und der z. T. sogar produktive Einfluss des Alkoholgenusses hat, mindesten streckenweise, ebenso eine Rolle gespielt (wenn auch manchmal eine klägliche Nebenrolle).

Wie sagte doch der unvergleichliche Beobachter und Zeichner des Berliner Milieus, **Heinrich Zille:**

> Da reden de Leit immer wat vom Alkohol. Wat brauch'n wir'n Alkohol, wenn wir Schnaps haben?

Wer so reden kann, der ist vom Schicksal zumindest noch nicht erschlagen worden.

Heinrich Zille (1858–1929)

Kinder, Kommerz und Alcopops

In Deutschland ist der Umsatz an alkoholischen Getränken in den letzten Jahren geringfügig zurückgegangen. Natürlich muss da aus unternehmerischer Sicht unter allen Umständen etwas unternommen werden! Und das ist auch gelungen. Als eine noch nicht hinreichend erschlossene Konsumentengruppe wurde nämlich die große Zahl von Jugendlichen, Teenies und Kindern erkannt.

Das Problem bestand allerdings darin, dass unvorbelastete junge Menschen nicht von vornherein und ohne weiteres alkoholische Getränke mögen – sei es vom Geschmack her oder einer, wenn auch unterschwelligen Einsicht, in deren Schädlichkeit.

Im Bestreben, solche Hemmschwellen niederzureißen, sind schließlich die Alcopops entstanden. Das sind limonadenartige Getränke, welche einerseits mit Alkohol angereichert sind, andererseits durch süße Beigaben und bestimmte Aromastoffe so verändert sind, dass der Alkoholgeschmack weitgehend ausgeschaltet ist.

Im Gegensatz zu Mischgetränken, wie z. B. die Berliner Weiße, kommen die Alcopops bereits fertig gemixt auf den Markt; man spricht daher auch von Premix-Getränken. Der Alkoholgehalt liegt im Durchschnitt bei ca. 5.5 Vol%, sodass bei einer Flaschengröße von 275 ml eine Menge an reinem Alkohol eingenommen wird, welche die eines Glases Bier übersteigt.

Die Psychologie des Alcopop-Konsums ist recht leicht durchschaubar. Die jugendlichen Konsumenten wissen natürlich, dass sie Alkohol zu sich nehmen, aber es ist eben doch ein „anderes" Getränk, deutlich unterschieden von dem Bier-Wein-Schnaps-Schema, dem die Erwachsenen huldigen. Insofern lässt sich darin auch eine Abgrenzungsstrategie der Jugendlichen erkennen.

Durch den hohen Zuckergehalt und die geschmackliche Ausrichtung der Alcopops wird der Alkoholgeschmack verdeckt. Zucker und Kohlensäure führen zu einer beschleunigten Aufnahme des Alkohols ins Blut und damit zu einem schnelleren Betrunkensein, da die Gefahr besteht, durch den süßen Geschmack zu viel und zu schnell zu trinken.

Hinzu kommt, dass in der Werbung die Alcopops oft mit Musik, Tanz, Freizeit und Sport verknüpft werden, was das Bewusstsein um ihre Schädlichkeit weiter vermindert.

Jedenfalls ist festzustellen, dass der Gebrauch dieser kleinen bunten Flaschen zu einer Art Kult geworden ist, der sich vorzugsweise bei Mädchen und jungen Frauen zu etablieren scheint. Durch die Kaschierung des Alkoholgeschmacks wird ganz offenkundig das Problembewusstsein gesenkt, wenn nicht ganz abgeschaltet.

Einschlägige Untersuchungen haben gezeigt, dass die Alcopops sehr häufig auch am Jugendschutzgesetz vorbeimanövriert werden, zumal das Design der Verpackungen eng an das alkoholfreier Limonadengetränke angelehnt ist und – wenn überhaupt vorhanden – das Kleingedruckte über die Inhaltsstoffe kaum sichtbar ist.

Europaweit sind die Alcopops seit etwa 1995 im Handel, in Deutschland seit Ende 2001. Inzwischen ist von gesetzgeberischer Seite reagiert worden. Seit August 2004 wird eine Sondersteuer auf diese Getränke erhoben, die je Einheit von 275 ml um die 80 Cent beträgt. Man kann nur hoffen, dass diese Maßnahme einen positiven Effekt zur Folge hat, sicher ist es nicht. Immerhin haben die Erfahrungen mit der Tabaksteuer gezeigt, dass eine Anhebung der Verbraucherpreise zu einer deutlichen Reduzierung des Verbrauchs führt, sehr zum Leidwesen des Finanzministers. Zu begrüßen wäre es in jedem Falle.

Während die Alcopops mehr als eine trickreiche Methode angesehen werden können, um Jugendlichen die Gewöhnung an den Alkohol im wörtlichen Sinne schmackhaft zu machen, ist in jüngster Zeit eine noch bedenklichere Entwicklung zu beobachten, die den übermäßigen Alkoholgenuss sogar ausdrücklich hochstilisiert: Es sind die sogenannten „Flatrate-Parties", bei denen gegen einen festen Eintrittspreis nach Belieben (und das heißt eben: so viel wie möglich) getrunken werden darf. Der Erfindungsreichtum der jeweiligen Gaststätten- bzw. Diskobetreiber geht – nach Insiderberichten – gelegentlich so weit, dass den besonders „sexy" gekleideten weiblichen Teenagern ein zusätzlicher Bonus gewährt wird in der Erwartung, damit weitere Jugendliche anzulocken. Selbstredend sind die Preise so bemessen, dass im Durchschnitt das Eintrittsgeld gar nicht vertrunken werden kann, aber diese Durchschnittsmenge wird eben sehr oft erheblich überschritten. Tragischer Weise betrifft das gerade sehr gesunde und robuste Naturen, die in der Lage sind, große Mengen an Hochprozentigem in kürzester Zeit zu sich zu nehmen, ohne zu erbrechen, um dann nach einiger Zeit, wenn der Alkohol ins Blut und ins Gehirn gelangt ist, vollkommen zusammenzubrechen. Das Resultat sind dann schwere, z. T. mit tagelangen Bewusstlosigkeitszuständen verbundene Alkoholvergiftungen, die einer stationären Intensivbehandlung bedürfen (Alcopops, 2004).

Die Statistik weist aus, dass im Jahre 2005 allein in Berliner Krankenhäusern die Zahl solcher Noteinweisungen der 10(!) bis 19-Jährigen auf insgesamt 274 gestiegen ist (Steigerungsraten gegenüber dem Vorjahr von 73 % bzw. 16 % bei Jungen bzw. Mädchen). Damit folgen die Minderjährigem einem Trend, der auch bundesweit zu verzeichnen ist: Insgesamt geht der Alkoholkonsum zwar leicht zurück, doch der Unterschied zwischen dem Verbrauch der Viel- und Wenigtrinker erhöht sich beträchtlich.

Letztendlich ist das Problem des Jugendalkoholismus aber nur durch eine behutsame und dennoch intensive Aufklärung zu lösen. Dabei ist zu beachten, dass Verbote, gleich welcher Art und unabhängig von angedrohten Konsequenzen, in der Regel wirkungslos sind. Der Jugendliche darf nicht das Gefühl bekommen, er werde in der Eigenständigkeit seiner Entscheidungen beschnitten oder eingeengt, sondern die Strategie muss darauf gerichtet sein, ihn aus eigener Einsicht in eine eigene Entscheidungsfindung hineinzuführen.

5 Jahre danach

Es gibt Tage, an denen so gut wie alles misslingt. Heute scheint wohl ein solcher zu sein.

Über Nacht hatte es angefangen, in Strömen zu regnen, die Fenster im Wintergarten standen noch sperrangelweit offen, die Sommerstühle sind nass, und der Teppichboden ist aufgeweicht. Am besten, ich schaue gar nicht erst hin.

Heute Morgen, noch im Halbdunkel, hat sich beim Ausparken die Deichsel eines abgestellten Hängers in die hintere Stoßstange gebohrt. Es scheint nicht gut auszusehen, am besten schaue ich erst morgen genauer hin.

Vor zwei Wochen war in meine Laube eingebrochen worden. Der kleine Fernseher ist weg, die Tür ist beschädigt. Vorhin kam das Schreiben von der Versicherung, sehr ausführlich und auch sehr höflich. Zum Schluss heißt es dann, dass sie leider – es tut ihnen unendlich leid – meinen Schaden nicht ausgleichen können. Prinzipiell schon, aber ausgerechnet in meinem Falle liegt die spezielle Kombination der Umstände gerade außerhalb des Versicherungsschutzes. Haarfein daneben gewissermaßen, aber daneben.

Ich greife zum Hörer, um wütend nachzufragen. Das Telefon ist stumm. Gestern ging es noch, oder besser: ging sie noch, meine neue exklusive Mehranschluss-ISDN-Anlage mit call back, call forward und call sonst was für Funktionen. Heute jedenfalls geht sie nicht.

Das ist eigentlich der Moment, wo ich mich zurücklehnen und mir erst einmal in aller Ruhe einen halben Liter Köstritzer Urbock einschenken möchte; zusehen, wie die dunkelgelbe, und doch sonnenklare Flüssigkeit unter dem prickelnden Schaum aufsteigt, einen letzten Schluck nachgießen, noch einen kleinen Moment warten ...

Auch nach fünfjähriger Abstinenz sind mir solche Vorstellungen nicht fremd geworden. Im Gegenteil: sie sind noch genau so lebendig wie damals in den Phasen des ständigen Trinkens: der Geschmack, der Geruch, das ganze Flair, das den Umgang mit alkoholischen Getränken umgibt. Einen Korken aus der Flasche zu ziehen, war eben viel mehr als nur der mechanische Akt des Öffnens, es war die Erwartung und die Gewissheit, dass sich schon in wenigen Minuten die Stimmungslage verändern wird, ohne weiteres Zutun, ohne Anstrengung. Und es ist ja gerade dieses für immer lebendige Suchtgedächtnis, das die Gefahr am Leben hält.

Doch es gibt auch die anderen Erinnerungen, die sich gleichermaßen nicht aus dem Gedächtnis verbannen lassen, und die mit dem Wohlgeschmack eines guten Tropfen Weines so gar nichts gemeinsam haben.

Da taucht, wie aus dem Nebel, die Gestalt eines Arztes auf, der sich über einen abgerissenen Menschen beugt und dann sagt: Was haben Sie denn da bloß gemacht?

Da sehe ich jemanden, der sich mühevoll zur Toilette schleppt, um den letzten Tropfen Galle zu entleeren.

Da sitzt ein Mann im Büro an seinem Schreibtisch, schweißgebadet, zitternd, angstvoll, ratlos, mit verlegenen Seitenblicken zur Tür, ob vielleicht jemand etwas von ihm will.

Da sind die schlaflosen Nächte, die Tretmühle zermürbender Gedanken, die gestorbenen Hoffnungen.

Und dieser eine und jemand bin ich selbst gewesen, es ist die durchlebte und durchlittene Vergangenheit, keine Einbildung, kein schlechter Traum, den ich vergessen könnte.

Ich weiß, dass es eine Kleinigkeit wäre, diese Vergangenheit zurückzuholen, ja fast weniger als eine Kleinigkeit. Ich brauchte nur ... – doch das werde ich mir nicht antun.

1.2 Medikamentenabhängigkeit

Besuch beim Apotheker
Ich fürchte, sie werden mir nichts mehr geben, aber versuchen kann ich es noch mal. Die Linden-Apotheke ist voll um diese Zeit, es haben sich drei Schlangen gebildet. Ich stelle mich dort an, wo eine junge Frau bedient, deren Gesicht ich noch nicht kenne und der auch ich fremd sein dürfte. Man hatte mich schon in Gespräche verwickelt. Junger Mann, hieß es,

wollen Sie nicht bald mal zum Arzt gehen, Sie können doch nicht jeden Tag diese Tabletten kaufen, wir beobachten das ja nun schon eine ganze Weile. Das war übertrieben, aber zwei- bis dreimal in der Woche bin ich schon erschienen, um meine vier Packungen Noxyron einzukaufen. Und das fällt auf mit der Zeit. Wer so viele Schlafmittel braucht und sich trotzdem nicht umbringt, der kann nur verrückt sein.

Endlich bin ich an der Reihe. Bitte einmal Hansaplast, sage ich, um abzulenken und die Situation zu entschärfen – und dreimal Noxyron. Natürlich hat mich der Alte doch wieder gesehen, aber ich habe das Zeug und verschwinde schnell durch die offene Tür. Denn ich muss mich beeilen, ich muss nämlich noch andere Apotheken besuchen, sonst komme ich mit dem Stoff nicht hin. Das ist schlimm, aber im Moment nicht zu ändern.

Zum Arzt gehen? Natürlich werde ich das, später, gelegentlich, irgendwann. Doch ich möchte den Arzt sehen, der mir die Mengen verschreibt, die ich brauche. Es braucht mir niemand zu erzählen, dass es so nicht weitergehen kann, das weiß ich selbst am besten, aber heute muss es noch gehen, und heute ist nun einmal heute und nicht morgen.

Ich gehe zum Kiosk an der nächsten Ecke, lege zwei Euro hin und bekomme einen kleinen Weinbrand und zehn Cent zurück. Hier kommt niemand auf die Idee zu fragen, warum ich jeden Tag dasselbe brauche. Morgens, wenn ich zur Arbeit gehe, und abends wenn ich zurückkomme. Auch der Mann hinter der Scheibe hat dann einen langen Tag hinter sich, es ist immer derselbe.

Während ich zur Haltestelle gehe, drücke ich vier Tabletten durch die Folie, zerbreche sie in zwei Teile und schlucke sie herunter. Alles Training. Der Weinbrand kann noch warten. Der wirkt am besten, wenn sich die Tablette im Magen schon etwas aufgelöst hat, also nach etwa zehn Minuten. Und alles macht erst wirklich Sinn, wenn man lange nichts gegessen hat. Auch das ist Erfahrung.

Wer etwas auf sich hält, nimmt Arbeit mit nach Hause. Schließlich stehe ich nicht am Fließband, um morgens dort anzufangen, wo ich abends aufgehört habe, ich arbeite kreativ.

Heute würde ich gern noch einen Brief an die Brüsseler Behörde formulieren, um die beantragten Fördergelder zu begründen. Das ist wichtig, und ich habe schon eine Idee, wie ich argumentiere. Es wird einen guten Eindruck machen, wenn ich das Schreiben schon fertig habe, bevor es von mir verlangt wird.

Die Wirkung des Medikaments ist voraussehbar. Ich habe die nötige Ruhe, um mich zu konzentrieren. Die Hektik des Tages liegt hinter mir. Es ist Spätnachmittag, die beste Zeit des Tages. Doch die Stimmung lässt sich noch verbessern. Ich nehme noch vier Noxyron und den kleinen Rest Weinbrand.

Dann lehne ich mich zurück und schließe ein wenig die Augen. Mir geht alles Mögliche durch den Kopf, nur nicht der Brief nach Brüssel.

Wann hat das eigentlich alles angefangen? Ich bin ein nervöser Typ, gewiss. Aber das sind andere auch. Ich will den Erfolg. Das wollen andere auch. Ich ertrage eine ganze Menge. Das tun andere auch. Aber ich ertrage mich nicht selbst. Ist es das?

Mir wird unbehaglich, weil ich weiß, dass ich an dieser Stelle niemals weiter komme. Ich nehme die restlichen sechs und gieße mir noch einen Schnaps ein. Das ist schon die vierzehnte heute, und es ist nicht einmal Abend. Und ich weiß, dass der Tag verloren ist.

Mich überkommt eine ohnmächtige Wut, weil mir klar ist, wie es jetzt weitergehen wird. Doch ich werde nichts dagegen tun. Den nächsten Schub brauche ich in einer knappen Stunde: acht Tabletten, dazu eine schöne Flasche Bier. Danach wird mich für kurze Zeit eine eigenartige Rastlosigkeit überkommen, und ich werde all das tun, wozu Menschen normalerweise keine Lust haben: abwaschen, aufräumen, Schuhe putzen. Vielleicht beginne ich sogar den Brief nach Brüssel.

Aber noch ist es nicht so weit.

Ich trete hinaus auf den Balkon und sehe der Hetzjagd der Wolken zu. Es wird Herbst. Und ich frage mich, warum ich es nicht einfach darauf ankommen lassen will: Schluss mit den Tabletten, einfach sehen, was wird.

1 Alkohol- und Medikamentenabhängigkeit

Schluss mit dem allabendlichen Zeremoniell, dem Warten auf die schleichend, aber sicher eintretende Wirkung.
Es klingelt, und ich hasse solche Störungen. Meine Nachbarin steht vor der Tür. Ein Paket, sagt sie, ist heute für Sie abgegeben worden. Sie schaut mich etwas verlegen an. Machen Sie sich mal keine Sorgen wegen gestern Abend, sagt sie schließlich, kann ja mal passieren, hat außerdem niemand gesehen. Ja, ja, danke, sage ich und ziehe leise die Tür zu.
Wovon spricht die Frau? Was, um Gottes Willen, ist passiert, was niemand sehen durfte? In meiner Erinnerung ist nichts, absolut nichts, was auf etwas Ungewöhnliches hindeuten könnte.
Natürlich weiß ich nicht mehr, wie ich zu Bett gegangen bin, aber muss man sich denn alles merken? Oder doch: retrograde Amnesie, wie die Ärzte sagen?
Doch ich weiß, wie ich die Blockade lösen könnte. Jedenfalls habe ich es so gelesen. Man muss sich nur in denselben Zustand bringen, in dem man eine vergessene Handlung begangen hat, und schon taucht die Erinnerung wieder auf. Wie einfach!
Damit hat sich auch der gute Vorsatz schon erledigt.
Ich zähle die Tabletten ab: elf Stück, das muss reichen für die Nacht. Nach einer Weile erreicht mich eine geradezu unendliche Gleichgültigkeit. Irgendeine Erinnerung kommt nicht – oder doch? Ich sehe mich draußen vor meiner Tür hocken, schemenhaft nur, aber irgendwie mit der deutlichen Empfindung meiner Hilflosigkeit, unfähig, mich zu erheben, und jemand hilft mir. Aber das Bild ist zu flüchtig, als dass ich es fassen könnte. Wie ein Wetterleuchten, dann ist es weg.
Alles wird gut, sage ich mir, und versinke im Nichts. Das Medikament hat seine Wirkung getan.

Neuesten statistischen Erhebungen zufolge gibt es 1.4 Mio. Medikamentenabhängige in der Bundesrepublik Deutschland. Die Tendenz ist steigend, und die Dunkelziffer dürfte weit höher liegen. Dabei ist zu beachten, dass die monovalente (alleinige) Medikamentenabhängigkeit seltener vorkommt, sie ist häufig mit Alkoholmissbrauch kombiniert.

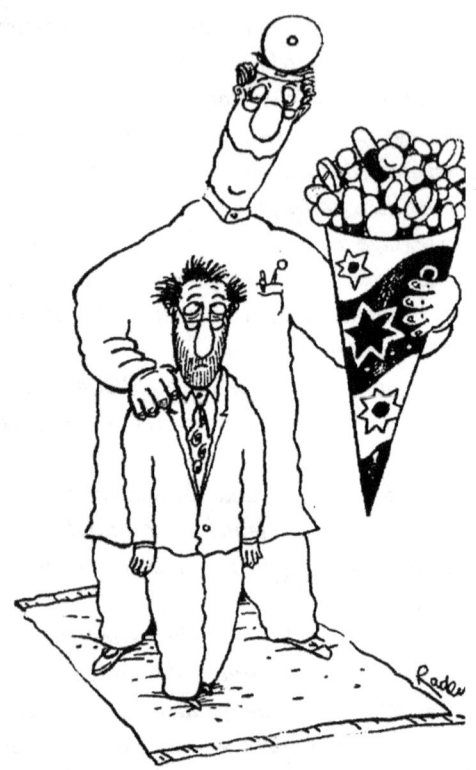

Im Gegensatz zu anderen Suchtmitteln wird die Mehrzahl der hier in Frage kommenden Arzneimittel ärztlich verordnet („weiße Sucht"). Im Allgemeinen vollzieht sich die Begegnung mit dem Medikament überhaupt erst auf diesem Wege. Damit ist die Arzneimittelabhängigkeit die einzige Abhängigkeitsform, bei der die Ärzte, wenn auch ungewollt, eine fördernde Rolle einnehmen. So sind z. B. Benzodiazepine in der Verordnung relativ billig, belasten daher das ärztliche Medikamentenbudget kaum und werden oft sehr „locker" rezeptiert. Meist sieht der Arzt den Patienten im Laufe der Jahre nur selten, die Arzthelferin legt dem Doktor das Rezept lediglich zur Unterschrift vor, und der Patient zieht dann frohen Mutes aus der Praxis.

Das kann mitunter über viele Jahre so gehen. Und das ging auch bei Elvis Presley und Michael Jackson über viele, viele Jahre so, bis es nicht mehr ging und sie daran starben.

Eine weitere Besonderheit besteht darin, dass die „weiße" Abhängigkeit auf den ersten Blick weniger erkennbare Symptome verursacht (z. B. keine „Fahne"). Sie vollzieht sich gewissermaßen im Verborgenen. Dazu kommt eine leichtere Einnahme, keine aufwendige Lagerhaltung und keine Transportprobleme. Ferner spielt das gute Gefühl mit, die Autorität des Arztes hinter sich zu haben, der ja schließlich mit der Verordnung sein Einverständnis, ja sogar seine Empfehlung bekundet hat.

Auffällig bei der Medikamentenabhängigkeit ist der hohe Frauenanteil. Die Begründung dafür ist nicht ganz einfach. Ohne Zweifel spielt jedoch die durch Jahrhunderte tradierte soziale Stellung der Geschlechter eine wesentliche Rolle. Der soziale Vorrang des Mannes ist mit größeren Freiräumen des Verhaltens verbunden, was sich z. B. darin ausdrückt, dass der öffentlich erkennbare Alkoholkonsum beim Mann gesellschaftlich eher toleriert wird als bei der Frau. So hat der Medikamentenmissbrauch gewissermaßen eine ausgleichende Funktion zwischen Mann und Frau. Damit soll nicht der voreilige Schluss nahegelegt werden, dass Frauen leichter von einem Medikament abhängig werden als Männer, aber Frauen wählen meist den stillen, unauffälligen Ausstieg aus dem Alltag, während Männer in belastenden Situationen eher zum Alkohol greifen.

Ein weiterer Grund könnte sein, dass durch die biologische Konstitution der Frau, monatliche Regelblutungen und die damit verbundenen Symptome (Kopfschmerzen, Migräne, depressive Verstimmung) oder auch das Klimakterium mit seinen vielschichtigen Problemen eine gewisse Rechtfertigung für den Arzneimittelgebrauch hergeleitet werden kann. Daraus ergibt sich ein gewisses „weibliches Vorrecht" auf Unwohlsein und Unpässlichkeiten, sodass Frauen, die Medikamente einnehmen, besser in das gesellschaftliche Bild passen als Frauen, die Alkohol trinken (Burmester (Hrsg.) 1998).

Allerdings hängt es wohl mit der zunehmenden Gleichstellung von Mann und Frau zusammen, dass sich diese Unterschiede hinsichtlich der geschlechtsspezifischen Missbrauchs- und Abhängigkeitsformen verwischen, was in jüngster Zeit auch statistisch zum Ausdruck kommt.

Dieses geschlechtsspezifische Verhältnis des Missbrauchs lässt sich in Relativeinheiten etwa wie folgt ausdrücken:

	Männer	Frauen
Alkohol	3–5	1
Medikamente	1	2

Wie machen Medikamente abhängig?

Medikamente haben den Zweck, Beschwerden möglichst schnell und einfach zu beseitigen oder wenigstens zu lindern. Man muss täglich „seinen Mann oder seine Frau" stehen, so dass auch ganz normale Befindlichkeitsstörungen nur ungern eingestanden werden. Äußerer Leistungs- und Erfolgsdruck, bis hin zur Angst um den Arbeitsplatz, zielen in die gleiche Richtung.

Eine besonders problematische Medikamentenklasse stellen heutzutage die sogenannten Beruhigungsmittel dar. In erster Linie sind dabei zu nennen die Tranquilizer vom Benzodiazepintyp, umgangssprachlich auch kurz „Benzos" genannt. Sie sind durchaus hilfreich, wenn sie wirklich nur kurzzeitig eingenommen werden. Denn diese Medikamente haben ein hohes Suchtpotenzial. Das heißt, sie haben die Fähigkeit, bei längerem Gebrauch abhängig (süchtig) zu machen. Die Zeiträume, in denen sich eine Abhängigkeit entwickelt, sind individuell sehr unterschiedlich. In Extremfällen kann sie schon nach 14-tägigem regelmäßigem Gebrauch eintreten, in der Regel werden aber 4 bis 8 Wochen dafür angenommen. Bei regelmäßigem Gebrauch wird die Entwicklung einer Abhängigkeit neben der Art der psychotropen Wirkung auch maßgeblich von der sogenannten pharmakologischen Halbwertszeit des Medikaments bestimmt. Dieser Begriff ist der Physik des radioaktiven Zerfalls entlehnt.

Die Halbwertszeit gibt die Zeitspanne an, nach der die Konzentration der wirksamen Substanz eines Medikaments im Blut und Gewebe auf die Hälfte ihres Ausgangswertes infolge der normalen Abbau- und Ausscheidungsprozesse abgesunken ist. Es ist der Zeitraum, in dem das Medikament im Körper noch teilweise wirksam bleibt. Große Halbwertszeiten bedeuten, dass ein Medikament über eine längere Zeit hinweg wirksam ist als ein solches mit geringer Halbwertszeit. Die

Halbwertszeiten der meisten Tranquilizer liegen durchweg bei über 12 h. Wird diese Tatsache bei der Einnahme nicht beachtet, kann es zu Kumulationseffekten kommen, zumal auch die Abbauprodukte (Metaboliten) des Medikamentes ebenfalls pharmakodynamisch wirksam sind. Das kann bei längerem Gebrauch des Medikamentes eine unkontrollierbare Wirkungsverstärkung hervorrufen (H. Reinhold, 1998).

Im Folgenden soll eine Auswahl der Halbwertszeiten der wichtigsten Tranquilizer und Schlafmittel vom Benzodiazepintyp angegeben werden.

Halbwertszeiten benzodiazepinhaltiger Beruhigungsmittel

Handelsnahme	Halbwertszeit (h)
Niedrige HWZ	
Adumbran	5–18
Azutranquil	5–18
Xanox	3–15
Cascadan	6–16
Durazolam	9–22
Mittlere HWZ	
Frisium	10–31
Durazamil	10–24
Tavor	18–20
Diazepam	20–45
Faustan	20–45
Hohe HWZ	
Librium	50–150
Medazepam	50–100
Rudotel	50–100
Rusedal	50–100
Tranxilium	50–75

Halbwertszeiten benzodiazepinhaltiger Schlafmittel

Handelsname	Halbwertszeit (h)
Dalmodorm	2
Dormicum	2
Halcion	2–4
Landormin	4–8
Sonin	6–8
Tunazepam	9–12
Radedorm	18–57
Rohypnol	10–35

Handelsname	Halbwertszeit (h)
Staurodorm	3
Stilnox	2.4
Ximovan	3.5–8
Sonata	1

Bei Schlafmitteln, die das Tagesbewusstsein nicht beeinträchtigen sollen, ist zu empfehlen, solche mit sehr geringen (Einschlafmittel) oder mittleren Halbwertszeiten (Durchschlafmittel) zu verwenden.

Denn so manch einer kann auch geringfügige Spannungen kaum ertragen, ohne zur Tablette zu greifen. Tabletten werden dann mitunter schon in Erwartung von Beschwerden „vorbeugend" genommen.

Der erste Schritt einer sich anbahnenden Abhängigkeitsentwicklung besteht daher sehr oft darin, dass ein Medikament, z. B. ein Schlafmittel, eingenommen wird, ohne dass dies tatsächlich notwendig wäre. Darüber hinaus ist es in der Regel so, dass eine schlafgestörte, aber medikamentenfreie Nacht weit weniger an unangenehmen Nachwirkungen verursacht als ein Tiefschlaf, der mit einem Schlafmittel erzwungen wurde.

Noch ein Wort zum Schlaf. Im Schlaf ist man gegenüber der Welt abwesend. Er ist die höchste Form des Loslassens. Schlaf kann man nicht erzwingen, er stellt sich ein.

Die Zahl der Schlafgestörten in Deutschland ist nach jüngsten statistischen Erhebungen relativ hoch. Hierbei spielen die negativen Auswirkungen der postmodernen Industriegesellschaft eine nicht unwesentliche Rolle. Aber nicht nur. Es gibt auch viele Krankheiten, die mit Schlafstörungen einhergehen. Unkritische Schlafmittelverordnungen aber, wie ich sie täglich in meiner Praxis erleben muss, lösen das Problem nicht, sondern sie verschärfen es.

Denn die Medikamenteneinnahme kann zur täglichen Zuflucht, zu einer Art Lebenshilfe werden. Aber mit der Zeit erhöht sich die individuelle Verträglichkeit. Es entwickelt sich wie beim Alkohol eine Toleranz, d. h. eine Verträglichkeitserhöhung. Um das „Wohlbefinden" zu erhalten (beruhigt zu sein, Schlafstörungen und inneren Spannungen zu begegnen) wird ein Vielfaches mehr an pharmakologisch wirksamer Substanz gebraucht. Und so führt dieser Weg relativ schnell, durch komplizierte Stoffwechselvorgänge im Organismus bedingt, zu einer Arzneimittelabhängigkeit. **Bei der damit verbundenen Selbstmedikation kam mir schon mal der Gedanke, dass es so nicht weitergehen konnte. Aber die aktuelle Lust war stärker als die ferne Qual** *(Siegfried Fritzsche).*

Der Krankheitsverlauf ist also dadurch gekennzeichnet, dass die anfangs eingenommene Tablettendosis in relativ kurzer Zeit ihre ursprüngliche Wirkung verliert, so dass die Einnahmedosis erhöht wird. Dabei kann es, bedingt durch den Kumulationseffekt, auch zu sogenannten paradoxen Wirkungen kommen, die den Suchteffekt verstärken und von Abhängigen sehr intensiv erlebt werden. Statt des beabsichtigten Effektes, weswegen das Medikament zunächst eingenommen wurde, z. B. Beruhigung, tritt ein ursprünglich nicht vorgesehener psychischer Effekt hinzu, der sich verselbstständigt. So erscheint der Betroffene statt beruhigt eher euphorisch „aufgekratzt".

Da fällt mir (Siegfried Fritzsche) folgende Begebenheit ein:

An einem Montag fand die Ärztekonferenz wie immer in der Bibliothek der Nervenklinik statt. Unser Professor, den wir den „Alten" nannten, hatte montags meistens eine besonders schlechte Laune und blaffte jeden Kollegen an, der ihm missfiel. Eine Kollegin, die neben mir saß, wollte noch ein Gutachten bei ihm vorstellen. Ich riet ihr in dieser angespannten Situation ganz leise davon ab. Das bemerkte der „Alte" der wie immer ungehorsam witterte und schrie mich an. Ich, an diesem Morgen Alkohol und Benzodiazepin geschwängert, schrie völlig ungehalten enthemmt, wie von der Kette losgelassen, zurück und schlug dabei rüpelhaft völlig unangemessen mit den Fäusten auf den Konferenztisch. „Das lasse ich mir nicht gefallen" schrie ich völlig sinnlos in die Gegend. Der „Alte" schleuderte darauf seinen Sessel in irgendeine Ecke und verließ den Raum. Die Konferenz war gelaufen. Das Entsetzen der umstehenden Kollegen war groß. Als ich wieder zu mir kam war ich völlig geknickt und kleinlaut.

Im Gefolge dieser vermehrten Tabletteneinnahme kommt es auch zu einer zunehmenden psychischen Verletzbarkeit, verbunden mit verstärkter Reizbarkeit, das Konzentrationsvermögen wird eingeschränkt, Dösigkeit und allgemeine Verlangsamung der Reaktionsabläufe treten ein. Weiterhin stellen sich zunehmend Persönlichkeitsveränderungen ein: Selbstkritik und Selbstkontrolle gehen mehr und mehr verloren, es bilden sich Interessenverlust, Gleichgültigkeit, Passivität und Unzuverlässigkeit heraus.

Die Fähigkeit, soziale und berufliche Anforderungen zu bewältigen, wird mehr und mehr eingeschränkt. Bedingt durch die chronische Intoxikation kommt es zunehmend auch zu körperlichen Beschwerden wie Appetitlosigkeit, Gewichtsabnahme, Kopf- und Gliederschmerzen, Nierenbeschwerden, Obstipationen, allgemeine Abgeschlagenheit, Schlafstörungen oder unter Umständen auch zur totalen körperlichen und psychischen Hinfälligkeit.

Als Folge der vermehrten Medikamenteneinnahme (oft das 10- bis 20-fache der Ausgangsdosis) kommt es zu einer allgemeinen Verlangsamung der Bewegungsabläufe, die Sprache wird unartikuliert, verwaschen und schwer verständlich, ein untrügliches Zeichen für Medikamentenabhängigkeit, vergleichbar mit der „Fahne" des Alkoholikers. Dadurch wird ein Gespräch mit dem Medikamentenabhängigen oft sehr mühsam. Auch wiederholt er ständig das einmal Gesagte. Weiterhin fällt ein schwankendes, unkoordiniertes, unsicheres Gangbild auf mit häufigem Hinfallen, ähnlich dem Alkoholiker.

Das Bett wird für einen Medikamentenabhängigen der liebste Aufenthaltsort in einem meist verdunkelten, überheizten Zimmer.

Versuche, das Mittel abzusetzen oder die Einnahme einzuschränken, scheitern meist, weil infolge der psychischen und körperlichen Abhängigkeit quälende Entzugserscheinungen einsetzen. Es handelt sich einmal um Entzugserscheinungen psychischer Art, wie allgemeines Missbehagen, nervöse Gereiztheit, innere Unruhe, Angstgefühle, Schlafstörungen, depressive Verstimmungen bis hin zu optischen Sinnestäuschungen (Halluzinationen). Zum anderen entwickeln sich auf Dauer auch körperliche Entzugserscheinungen, wie Herz- und Kreislaufbeschwerden, Magen-Darm-Störungen, Schweißausbrüche, Zittern der Hände (Tremor). In schweren Fällen können Krampfanfälle mit Bewusstlosigkeit bis hin zum Medikamentendelir (ähnlich dem Alkoholdelir) auftreten. Die Suizidrate ist bei Medikamentenabhängigen sehr hoch (W. Poser und S. Poser, 1996).

Zwei Einnahmetypen

Ähnlich wie bei der Alkoholabhängigkeit zwei Trinktypen unterschieden werden, gibt es bei der Arzneimittelabhängigkeit zwei Einnahmetypen. In dem einen Fall werden über lange Zeit kleine, über den Tag verteilte Medikamentenmengen eingenommen – oft aber erst abends oder nachts. Die Arzneimittelmenge bleibt dabei über lange Zeit konstant und wird erst allmählich gesteigert. Der Betroffene ist aber auf die tägliche Einnahme angewiesen, um die erwähnten Entzugserscheinungen zu vermeiden. Man spricht dabei von Abstinenzverlust. Dieser überwiegt bei der Medikamentenabhängigkeit bei weitem.

Der andere Typus ist durch eine mehr oder weniger periodische Einnahme relativ großer Tablettenmengen gekennzeichnet, meist als Beigebrauch in der Drogenszene. Der Kranke verliert sozusagen die Kontrolle über die Einnahme seiner Tabletten. Dabei kann es zu erwünschten Rauschzuständen kommen oder auch zu lebensgefährlichen Vergiftungen. Dieser Vorgang wird als Kontrollverlust bezeichnet und ist seltener anzutreffen. Allerdings sind die Grenzen zwischen den beiden Einnahmetypen nicht immer scharf gezogen.

Gebrauch oder Missbrauch?

Natürlich stellt sich die Frage, ob jeder, der psychotrop wirksame Medikamente benutzt, arzneimittelabhängig werden kann. Um das zu beantworten, ist es notwendig, den ärztlich verordneten Gebrauch vom Missbrauch zu unterscheiden. Arzneimittelabhängigkeit ist immer eine direkte Folge des Missbrauchs. Er liegt dann vor, wenn Arzneimittel ohne ärztliche Verordnung in unkontrollierten Dosierungen eingenommen werden, wenn also der Betroffene eine reine Selbstmedikation vornimmt. Daher trägt der praktizierende Arzt bei der Verschreibungspraxis solcher Medikamente eine hohe Verantwortung. Er muss beachten, dass bei der Verordnung dieser Tabletten oft nach

14 Tagen bis vier Wochen die ursprünglichen Beschwerden (Angst, innere Unruhe, Schlafstörungen) erneut und mitunter sogar schwerer auftreten können. Jetzt wäre es völlig falsch, die Medikamentendosis weiter zu erhöhen, sondern diesen Effekt muss der Arzt als ein Signal wahrnehmen, seinem Patienten gegebenenfalls mit anderen Mitteln (Neuroleptika, Antidepressiva) zu helfen.

Es gibt aber auch bestimmte Risikofaktoren, die zu einem Arzneimittelmissbrauch führen können. Sie liegen einmal in der Persönlichkeitsstruktur verankert (z. B. Neigung zu depressiven Verstimmungen, emotionale Labilität verbunden mit der mangelhaften Fähigkeit, Spannungen zu ertragen, neurotische Anpassungsstörungen, soziale Ängste), zum anderen in der Lebensweise (einseitige Ernährung, Alkohol- und Nikotinmissbrauch, mangelnde sportliche Betätigung, Arbeitssucht) begründet. Auch Beeinträchtigungen im individuellen Umfeld (Tod eines nahen Angehörigen, unabänderliche Situationen) können dabei eine Rolle spielen. Entscheidend ist aber in letzter Instanz immer, wie der Betreffende mit dem Medikament umgeht.

Es ist eine Tatsache, dass Medikamentenabhängige weit schwerer für eine Entwöhnungstherapie zu motivieren sind als vergleichsweise Alkoholiker.

Das liegt vor allem daran, dass das Suchtpotenzial dieser psychisch wirksamen Medikamente weit höher liegt als das des Alkohols. Denn jeder, der solche Medikamente einnimmt, hat an ein solches Medikament spezifische Forderungen, vor allem die Beseitigung seiner Beschwerden – eine Komponente also, die beim Alkohol zumindest in der Anfangsphase ausgeklammert bleibt. Medikamente werden von Beginn an gezielt zur Linderung der Beschwerden eingenommen und sind im Bewusstsein des Abhängigen immer noch ärztlich verordnet worden, auch wenn die vorgeschriebene Dosis längst überschritten ist.

Es muss noch erwähnt werden, dass bei Medikamenten die Fragen des Geschmacks und des Genießens wie beim Alkohol entfallen. Schließlich wird auch niemand zu einer Runde Beruhigungsmittel eingeladen! Die so bekannte „feucht-fröhliche" Phase entfällt beim Medikamentenmissbrauch. Das hat für die gesellschaftliche Akzeptanz den für den Medikamentenabhängigen positiven Nebeneffekt, dass er sich nicht den Vorwurf gefallen lassen muss, ein haltloser Genießer zu sein.

Deshalb spielen Schamgefühle und schlechtes Gewissen, wie sie beim Alkoholiker auftreten, bei ihm kaum eine Rolle (J. Lindenmeyer, 2010).

Ein weiterer Punkt ist erwähnenswert: Der Anteil der **neurotischen Fehlhaltungen** liegt bei Medikamentenabhängigen weit höher als bei Alkoholikern. Das heißt, die generelle Beschwerdeanfälligkeit ist bei Medikamentenabhängigen weit höher als bei Alkoholikern. Dies ist ein Faktor, der in einer ambulanten und auch stationären Entwöhnungstherapie Beachtung finden muss. Die Zahl der Medikamentenabhängigen, die gleichzeitig Alkohol konsumieren, ist vergleichsweise hoch; daher ist es sinnvoll, Medikamentenabhängige und Alkoholabhängige in einer Gruppentherapie zusammenzufassen.

Bei der Entwicklung einer Medikamentenabhängigkeit spielen noch andere Faktoren eine Rolle, die wir hier kurz besprechen möchten, nämlich die sogenannten prästrukturellen Störungen, in deren Folge sich Suchterkrankungen sehr häufig entwickeln.

Darunter versteht man Störungen, die entstanden sind, noch ehe sich eine psychische Struktur überhaupt entwickeln konnte. Es sind dies Störungen, die Kinder sehr früh erworben haben, wie das häufig bei Alkohol-, Medikamenten- und Drogenabhängigen der Fall ist. Diese Kinder wurden durch vielerlei Umstände von der Mutter getrennt oder gar von ihr abgelehnt. Das war meist der Fall, wenn die Partnerschaft der Eltern nicht stimmig war. Diese Kinder wuchsen dann in Scheidungssituationen auf, oft dann bei der Mutter allein, die mit der Kindererziehung überfordert war. So blieb eine optimale Bemutterung, wie es in der Fachsprache heißt, aus. Kinder aus solchen Verhältnissen wurden nicht selten zu den Großeltern abgeschoben, die sie oft mit übertriebener Liebe und materieller Verwöhnung zusätzlich einengten. Dabei spielten Schuldgefühle den Kindern gegenüber für das Versagen der elterlichen Ehe eine nicht unerhebliche Rolle. Viele Suchtmittelabhängige kommen ursprünglich aus einem solchen emotionalen Mangelmilieu, sind ausgesprochene „Omakinder".

Die emotionalen Mängel einer solchen Erziehung wurden durch übergroße Verwöhnung auszugleichen versucht. Das Kind sollte nicht merken, dass es unwillkommen war. Hier liegen die eigentlichen Wurzeln einer frühen Störung der kindlichen Persönlichkeit, die in ihrer Entfaltung behindert wurde, bevor sie sich psychisch ausformen konnte (daher die Bezeichnung „prästrukturelle Störung"). Es fehlt diesen Kindern eine ausreichende Selbstachtung und Selbstbejahung. Die Kinder leiden an einem nicht vorhandenen Grundwert und an einem gestörten Selbstwert. Sie entwickeln kein Urvertrauen, haben eine geringe Selbstachtung, neigen zu depressiven Verstimmungen, haben Hemmungen, wenig Einfühlungsvermögen und leiden ihrerseits wieder unter mangelnder Liebesfähigkeit.

Sie fühlen sich überall unwillkommen und überflüssig, sie betrachten sich stets als zu kurz gekommen, haben es gelernt, ihre Gefühle zu unterdrücken. Oft entsteht der Eindruck, als hätten sie kaum Gefühle. In der Grundhaltung bleiben sie stets passiv. Da sie wenig Liebe empfangen haben, waren sie stets auf sich selbst konzentriert und mit sich beschäftigt. Dadurch waren sie immer auf Bestätigung von außen angewiesen. Sie wirken kühl, distanziert und misstrauisch. Auf den ersten Blick erscheinen sie sehr selbstsicher, eingebildet, verdecken aber damit ihre tiefe Selbstunsicherheit und zu hohe Empfindsamkeit. Frühkindliche Störungen der genannten Art können sich später zu manifesten Persönlichkeitsstörungen entwickeln, von denen der Narzissmus und die Borderline-Störung von Bedeutung sind.

Die eben dargelegte Entwicklungsstörung ist gewissermaßen die Voraussetzung für dieses Verhalten. Die Symptomatik besteht in gestörter Eigenliebe und stark eingeschränktem Selbstbewusstsein. Denn Eigenliebe und Selbstbewusstsein gehören nun einmal zum gesunden Menschen. Diese Kinder sind hingegen gestört aufgrund einer gestörten Eltern-Kind-Beziehung. Kinder müssen geliebt werden, damit sie sich auch selbst lieben können.

Die ungeliebten, gestörten Kinder aber können ihren gesunden Narzissmus (sprich Eigenliebe) nicht ausleben, fühlen sich verlassen, heimatlos, unsicher und leer bei einem ständigen Hunger nach Anerkennung und Bestätigung. Solche Kinder kommen seelisch nie zur Ruhe und sind niemals mehr in der Lage, ihre erworbenen Minderwertigkeitsgefühle abzustreifen nach dem Motto „Heute ist mir etwas misslungen, aber ich weiß, morgen wird es wieder besser". Stattdessen reagieren sie übertrieben empfindlich nach der inneren Formel wie „Ich bin ein ewiger Versager". Sie haben kein in sich ruhendes Selbstvertrauen erworben, auf das sie sich stützen können. Auf diese

Weise kann es zu sogenannten narzisstischen Krisen kommen, die zu Depressionen und Suizidhandlungen führen können.
In späteren Partnerschaften entstehen daraus häufig Probleme. Narzisstisch gestörte Menschen wollen kritiklos bewundert werden, wie schön sie sind, wie klug, wie großartig. Sie wollen vom Partner gewissermaßen gespiegelt werden, und nur diese Funktion hat der Partner zu erfüllen. Geliebt wird er nicht, weil narzisstisch gestörte Menschen nicht lieben können. Der Gebrauch von Suchtmitteln kann dann die unmittelbare Folge einer gescheiterten Partnerschaft sein, die dem Betroffenen als nicht mehr erträglich erscheint.

Was die Borderline-Störung betrifft, so beruht sie auf etwa den gleichen Voraussetzungen wie schon beim gestörten Narzissmus. Auch hier sind dieselben strukturellen Mängel vorhanden. Die Ich-Schwäche ist allerdings noch stärker ausgeprägt und verbunden mit mangelhafter Angsttoleranz und Impulskontrolle sowie ausgeprägtem Hang zum Agieren. Dadurch kommt es häufig zu massiven Disziplinverstößen. Der typische Borderliner neigt auch zu autoaggressiven, d. h. selbstzerstörerischen Handlungen, wozu neben direkter körperlicher Schädigung auch ein massiver Drogen- und Medikamentenmissbrauch gehören kann. Dadurch und durch die starke Aggressivität neigen die Patienten häufiger zu kriminellen Handlungen. Hinzu kommt noch eine kaum entwickelte Gewissenssphäre, wodurch enge, tiefe Beziehungen auf Dauer nicht möglich werden. Genauso wie narzisstisch Gestörte erscheinen Borderliner auf den ersten Blick sehr selbstsicher, man spricht hier von „Als-ob-Persönlichkeiten" (als ob sie eine Persönlichkeit wären). Sie erweisen sich aber als besonders leicht kränkbar und verletzbar. Sie sind deshalb auch nicht konfliktfähig und wegen ihrer Gefühlskälte nicht liebes- oder beziehungsfähig. Sie sind immer auf der Suche nach jemandem, der sich um sie kümmert (H. Kulawik, 1991).

Der Partner „friert" in ihrer Gegenwart, Nähe wird gar nicht erst zugelassen. Ihr Sexualverhalten ist oft deviant, abwegig (z. B. Hang zum Exhibitionismus), ansonsten aber eher dürftig und unterentwickelt. Frauen sind meist nicht orgasmusfähig. Nicht selten haben diese „Borderliner" einen Elternteil, der ebenfalls eine Borderline-Persönlichkeitsstörung hat. Während gestörter Narzissmus häufiger bei Alkoholabhängigen zu finden ist, kommen Borderline-Persönlichkeitsstörungen mehr in der Drogenszene vor.

Häufig findet man Borderline-Persönlichkeiten auch vermehrt im Show-Business. Menschen also, die in der Öffentlichkeit standen und sehr früh das Zeitliche segneten durch massiven Gebrauch von Alkohol, Drogen und Beruhigungsmitteln (Elvis Presley, Kurt Cobain, Jimi Hendrix, Jim Morrison, um nur einige zu nennen). Dazu zählen auch noch viele zurzeit lebende Persönlichkeiten aus dem Show-Geschäft.

In seinem Buch „Celebrities – vom schwierigen Glück, berühmt zu sein" kommt der Göttinger Psychiater Borwin Bandelow zu dem Schluss, dass berühmte Leute aus diesem Metier neurobiologisch offenbar nicht in der Lage sind, genügend Endorphine (sog. Glückshormone) zu bilden und diesen Mangel im dopaminergen Belohnungssystem zum Teil mit dem intensiven Beifall des Publikums kompensieren. Da das aber nicht ausreichend ist, werden dann vermehrt Drogen konsumiert (ÄP Neurologie Psychiatrie 2/2009, S. 12).

Aus dem Gesagten folgt, dass bei einer Therapie der Medikamenten- sowie Drogenabhängigkeit besonderer Wert auf eine möglichst umfassende Aufklärung der Individualentwicklung gelegt werden muss. Zwar wird diese nie in allen Einzelheiten rekonstruierbar sein, aber auch die noch erinnerlichen Grunddaten der Erziehungsbedingungen können aufschlussreich sein.

Warum werden nun Arzneimittel, von denen man weiß, dass sie ein Suchtpotenzial besitzen, also zur Abhängigkeit führen können, überhaupt hergestellt und vertrieben? Diese Grundsatzfrage lässt sich leicht beantworten: Die Einführung dieser Medikamente war und ist ein großer Fortschritt in der Medizin. Sie sind unersetzlich bei der Schmerzbekämpfung, zur Narkoseeinleitung, zur Geburtshilfe und bei der Behandlung von neurologischen und psychiatrischen Krankheiten. In der Regel verschließen ja die geltenden Rezeptvorschriften den ungehinderten Zugang zu Arzneimitteln mit Suchtpotential.

Damit kann die z. T. schwierige Balance zwischen notwendigem Einsatz eines Medikaments und der damit verbundenen Suchtgefährdung unter ärztlicher Kontrolle zuverlässig eingehalten werden. Es wäre daher angesichts der überwiegend positiven Anwendungsfälle nicht sinnvoll, Medikamente vom Markt zu verbannen, nur weil es – wie immer – auch Schleichwege illegaler Beschaffung gibt. Wichtig und entscheidend bleibt immer die persönliche Einstellung des Einzelnen im verantwortungsvollen Umgang mit Arzneimitteln überhaupt.

Die Niedrigdosis-Abhängigkeit

Es kann bei Beruhigungs- und Schlafmitteln vom Barbiturat- und Benzodiazepintyp eine sogenannte Niedrigdosisabhängigkeit geben. Sie ist gekennzeichnet durch einen langjährigen Gebrauch meist von Schlafmitteln in verordneter Dosierung – z. B. eine Schlaftablette am Abend – und nicht mehr, ohne die aber das Ein- und Durchschlafen nicht möglich ist. Ohne „sein" Medikament fühlt sich der Betroffene ängstlich, unruhig und schlaflos, kurzum, sein ganzes Wohlbefinden ist gestört. In der Wissenschaft gibt es noch keine hinreichende Erklärung für dieses Phänomen. Es besteht jedoch immer die Gefahr, dass bei inneren und äußeren Spannungssituationen die Medikamentendosis erhöht wird. Auch bei der Niedrigdosisabhängigkeit sind nicht nur bei Absetzversuchen objektive Entzugserscheinungen möglich. Der Niedrigdosenabhängige befindet sich immer in einer chronischen Entzugssituation, er müsste eigentlich mehr einnehmen, weil er sich nicht wohlfühlt, aber er verbietet es sich.

Schlaf- oder Beruhigungsmittel und kombinierter Missbrauch

Hierfür mag meine eigene Geschichte beispielhaft sein *(Siegfried Fritzsche)*. Während meines Medizinstudiums, das zunächst sehr erfolgreich verlief, türmten sich relativ plötzlich Konflikte auf, die ich damals aus eigener Kraft nicht lösen konnte, oder besser gesagt: ich war durch meinen eigenen unsicheren Lebensentwurf überhaupt nicht in der Lage, meine Konflikte zu lösen.

Ich konnte plötzlich nachts nicht mehr schlafen, und dieser Zustand dauerte an. Das war furchtbar, ich war völlig ratlos. In meiner Not offenbarte ich mich einem Studienkollegen, der mir riet, aus der Apotheke ein Schlafmittel zu kaufen, was zu damaligen Zeiten, also vor 41 Jahren, völlig problemlos war (Schlafmittel waren damals noch freiverkäuflich).

Am gleichen Abend nahm ich das Mittel ein und schlief hervorragend. Das wiederholte ich auch an den folgenden Tagen, ohne das Mittel auch nur versuchsweise abzusetzen. Das Medikament besaß Suchtpotential, was ich nicht wusste und was auch allgemein nicht bekannt war. Es hätte mir damals auch nichts gesagt. Ich benötigte recht bald die doppelte Dosis, um den gleichen wohligen Zustand dieses „Bärenschlafes" zu erreichen. So steigerte ich weiter und weiter. Mit der Zeit entdeckte ich, dass Alkohol die Wirkung meiner Schlaftabletten potenzierte, und ich nahm dann abendlich meine selbstgewählte Schlaftablettenmedikation und trank dazu „mein" Bier.

Die Wirkung von Beruhigungs- und Schlafmitteln wird durch Alkohol grundsätzlich potenziert, das heißt, in ihrer Wirkung erheblich verstärkt. Aber es tritt noch ein anderes Phänomen auf, die sogenannte Kreuzabhängigkeit oder auch Kreuztoleranz.

Die Wirkungsweise ist etwa die folgende: Wenn ein Medikamentenabhängiger Alkohol zur Wirkungsverstärkung missbraucht, so wird er in relativ kurzer Zeit auch alkoholabhängig. Das gleiche gilt für Alkoholiker, die Medikamente mit Suchtpotenzial kombiniert mit Alkohol einnehmen. Sie werden medikamentenabhängig. Es ist also bildlich gesprochen eine Abhängigkeit „über Kreuz": bei Abhängigkeit von einer Substanz (zum Beispiel von Alkohol) kann es zu einer relativen Unempfindlichkeit (Toleranzerhöhung) gegenüber einer anderen Substanz (z. B. Beruhigungsmittel) kommen. So braucht z. B. ein Alkoholabhängiger wesentlich mehr an Narkosemitteln zur Operationsvorbereitung als ein normaler Patient. Und Alkoholiker missbrauchen nicht selten Beruhigungsmittel zur Dämpfung ihrer Entzugserscheinungen.

Die Kreuzabhängigkeit ist auch die Ursache für den kombinierten Gebrauch mehrerer Suchtmittel (Polytoxikomanie) (K. Elsesser und G. Sartory, 2000).

Im Folgenden sollen die wichtigsten im Handel verfügbaren Beruhigungs- und Schlafmittel mit Suchtpotenzial aufgeführt werden.

1 Alkohol- und Medikamentenabhängigkeit

Barbiturathaltige Beruhigungs- und Schlafmittel

Firmenname	Bestandteil
Tempidorm N	Brallobarbital
Vesparex	Brallobarbital
Medinox	Pentobarbital
Neodorm	Pentobarbital
Reponal	Pentobarbital
Narkotral	Pentobarbital
Ornia Nacht	Pentobarbital
Lepinal	Phenobarbital
Lepinaletten	Phenobarbital
Luminal	Phenobarbital
Luminaletten	Phenobarbital
Phenaemal	Phenobarbital
Phenaemaletten	Phenobarbital
Eusedon	Phenobarbital
Maliasin	Phenobarbital
Nervo OPT	Phenobarbital
Speda	Vinylbarbital

Barbituratähnliche Substanzen mit Suchtpotenzial

Chloralhydrat blau und rot	Chloralhydrat
Meprobamat	Meprobamat

Benzodiazepinhaltige Beruhigungsmittel

Firmenname	Bestandteil
Tafil	Alprazolam
Lexotanül	Bromazepam
Lendornün	Brotizolam
Albeyo	Camazepam
Librium	Chlordiazepoxid
Frisium	Clobazepam
Trecalmo	Clotiazepam
Faustan	Diazepam
Valium	Diazepam
Tranxilium	Dikaliumchlorazepam
Rohypnol	Flunitrazepam
Dahmadorm	Flurazepam
Staurodorm	Flurazepam
Contemax	Ketazlam
Somin	Loprazolam
Tavor	Lorazepam
Noctanüd	Lormetazepam

Firmenname	Bestandteil
Rusedal	Medazepam
Talis	Metaclazepam
Dorrnium	Nfidazloam
Mogadan	Nitrazepam
Radedorm	Nitrazepam
Tranxilium N	Nordazepam
Adumbran	Oxazepam
Tranquit	Oxazulam
Demetrin	Prazepam
Planum	Temazepam
Halcion	Triazolam

Nichtbenzodiazepinhaltige Schlamittel mit Suchtpotenzial

Ximovan	Zopiclon
Zolpidem (Stilnox, Bikalm)	Zolpidemtartrat
Sonata	Zaleplon

Abhängigkeit von Schmerzmitteln

Die subjektive Schmerzempfindung und Schmerzbewertung ist sehr unterschiedlich. Schmerz ist nicht messbar, man ist ihm ausgeliefert. Der Schmerz als besondere Empfindung kann im akuten Stadium als Schadensfrühwarnsystem des Organismus bezeichnet werden, wird er jedoch chronisch, so wandelt sich seine Bedeutung vom Symptom einer Erkrankung zur eigenständigen Krankheit wie die Erkrankung eines Organs.

Schmerz ist eine sehr unangenehme sensorische und gefühlsmäßige Erfahrung, die mit akuter oder sich anbahnender Gewebeschädigung einhergeht.

Schmerz als Schmerzerlebnis ist immer subjektiv, und jeder Mensch lernt dessen Bedeutung durch Erfahrungen bei Verletzungen schon im Kindesalter kennen. Es handelt sich um eine Wahrnehmung in einem Teil oder Teilen des Körpers, die immer unangenehm ist und damit zum festen Bestand des schon früh erworbenen emotionalen

Erfahrungsschatzes wird. Der Schmerz „selbst vergeht, aber das einschneidende Erlebnis des Ausgeliefertseins an den Schmerz bleibt in Erinnerung und gewinnt Einfluss auf die Haltungen des Menschen", sagte ein bekannter französischer Arzt (R. Janzen, 1968).

Die Bedeutung des akuten Schmerzes besteht in der biologischen Warnfunktion des Körpers. Der chronische Schmerz dagegen ist sinnlos, zerstörerisch, emotional, physisch und sozial enorm belastend. Von einem chronischen Schmerz wird gesprochen, wenn er länger dauert als 6 Monate.

Schmerzen können in jedem beliebigen Teil des Körpers lokalisiert sein, sie können in der Intensität schwanken. In der Mehrzahl der Fälle sind es die unerträglichen Schmerzen, die den Weg zum Arzt erzwingen, vor allem dann, wenn die Selbstmedikation in Form von rezeptfreien Tabletten nicht mehr weiter hilft.

2,8 Mio. Menschen nehmen in der Bundesrepublik täglich Schmerzmittel ein, Tendenz steigend (DHS Jahrbuch der Sucht, 2015).

Die grundsätzlichen Motive sind die gleichen wie beim Beruhigungs- und Schlafmittelmissbrauch l. Man möchte fit sein, den Tagesaufgaben voll gewachsen sein und nicht durch Schmerzen beeinträchtigt werden. Dabei ist zu beachten, dass Schmerz nicht immer nur organische Ursachen hat. Es ist es oft nicht einmal der Schmerz an sich, der zur Einnahme von Medikamenten führt, sondern das subjektive, von der betroffenen Person gleichsam interpretierte Schmerzerlebnis, das aber von vielen Einflussfaktoren abhängig ist. Und Schmerzen haften, wie kaum ein anderes Erlebnis, in der Erinnerung fest. Auch wenn der aktuelle Schmerz selbst vergeht, das entscheidende Erlebnis des Ausgeliefertseins an den Schmerz bleibt in der Erinnerung bestehen und übt somit einen nachhaltigen Einfluss auf die Haltung des Menschen gegenüber dem Ertragen von Schmerzen aus.

Das Bedürfnis nach Vermeidung des Schmerzerlebnisses führt häufig dazu, dass Schmerzmedikamente schon in Erwartung dessen „vorbeugend" eingenommen werden. So kann durch diese Erwartungshaltung die Tabletteneinnahme zur täglichen Zuflucht werden, mitunter auch zu einer „Lebenshilfe", um generell Konflikte zu vermeiden.

Schmerz und Sucht sind oft nahe Verwandte. Schmerzen treten nicht selten beim akuten oder chronischen Entzugssyndrom auf, besonders beim Opiatentzug (Heroin). Hier treten sie vorwiegend als Muskelschmerzen, aber auch als Kopf- und Magenschmerzen, Rücken- und Knochenschmerzen in Erscheinung, können sich aber auch beim Alkoholentzugssyndrom bemerkbar machen.

Nach früherer Meinung ist der Schmerz ein starker Antagonist zur Sucht. Lange wurde die Meinung vertreten, dass ein Schmerzpatient deshalb nicht abhängig oder süchtig werden kann, auch weil die Motivation des Opiatgebrauchs eine gänzlich andere ist als beim i.v. Konsum von Opiaten im Sinne einer Rauschdroge (U. Hevemann-Reinecke, R. Degner, 2016).

Eben das erwies sich aber als Irrtum.

Wenn Schmerztherapeuten versichern, dass bei fachgerechter Führung kein Missbrauch und keine Abhängigkeit auftreten können, so ist das immer mit Vorsicht zu genießen. (Wir meinen hier natürlich ausdrücklich nicht jene starken Schmerzen, wie sie etwa bei Krebserkrankungen auftreten können, weil hier die Opiatbehandlung gegenüber möglicher Suchtgefährdung unbedingt Vorrang hat.) Hinzu kommt, dass

… einige Opioide zusätzlich andere psychopharmakologische Wirkungen haben.

So wirkt Tramadol beispielsweise als Serotonin- und Noradrenalin – Re-uptake-Hemmer und hat so eine stimmungsaufhellende antidepressive Wirkung.

Bei Einnahme hoher Dosen über längere Zeit kann es durch Tramadolintoxikation zu einem komplexen Bild mit einem Serotoninsyndrom mit zum Beispiel Mydriasis, Kopfschmerzen, Hyporeflexie, Tremor und Myoklonien kommen (U. Hevemann-Reinecke, R. Degner, 2016).

Doch viele andere Schmerzsyndrome werden oft ebenfalls mit Opiaten behandelt, obwohl es eigentlich nicht nötig wäre, und es hat sich herausgestellt, dass dadurch in etwa 5–10 % der Patientenfälle Missbrauch und Abhängigkeit hervorgerufen wurden. Daher Achtung:

- Bei unerklärlichen Schmerzeskalationen
- bei Inanspruchnahme mehrerer Schmerztherapeuten
- bei eigenmächtigem Erhöhen der vorgeschriebenen Tagesdosis
- bei Verschlechterung des psychischen Zustandsbildes und Verlangen nach höheren Dosierungen
- bei Mehrfachverordnungen, besonders in Kombination mit Benzodiazepinen
- bei psychosomatischem Schmerz

ist eine Opiatgabe grundsätzlich kontraindiziert.

Alle geläufigen Kopfschmerz- und Migränemittel sind Kombinationspräparate, die meist mit Kodein, Phenazetin, Paracetamol und Koffein kombiniert sind. Man spricht hier von sogenannten Mischanalgetika, die Abhängigkeiten und verstärkte chronische Schmerzen hervorrufen können.

Auch übliche opioidhaltige Schmerzmittel, die eine morphin-ähnliche schmerzlindernde Wirkung haben wie zum Beispiel Tramal, Tramadolor, Tramagit, Valoron können, besonders in Tropfenform, zu Abhängigkeiten führen, wenn sie in Eigenregie und als Selbstmedikation eingenommen werden. Das geschieht noch häufiger, wenn Beruhigungsmittel vom Benzodiazepintyp zusätzlich eingenommen werden (zum Beispiel Rusedal, Diazepam, Tavor, Rohypnol, um nur einige zu nennen). Aber auch ohne Tranquillizerbeikonsum (Diazepam, Rudotel usw.) bestehen vom Grundverständnis her keine Unterschiede zwischen den opioidhaltigen Schmerzmitteln (Valoron, Tramal usw.) und den anderen Beruhigungsmitteln. Nur haben opioidhaltige Schmerzmittel aufgrund ihrer euphorisierenden und beruhigenden Wirkung ein noch viel höheres Suchtpotenzial als die üblichen Beruhigungsmittel vom Benzodiazepintyp.

Jeder Schmerztherapeut weiß, dass eine sehr strenge Disziplin und Einnahmekontrolle bei Patienten mit chronischen Schmerzen notwendig ist, um einer sich anbahnenden psychischen Abhängigkeit und damit einer Suchtentwicklung zu begegnen.

Eines ist sicher: Diese opioidhaltigen Schmerzmittel sind ein wahrer Segen für Menschen mit chronischen Schmerzen, und bei strenger Disziplin führen sie auch zu keiner Sucht. Und selbst dies wäre für einen Menschen mit einem schweren Krebsleiden dann von untergeordneter Bedeutung.

Mit dem chronischen Schmerzmittelmissbrauch tritt häufig ein zusätzliches Problem auf. Durch die Dauereinnahme von Schmerzmitteln, insbesondere von Mischanalgetika, kann sich ein sogenannter Dauerschmerz entwickeln. Das geschieht auf folgende Weise: Die schon geschilderte angenehme Wirkung dieser Mischanalgetika (Euphorie, Beruhigung) veranlasst zum Dauergebrauch und katalysiert eine Abhängigkeit vom Mittel. Der Körper, insbesondere mit seinen Hirnstrukturen, ist nun auf eine regelmäßige und kontinuierliche Zufuhr dieser Medikamente angewiesen. Dadurch gerät der Betroffene immer wieder in Entzugssituationen, die sich besonders in einer Schmerzverstärkung bemerkbar machen. Hinreichend bekannt ist der sogenannte Entzugskopfschmerz, der immer wieder aufgrund der chronischen, fast unerträglichen Schmerzen zum Dauergebrauch von Schmerzmitteln verleitet, ohne dass dadurch die Schmerzen ausgeschaltet werden. Der in diesem Fall notwendige Schmerzmittelentzug unter ärztlicher Führung lässt dann die Schmerzen zum Erstaunen des Betroffenen deutlich geringer werden, oder sie verschwinden ganz.

Eine weitere Komplikation durch den Dauergebrauch von phenacetinhaltigen Schmerzmitteln (z. B. Spalttabletten) ist das Auftreten der sogenannten Phenacetinniere. In schweren Fällen kann es zu Schrumpfnieren und Nierenversagen kommen, sodass die Dialyse oft der letzte Ausweg ist. Bei ca. 16 % der Dialysepatienten beruht das Nierenversagen auf einem chronischen Schmerzmittelmissbrauch.

Um einem Schmerzmittelmissbrauch vorzubeugen, lassen sich einige allgemeine Regeln formulieren:

- An erster Stelle steht eine gesunde, ausgewogene Lebensführung. Denn gerade Schmerzpatienten neigen oft zum Perfektionismus, wollen alles ordentlich und korrekt machen. Sie sind aber äußerst

stresslabil, möchten alles sofort erledigen. So entstehen Stress und Hektik, die Schmerzbereitschaft fördern.
- Die Einhaltung des natürlichen Tag-Nacht-Rhythmus mit ausreichender Schlafdauer ist deshalb besonders wichtig.
- Man sollte genau überlegen, ob man bei auftretenden Beschwerden unbedingt zur Tablette greifen muss.
- Bei stärker werdenden Beschwerden oder wenn sie wiederholt auftreten und längere Zeit anhalten, ist unbedingt ein Arzt aufzusuchen.
- Schmerzmedikamente sind nur nach ärztlicher Vorschrift einzunehmen und die verordnete Dosierung ist einzuhalten.
- Werden noch zusätzlich andere Medikamente eingenommen, ist der Arzt davon in Kenntnis zu setzen.
- Lernen Sie mit Schmerzen umzugehen. Massive Ängste und übertriebene Furcht vor ihnen sowie ständige Beschäftigung mit dem eventuell auftretenden Schmerzerlebnis heben die Schmerzempfindlichkeit. Es entsteht eine Art Angst vor der Angst, die Ihnen die Gelassenheit nimmt, mit dem Schmerz umzugehen.
- Körperliche Betätigung, Sport ohne Leistungsdruck, Spaziergänge, Radfahren, Schwimmen sind geeignet, die Schmerzschwelle zu erhöhen.

Psychostimulanzien, Weckamine, Speeds, Appetitzügler

Höhenflug

Ich trete ans Rednerpult, im Auditorium wird es still. Das Thema, über das ich sprechen werde, ist von einiger Brisanz. Es geht um die energiepolitischen Perspektiven unseres Landes und auch weltweit, vor allem um die Einordnung der regenerativen Energiequellen und der so in Misskredit geratenen Kernenergie in ein Gesamtkonzept. Von diesem Vortrag hängt keine Entscheidung ab, dazu bin ich ein zu unbedeutender Mann, wohl aber mein eigenes Image für die künftige Arbeit, die ich ab heute zu leisten habe. Welchen Standpunkt ich auch immer vertreten werde, ich habe – so oder so – mit einer starken Gegnerschaft zu rechnen.

Heute früh hatte ich einen schweren Start. Offenbar wirkte das Schlafmittel noch nach, das ich brauchte, um Ruhe zu finden für die Nacht.

Denn gestern, als ich die letzten Vorbereitungen traf, mir die eingängigsten Passagen meines Vortrags noch einmal ins Gedächtnis rief, hatte ich es ein wenig übertrieben mit dem Aponeuron. Drei Dragees von diesem meinem Lieblingsmittel sollten für den Tag reichen, aber ich habe immer wieder nachgelegt, und ich weiß gar nicht, wie viele es zum Schluss gewesen sind. Das Zeug verleiht einem Flügel – das ist ohne Frage wahr –, doch irgendwann fliegt man zu hoch und die Luft wird dünner. Schließlich entsteht ein perfektes Durcheinander sich überschlagender Gedanken, jeder einzelne vielleicht wertvoll, aber in der Gesamtheit ein Chaos. Diesen Wirbel musste ich durch Lepinal zum Stillstand bringen, sonst hätte ich die ganze Nacht wach gelegen.

Mein Frühstück bestand aus zwei Tassen Kaffee und zwei Dragees „Apo". Jetzt, ein paar Sekunden vor dem obligatorischen „meine sehr verehrten Damen und Herren" spüre ich schon, dass die Dosis zu knapp angesetzt war.

Trotzdem muss ich anfangen.

Meine sehr verehrten Damen und Herren, ich freue mich außerordentlich (wie ich übertreiben kann!), im Rahmen der Urania-Gesellschaft zu Ihnen sprechen zu dürfen zu einem Thema, das gerade in der jetzigen Zeit sicher alle bewegt (Blanker Unsinn; fast niemanden bewegt es wirklich), nämlich die Zukunft unserer Energiewirtschaft. Und wenn ich von Zukunft spreche, meine ich nicht das Morgen und Übermorgen, sondern das, was die Spezies Mensch überhaupt erwartet (Verdammt! Mit dieser Wortwahl komme ich doch auf die falsche Schiene). Also, ich meine, die Überlegungen betreffen, sagen wir, die nächsten fünfzig oder hundert Jahre.

Ich möchte Sie nun nicht mit einem allgemeinen Vorspann langweilen, sondern gleich mit einer aktuellen Fragestellung in medias res kommen (schon besser, die Leute hören hin).

Sie werden ja schon öfter gehört oder gelesen haben, dass wir den Anteil der Solarenergie an der Gesamtenergieerzeugung nachhaltig erhöhen sollten. Das klingt plausibel, und die Forderung ist überaus populär. Aber ich sage Ihnen dagegen: das machen wir doch schon immer, denn alle Energie, die wir erzeugen, ist schließlich und letzten Endes Solarenergie (gut gesagt, denn mit diesem Paradox habe ich erst einmal die Aufmerksamkeit gebündelt. Hoffentlich enttäuscht die Erklärung nicht. Jetzt heißt es durchhalten).

Sehen Sie beispielsweise die Kohle (Himmel noch mal, eigentlich wollte ich sagen: wir klassifizieren erst einmal die Energieressourcen nach einem gewohnten Schema, aber nun bin ich schon bei der verdammten Kohle), also die Kohlevorräte zum Beispiel: wie sind sie entstanden? Und welche Energie ist es, die wir bei ihrer Verbrennung gewinnen. Ich habe, meine Damen und Herren, um Ihnen die Sache übersichtlicher zu gestalten, mal ein Diagramm vorbereitet, ein paar Folien. (Leider liegen die Folien, wie ich jetzt feststelle, draußen in meinem Aktenkoffer. Das ist nun über alle Maßen peinlich, aber es ist auch eine Chance für mich, schnell ein paar Dragees nachzuladen, die ich jetzt doch dringend brauche. Ich bitte, mich kurz zu entschuldigen, gehe hinaus, entkorke das Röhrchen mit den roten Kügelchen und lasse ein paar in die Hand rollen, gehe schnell zur Toilette und zurück Dann greife ich das Folienpaket und höre schon von draußen ein Gemurmel. Jemand hat inzwischen den Projektor angestellt. Ich fühle mich jetzt sicherer, denn die Wirkung des Medikaments kommt mit absoluter Zuverlässigkeit).

So, meine Damen und Herren, hier sehen Sie also als erstes einen Überblick über die Ressourcen...

Während meines Vortrages verspüre ich eine eigenartige Wandlung in meinem Inneren. Mehr und mehr werde ich vom Akteur zum Zuhörer meiner eigenen Worte, fast scheint es mir zu gelingen, nebenher, während ich meine Rede verfolge, noch Gedanken ganz anderer Art ablaufen zu lassen. Zum Beispiel, wie ich nachher nach Hause komme oder wie die erste Fahrstunde meiner Tochter gewesen sein mag.

Ich stehe so gut wie neben mir und beobachte, wie mein anderes Ich eine respektable Leistung hervorbringt. Und ich fühle, dass die Spannkraft noch eine Weile erhalten bleibt.

Die anschließende Diskussion ist, wie vorauszusehen war, kontrovers und hitzig, zum Teil unsachlich und emotional, aber das alles stört mich nicht mehr, und ich verfolge es wie aus weiter Distanz.

In einer kurzen Pause habe ich immerhin Gelegenheit, noch einmal in meinen Aktenkoffer zu greifen, eine „Apo" herauszuholen und gleichzeitig zwei Tabletten Rudotel zu schlucken, deren Wirkung in einer guten halben Stunde einsetzen dürfte, dann aber zur Beruhigung und Glättung der inneren Wogen, als Abspann gewissermaßen, denn dann geht es um nichts mehr.

Nachher werde ich genauer hinsehen müssen, wie viel Aponeuron ich wieder verbraucht habe, denn mein geheimer Vorrat geht allmählich zu Ende – und was wird dann?

Es ist sicher nachvollziehbar, dass Menschen – wie im eben geschilderten Fall – sich gelegentlich in einen Zustand erhöhter Leistungsbereitschaft versetzen wollen, zumal wenn objektive Anforderungen in dieser Richtung bestehen. Im Gegensatz zu den Mitteln, die eine kurzzeitige körperliche Leistungssteigerung bewirken (Dopings), werden Medikamente, die eine Erhöhung des geistigen Leistungsvermögen bewirken bzw. bewirken sollen, auch Psychostimulanzien genannt. Auch bei ihnen liegt die Problematik nicht in der gelegentlichen, mehr oder weniger zweckgerichteten Verwendung, sondern im Missbrauch und in der Abhängigkeit.

Wie die Schlaf- und Beruhigungsmittel haben die stimulierenden Drogen und späteren Arzneimittel (Psychostimulanzien) ebenfalls eine eigene Geschichte.

Der Missbrauch von Psychostimulanzien tritt selten isoliert auf. Häufig ist er mit Alkohol-, Schlaf- und Beruhigungsmittelmissbrauch kombiniert (Polytoxikomanie).

Im Altertum, im Mittelalter sowie auch in der Neuzeit waren es vorwiegend die hedonistischen (Lust erzeugenden) Wirkungen, weshalb man diese Mittel gebrauchte oder missbrauchte. Im Altertum wurden Psychostimulanzien fast ausschließlich für Kultzwecke und religiöse Handlungen benutzt. In der Neuzeit erkannte man unter anderem auch ihren medizinischen Wert und baute sie inzwischen systematisch in Therapieprogramme ein.

Das Anwendungsspektrum der Psychostimulanzien war früher breiter gefächert. Sie wurden eingesetzt zum Beispiel als Kreislaufmittel, bei Leistungsschwäche und Antriebsarmut, als Antidepressivum zur Behandlung depressiver Verstimmungen, als Appetitzügler. Heute werden sie nur noch verwendet zur Behandlung der Narkolepsie und zur Therapie des hyperkinetischen Syndroms bei Kindern. Das mag zunächst widersprüchlich erscheinen, hyperkinetischen Kindern ausgerechnet psychisch stimulierende Medikamente zu verabreichen. Aber diese Medikamente gleichen das genetisch verursachte Dopaminungleichgewicht in denjenigen Hirnbereichen wieder aus, die für die Selbstkontrolle und Impulskontrolle verantwortlich sind.

Doch ganz unwidersprochen sind die Psychostimulanzien, insbesondere das Ritalin, auch hier nicht.

Gebrauch und Missbrauch liegen hier – wie immer – dicht beieinander, denn die euphorisierende, leistungssteigernde Wirkung verleitet häufig zum Missbrauch. So werden Psychostimulanzien unter anderem beim Doping verwendet, der Examenskandidat hilft sich damit über die Nächte, und es gab keine Waffengattung – die Erfahrungen des Zweiten Weltkrieges lehren das –, in der sie nicht zum Einsatz kamen. Während der Drogenkonsum im Volk unter Strafe stand, ließ sich Hitler fast täglich Drogencocktails spritzen (Medical Tribune, Nr. 5, Oktober 2016).

Japan zum Beispiel kannte jahrelang kein Alkoholproblem, dafür aber Probleme mit Amphetaminen (Psychostimulanzien). Das Pervitin ist in Japan als „Philopon" (Philoponismus) bekannt und wurde sogar bei den berüchtigten Kamekazefliegern angewandt. Unter dem Slogan „Schüttelt die Müdigkeit ab!" wurden dort Psychostimulanzien gebraucht. Etwa zwanzig pharmazeutische Firmen in Japan waren damals mit der Herstellung von Weckaminen beschäftigt. Nach dem Krieg haben die Firmen ihre Reserven ohne Berücksichtigung der Suchtgefahren dem Handel übergeben. Psychostimulanzien wurden zunächst vorwiegend von Journalisten, Schriftstellern, Künstlern und Studenten und später auch von Fabrikarbeitern missbraucht, um das erforderliche Arbeitstempo zu erreichen.

In Europa begann eine relativ schnelle Ausbreitung von Stimulanzien Mitte bis Ende der dreißiger Jahre. Bekannt wurden sie als Pep- oder Happy-Pillen, „Ferientabletten", „Selbstbewusstseinsdrogen", „Aufpulverungspillen". Bekannt wurden auch Werbespots wie: „Besser als zwei Monate Ferien!" oder auch: „Für die müde Hausfrau".

In einem amerikanischen Militärgefängnis, in dem Psychostimulanzien missbraucht wurden, gaben die Häftlinge bei Befragungen an, dass die erwünschte Wirkung das Gefühl vermittelt, die Haftzeit würde damit schneller vergehen.

Psychostimulanzien sind sympathikusanregende Substanzen. Der Sympathikus gehört wie der Vagus zum Komplex des sogenannten vegetativen Nervensystems. Seelische Vorgänge wie Freude, Lust, Erregung usw. werden vom Sympathikus gesteuert. Ihm wird eine leistungs- bzw. aktionsbereitschaftsfördernde Wirkung zugeschrieben. Umgangssprachlich wird das sympathische Nervensystem oft mit einer Peitsche verglichen, es kommt zu sofortiger Energie entfaltender Wirkung, die zum Beispiel den Herzschlag beschleunigt und den Grundumsatz erhöht (sogenannte Stressschaltung). Psychostimulanzien erzeugen im Organismus die gleiche Wirkung wie eine Sympathikuserregung, also eine schnelle aktivitätssteigernde Erregung, die Ängste und Beklemmungen kurzzeitig nimmt und eine euphorische Stimmung hervorruft. Die Wirkdauer ist allerdings sehr kurz, und es muss immer sehr viel mehr eingenommen werden, um die gleiche ursprüngliche Wirkung zu erzielen, was auf Dauer nicht gelingt.

Wir haben versucht, die Wirkung eines Psychostimulans (Speed) genauer darzustellen. Man bezeichnet die regelmäßige süchtige Einnahme dieser Psychostimulanzien auch als „speed run".

Allgemein werden *vier Phasen* des „speed run" unterschieden:

In der *ersten Phase* kommt es zu einer allgemeinen Stimulierung. Subjektiv wird ein Gefühl gesteigerten Leistungsvermögens erlebt. Das Tempo der Gedankenabläufe und Handlungen wird erhöht, alles lässt sich scheinbar mühelos bewältigen.

Durch die Wirkung dieser Substanzen tritt das Schlafbedürfnis zurück, auch das Hungergefühl wird unterdrückt. Umweltreize werden vermindert differenziert.

In der *zweiten Phase* weichen unangenehme Gefühle wie Angst und Spannung einer euphorischen Grundstimmung. Die Realität wird überwach und überhell erlebt, verstärkter Rededrang setzt ein, Hemmungen fallen weg, der Kontakt mit der Umwelt scheint spielend leicht. Wohlbefinden und Glücksgefühl stellen sich ein. Parallel dazu entwickelt sich eine zunehmende Merkfähigkeits- und Konzentrationsschwäche, die aber durch das verminderte Kritik- und Urteilsvermögen vom Konsumenten nicht wahrgenommen wird. Zerstreutheit und Gedankenflucht setzen ein. Die Wirkungsdauer ist relativ kurz, so dass eine immer höhere Dosis eingenommen werden muss. Das führt zur Aufhebung des Müdigkeits- und Schlafgefühls – Signale des Körpers für eine beginnende Ermattung.

In der *dritten Phase* kommt es, wenn diese Signale übersteuert werden, zu Omnipotenzfantasien (Allmachtsgefühle) des Konsumenten. Schrankenlose Euphorie, grenzenlose Selbstüberschätzung, überirdische Zufriedenheit, höchstes Glücksgefühl, Einssein mit der Welt

1 Alkohol- und Medikamentenabhängigkeit 117

kennzeichnen dieses Stadium. Gleichzeitig entsteht eine zunehmende Beschäftigungsunruhe; Zerstreutheit und Zerfahrenheit des Denkens nehmen zu. Infolge der erheblichen Störung der Merkfähigkeit entwickeln sich wahnhafte Erlebnisverarbeitungen und Gedankeninhalte.

In der *vierten Phase* kann der „speed run" in ein psychotisches Stadium einmünden, das dem Krankheitsbild einer schizophrenen Psychose sehr ähnlich ist. Affektive Entgleisungen treten auf, Schwankungen von „überdrehtem Wachzustand" und einer deliranten Symptomatik, gepaart mit optischen, akustischen und taktilen Halluzinationen können das Bild bestimmen. Es kommt zum „Dermatozoenwahn": zur Empfindung kleiner, auf der Haut sitzender Insekten. Die euphorische Stimmungslage schlägt in eine gereizt-aggressive um, die mit

depressiven Verstimmungen wechselt – alles Signale des Körpers einer sich anbahnenden Ermattung (K.R. Otto, 1987).
In diesem letzten Stadium treten Müdigkeit, Passivität und Erschöpfung immer mehr in den Vordergrund. Schwere Erschöpfungsdepressionen, die bis zu fünf Monaten anhalten können, beherrschen das Bild der Niedergeschlagenheit und Schuldgefühle. Die psychische Belastbarkeit ist stark eingeschränkt, die Abwehrmechanismen des Körpers sind geschwächt. Bei Dauerbenutzern kann sich ein hirnorganisches Psychosyndrom mit Hirnleistungsschwäche bis hin zur Demenz entwickeln. Des Weiteren können Merk- und Konzentrationsstörungen zurückbleiben, es kann zu einer Zuspitzung gewisser Persönlichkeitszüge bis hin zur Entdifferenzierung der Persönlichkeit kommen. Das Bild wird weiter gekennzeichnet durch Affektlabilität, Leistungsabfall, Antriebsmangel, Apathie sowie hartnäckige Schlafstörungen.

Im Folgenden sollen einige sehr bekannt gewordene Psychostimulanzien kurz charakterisiert werden.

Einzelne Stimulanzien

Pervitin ist ein sehr bekanntes Psychostimulans. Es kam 1938 in den Handel und untersteht seit 1941 dem Betäubungsmittelgesetz. Es wirkt zentral erregend, Müdigkeit und Schlafbedürfnis werden aufgehoben, Hemmungen herabgesetzt. Es kommt zu einer Erhöhung des Denktempos bis hin zur Gedankenflucht. Die Stimmungslage wird unkritisch gehoben bis zur völligen Kritikschwäche und Distanzlosigkeit. Die Merkfähigkeit wird eingeschränkt, die Reaktionszeit verlängert, auch die Sexualfunktion ist gestört (Libido- und Potenzschwäche), vermindertes Hungergefühl und Gewichtsabnahme treten ein. Die Wirkungsdauer ist zeitlich ausgedehnt. Wenn es missbräuchlich benutzt wird, wird dennoch zu immer höheren Dosierungen gegriffen, um die gleiche Wirkung zu erzielen. Somit wird sehr schnell eine psychische Bindung an das Medikament erreicht (Suchteffekt). Wie bei Schlaf-, Schmerz- und Beruhigungsmitteln kommt es auch beim Pervitin zur Gewöhnung und Toleranzbildung, so dass es in kurzer Zeit zu einer Steigerung der Einnahme kommt. Dabei ist zu bemerken, dass die erwünschte Euphorie und die damit verbundene Hebung der Stimmungs- und Antriebslage nicht parallel mit der eingenommenen Dosis automatisch zunimmt, sondern eigentlich immer schwerer erreichbar wird. Somit stellen sich auch Entzugssituationen ein, die sich zum Vollbild einer Entzugspsychose mit optischen und akustischen Sinnestäuschungen (Halluzinationen) entwickeln können. Die anfänglich euphorische Stimmungslage wird dann matt, depressiv, ängstlich mit Neigung zum Erschöpftsein, erhöhter Reizbarkeit und massiven Schlafstörungen.

Pervitin ist heute nicht mehr auf dem Arzneimittelmarkt, aber in den USA als „Ice" in der Szene bekannt und wird meistens geraucht.

AN-1 (Amfetaminil) wurde erst 1972 unter Rezeptpflicht gestellt. Es ist ein Psychostimulans mit mittelhohem Abhängigkeitspotenzial. In der Medizin wird es immer weniger verwendet, da es den therapeutischen Erwartungen nicht entsprach. Es wird nur noch zur Behandlung der Narkolepsie (Schlafanfälle) verwendet.

AN-1 bewirkt eine allgemeine Leistungssteigerung durch Hebung der Stimmungs- und Antriebslage. Übermüdung, Unlustgefühle und depressive Verstimmungen werden nur kurzzeitig behoben. Es kommt nicht wie bei Schlaf- und Beruhigungsmitteln zur Dämpfung von Konflikten, sondern diese werden hier durch eine Aktivitätssteigerung überwunden. Ähnlich wie beim Pervitin nimmt das Tempo der Gedankenabläufe und Handlungen zu. Es stellt sich so relativ schnell eine optimistische und euphorische Stimmungslage ein. Umweltreize werden weniger differenziert wahrgenommen. Kritik- und Urteilsfähigkeit werden mit steigender Dosierung des AN-1 beeinträchtigt und schließlich aufgehoben. Durch vermindertes Hungergefühl und Unrast kommt es rasch zu einer Erschöpfungssymptomatik (E. Winter, 1976).

Ich *(Siegfried Fritzsche)* hatte während meines Medizinstudiums zu den Staatsexamensprüfungen nicht viel gelernt und stand nun urplötzlich zwei Tage vor einem sehr wichtigen und umfangreichen **Examensfach.**

Von dem Prüfer dieses Fachgebietes ging der Ruf aus, dass er sehr streng und kompromisslos war. Viele hatte er schon durchfallen lassen. Ich war mir darüber im klaren, dass ich, um noch alles halbwegs zu schaffen, die Nächte durcharbeiten musste. Da fiel mir ein Studienkollege ein, der wegen seines Übergewichtes ein appetitzügelndes Medikament einnahm, das ja in der Hauptsache eine psychostimulierende Wirkung hatte. Er gab mir acht Tabletten und ich nahm sie gegen alle Vorschriften zur Nacht ein, damit ich lernen konnte. Ich fühlte mich nach der Einnahme überdreht und über alle Maßen euphorisch. Die dicken Bücher, nüchtern gefürchtet, waren nun kein Problem mehr, die Seiten schmolzen dahin wie Butter an der Sonne.

Ich lernte scheinbar plötzlich ganz schnell, meine Stimmung war wunderbar, von Angst keine Spur mehr. Als ich morgens vor dem Institut stand, in dem ich geprüft werden sollte, waren alle Ängste, die mich sonst so lähmten, verflogen. Als ich in das Zimmer des gestrengen Prüfers kam, war auch jede Distanz verschwunden. Ich begrüßte ihn fast wie einen alten Kumpel und ließ mich in einen bereit stehenden Sessel fallen. Der Professor war über ein solches Verhalten von Examenskandidaten äußerst konsterniert, und etwas peinlich berührt stellte er seine Prüfungsfragen.

Ich antwortete bedenkenlos, mal richtig, mal falsch, was mir aber nicht sonderlich auffiel. Ich hatte zwar jede kritische Übersicht verloren, da aber wohl die richtigen Antworten überwogen, bestand ich die Prüfung recht gut (es hätte verdammt schief gehen können). Ich aber dachte, dass ich jetzt endlich ein Medikament gefunden hatte, dass mir die Prüfungsängste nahm und mich dazu auch noch herrlich aufpulverte.

Aber daraus wurde nichts. Um mich nochmals in die Lage meiner ersten Prüfung zu versetzten, brauchte ich einiges mehr von diesem Mittel und statt der erwarteten Euphorie stellte sich dann eher eine resignative depressive Stimmungslage ein.

Ich nahm zwar immer neue Überdosen dieses Medikaments ein, aber die Sache blieb erfolglos – eine Wahrnehmung, die ich aus heutiger Sicht gesehen mit vielen Ritalinmissbräuchlern teilte.

X112 ist ein Appetitzügler und hat ähnliche Wirkung wie AN-1. Nur steht hier die hungerdämpfende Wirkung noch mehr im Vordergrund, die aber rasch abklingt. Die stimmungsaufhellende Wirkung kann zum Missbrauch und zur Dosissteigerung führen. Somit findet auch hier über Gewöhnung und Toleranzbildung eine psychische Bindung an das Mittel statt, die eine Abhängigkeit mit sich bringt.

Ritalin Wie alle Psychostimulanzien soll Ritalin (vgl. auch Seite 116) eine allgemeine Leistungssteigerung bewirken. Als Nebenwirkungen, die nicht unerheblich sind, können Schläfrigkeit und Schwindel auftreten.

Obwohl Ritalin nur auf Betäubungsmittelrezept abgegeben wird, ist der Missbrauch enorm angestiegen, besonders unter Akademikern, Künstlern und Studenten. Den Anspruch, den man an dieses Medikament stellt, ist ein sehr hoher. Der genannte Personenkreis glaubt, damit konzentrierter denken und somit effektiver arbeiten zu können. Das ist aber in Wirklichkeit nur ein Scheineffekt. Der Denkvorgang bleibt von Ritalin unberührt. Er kann durch die unkritisch gehobene Stimmungslage fehlerhaft werden und so in die falsche Richtung führen.

Ephedrin ist ein Psychostimulans, welches auf dem Inhaltsstoff der Wurzel Ephedra vulgaris basiert, der bereits in der chinesischen Medizin bei vielen Krankheiten verwendet wurde.

Heutzutage wird es in der Medizin besonders bei Bronchialasthma eingesetzt (allein oder in Kombinationen). Seine schleimhautabschwellende Wirkung wird vor allem in der Hals-Nasen-Ohrenheilkunde geschätzt. Nun hat das Ephedrin wie die bereits beschriebenen Weckmittel eine zentral erregende und damit schlafhemmende Wirkung, weshalb es wie diese wegen seines leistungssteigernden, euphorisierenden Effektes missbräuchlich benutzt wird und so ebenfalls zur Abhängigkeit führen kann. Meistens wird es kombiniert mit anderen Suchtmitteln.

Psychostimulanzien sind in den meisten „Schlankheitsmitteln" enthalten, da sie das Hungergefühl dämpfen. Doch bei nachlassender Wirkung kommt der Hunger verstärkt, womit das ursprüngliche Ziel des Schlankheitsmittels verfehlt wird.

Psychostimulanzien werden heute vornehmlich als „Speeds" verwendet oder als sogenannte Cocktails in Verbindung mit anderen Suchtmitteln. Sie erleben derzeit eine wahre Renaissance als „Partydroge" in Form des Ecstasy (siehe dort). Missbraucht werden

Psychostimulanzien auch von Alkohol- und Schlafmittelabhängigen, z. B. dann, wenn es erforderlich ist, morgens wieder fit zu sein. In der Medizin werden sie heute kaum noch angewendet.

Einige heute verwendete Psychostimulanzien

Firmenname	Bestandteil
Boxogetten S	Norephedrin
Tradon	Pemolin

Psychostimulanzien als „Schlankmacher"

Firmenname	Bestandteil
Antiadipositum X-112 S	Norpseudoephedrin
Reductil	Sibutranin hydrochlorid

Folgeschäden des Medikamentenmissbrauchs

Hier steht an erster Stelle der schleichende schwere Persönlichkeitsverfall – ähnlich wie bei der Alkoholabhängigkeit – bis hin zur Demenz, besonders beim dauerhaften Missbrauch von Schlaf- Beruhigungsmitteln und Psychostimulanzien.

Abhängiger Konsum von Psychostimulanzien steigert das Risiko für Schlaganfälle um das 5-fache, das Risiko für die damit verbundenen Todesfälle ist um das 2,5-fache erhöht.

Weiterhin kann es zu beträchtlichen Leberschädigungen sowie zu einer unmittelbaren Schädigung des Knochenmarks kommen, was zur Anämie und einem allgemeinen Kräfteverfall, gepaart mit massivem Gewichtsverlust führen kann. Medikamentenabhängige sind meist sehr dünn und blass.

Schmerzmittel, besonders Kombinationspräparate (Mischanalgetika), schädigen bei Routinegebrauch nachhaltig die Nieren. In schweren Fällen kann es zu Schrumpfnieren und Nierenversagen kommen, sodass die Dialyse oft der letzte Ausweg ist.

Anabolika

Kräftige Muskelpakete, damit ein erhöhtes Selbstbewusstsein, wer möchte das nicht gerne haben. Anabole androgene Steroide sind die am häufigsten verwendeten Substanzen, um die Leistungsfähigkeit, den Muskelaufbau und die körperliche Erscheinung in Hochform zu bringen. Oft werden hohe Dosen von Anabolika dafür eingenommen und einer Abhängigkeitsentwicklung der Weg gebahnt. Kognitive Einbußen und Gedächtnisbeeinträchtigungen werden dabei in Kauf genommen. Ca 30 % entwickeln eine Sucht mit Entzugserscheinungen wie depressive Verstimmungen, Erektionsstörungen, hartnäckige Schlafstörungen, Angststörungen und innere Getriebenheit.

Junge Männer, die in meine Sprechstunde kommen und Anabolika nehmen, bitten mich häufig um Verschreibung von Potenzmitteln wie Viagra und Cialis, um ihre Erektionsstörungen zu behandeln.

Eine Aufklärung, dass diese Störungen von der Anabolikaeinnahme kommen könnte, nehmen sie meist nicht an. Das Gleiche passiert bei Schlafstörungen.

Weitere Nebenwirkungen sind Herzrhythmusstörungen mit EKG-Veränderungen und eine hartnäckige Akne (Deutsches Ärzteblatt, 2016).

Das chronische Entzugssyndrom

Nach erfolgreicher Behandlung und eingehaltener Abstinenz kann es – sowohl bei Alkohol- als auch bei Tablettenabhängigkeit auch nach längerer Zeit – periodisch oder kurzzeitig ohne Anlass zu depressiven Verstimmungen kommen. Man fühlt sich einfach unwohl, ohne dass es dafür einen plausiblen Grund gibt. Auch das andere Extrem kann auftreten, eine plötzlich gehobene, ausgelassene Stimmung, ohne dass sich etwas besonders Positives ereignet hätte. In diesen Zusammenhang sind auch episodisch auftretende Schlafstörungen, Schweißausbrüche, innere Unruhe, Hautjucken, Konzentrationsstörungen, erhöhte Reizbarkeit, Kopfschmerzen, Albträume einzuordnen.

Suchtkrankheiten sind, rein naturwissenschaftlich betrachtet, Stoffwechselkrankheiten. Die aufgezeigten Symptome sind als Zeichen der Wiederanpassung an den normalen Stoffwechsel des Organismus zu verstehen. Es ist wie beim Heilungsprozess einer Krankheit. Er verläuft ebenfalls nicht geradlinig, sondern wechselhaft. Es können immer wieder Beschwerden auftreten, bis es zur Genesung kommt. Genauso ist es bei Abhängigkeitskrankheiten. Der jahrelang krankhaft veränderte Stoffwechsel braucht eine längere Zeit, in der Regel zwei Jahre nach der Entwöhnungsbehandlung, bis er sich wieder an das abstinente Leben angepasst hat. Die genannten Erscheinungen können einhergehen mit einem starken Verlangen nach dem Suchtmittel und sind außerordentlich rückfallgefährdend. Diese Befindlichkeitsänderungen und die episodisch auftretenden Entzugssymptome werden allgemein als chronisches Entzugssyndrom bezeichnet.

Dazu fällt mir folgendes Erlebnis ein *(Siegfried Fritzsche).* **Nach bereits längerer Abstinenz traf ich eines Tages einen alten Freund, der ebenfalls abstinent lebender Alkoholiker war. Wir gingen in eine Gaststätte und unterhielten uns angeregt, tranken Mineralwasser und Kaffee. Als wir nach einiger Zeit unser Gespräch beendet hatten, machte ich mich auf den Heimweg. Unterwegs hatte ich plötzlich ein Gefühl von Trunkenheit, obwohl ich „knochentrocken" war. Ich bemerkte, dass ich schwankte und in meinem Kopf drehte sich alles, als wenn ich stark getrunken hätte. Der Zustand hielt ca. 5 min an und verflog so schnell, wie er gekommen war. Das war für mich beeindruckend.**

Was war geschehen? Das auf der Lauer liegende Suchtgedächtnis hatte sich durch die vorangegangene Kneipenatmosphäre urplötzlich gemeldet und so eine sogenannte chronische Entzugssymptomatik ausgelöst.

Ich *(S. F.)* **lebte damals bereits mehrere Jahre alkoholabstinent. Zu einem Rückfall kam es nicht.**

1.3 Therapie der Alkohol- und Medikamentenabhängigkeit

Infolge des eindeutigen Krankheitswertes der Alkohol- und Medikamentenabhängigkeit ergibt sich folgerichtig die Frage nach den Möglichkeiten einer Therapie.

Der Therapieprozess

Eine Alkohol- bzw. Medikamentenentwöhnungsbehandlung ist sowohl stationär in einem Fachkrankenhaus als auch ambulant möglich. Welche Behandlungsform gewählt werden sollte, hängt von der konkreten psychophysischen und sozialen Situation des Betroffenen, sowie von dessen Motivation und Behandlungsbereitschaft ab.
Vorteile einer stationären Behandlung:

- Abgeschirmte therapeutische Atmosphäre
- Ärztliche Überwachung der Entzugsphase
- Kontrollierte körperliche Wiederherstellung (Ernährung, Schlaf)
- Vermeidung von Rückfällen
- Begrenzte Herausnahme aus einer insgesamt unsicheren Lebenssituation
- Möglichkeiten des Einübens neuer Muster zwischenmenschlicher Beziehungen durch ständigen Kontakt mit Therapeuten und Mitpatienten.

Nachteile einer stationären Behandlung:

- Gefahr von Hospitalisierungserscheinungen bei längeren Aufenthalten (4 und mehr Monate)
- Nachlassen bzw. Auflösung sozialer Einbindungen (Familie, Arbeitsplatz)
- Abnahme der Eigenverantwortung und Handlungskompetenz (es wird ja für einen gesorgt)
- Erhebliche Rückfallgefahr nach der Entlassung aus der stationären Therapie
- Hohe Kosten.

Vorteile der ambulanten Entwöhnungsbehandlung:

- Sie ist auch bei Patienten möglich, die zu keiner stationären Behandlung bereit sind
- Verbleiben im sozialen Umfeld: Wegfall der Probleme der beruflichen Wiedereingliederung und der Lösung aus der stationären Behandlung

- Unmittelbare Übertragung der Therapieerfahrung auf die soziale Außenrealität (Familien, Beruf, Freundeskreis)
- Einbeziehung der laufenden Alltagsprobleme in den Gruppenprozess
- Erheblich niedrigere Kosten.

Aus dieser Gegenüberstellung ergibt sich, dass einer ambulanten Behandlung vom Grundsatz her der Vorzug gegeben sollte – vor allem, wenn sich der Patient kooperativ zeigt und sein psychisch-körperlicher Zustand keine kontinuierliche medizinische Überwachung erfordert.

Die Suchtmittelentwöhnung wird gewöhnlich in vier Phasen eingeteilt:

1. die Kontaktphase
2. die Entgiftungsphase
3. die Entwöhnungsphase
4. die Nachsorgephase

Dieser Phaseneinteilung haftet etwas Akademisches und Künstliches an. In Wirklichkeit ist es von der Entgiftung an ein einziger komplexer Entwöhnungsprozess. Von daher kann von einer Kontaktphase im Sinne eines besonderen Behandlungsabschnitts nicht gesprochen werden.

Es kommt zunächst darauf an, dass sich Therapeut und Patient kennen lernen, die psychische Situation erörtert und dabei auch das Umfeld (Angehörige) einbezogen wird.

Dabei soll die Eigenmotivation des Betroffenen für eine Entwöhnungsbehandlung gestärkt werden. Er soll über die Spezifität seiner Krankheit aufgeklärt werden. Das geschieht in der Praxis am besten so, dass mehrere Betroffene im Anfangsstadium zusammengefasst werden, um sie zu informieren. Hand in Hand geht die Entgiftung vor sich, die unbedingt unter ärztlicher Kontrolle erfolgen muss. Durch die dauernde Einnahme des Suchtmittels in großen Mengen ist es zu einer chronischen Vergiftung des Körpers gekommen. Dieser reagiert bei Absetzen des Suchtmittels mit Entzugserscheinungen (Tremor, Schwitzen, Unruhe, Entzugskrämpfe). Diese Entzugserscheinungen müssen behandelt werden, um so die notwendigen physischen Voraussetzungen für die weitere Entwöhnungsbehandlung zu schaffen.

Die Entgiftung dauert je nach Menge und Stärke des Suchtmittels 10–14 Tage.

Bei einer Langzeitbehandlung im Krankenhaus dauert die Entwöhnung länger als 3 Monate, woran sich die Nachsorge anschließt. Denn es gibt keine stabile Abstinenz ohne konsequente kontinuierliche Nachsorge. Dabei ist der Besuch einer Selbsthilfegruppe unverzichtbar. Fast jeder Suchtkranke hat irgendwann schon einmal den Versuch unternommen, allein abstinent zu bleiben. Das dauerte meist nicht lange. Nach kürzerer oder längerer Abstinenz neigt der Suchtkranke nicht selten zur Selbstüberschätzung. Er „vergisst" seine Abhängigkeit und beginnt wieder, mit dem Suchtmittel zu experimentieren. Das ist durchaus heimtückisch, weil er nach einer anscheinend „wohldosierten" Einnahme des Suchtmittels nicht mehr das Gefühl hat, abhängig zu sein. Damit wird der Rückfall eingeleitet, und es kann unter Umständen lange dauern, bis der Betroffene wieder therapieeinsichtig wird. So vergeht wertvolle Zeit.

Die Gruppe ist zwar kein Allheilmittel, doch der Betroffene ist hier sehr gut aufgehoben. Es ist eine alte Weisheit, dass all unser Tun und Wünschen an die Existenz anderer Menschen gebunden ist. Das gilt für den Suchtkranken im besonderen Maße. Man muss wissen, dass es in der Natur dieser Krankheit liegt, sich zu isolieren. Jeder Kranke baut gegen die Gemeinschaft im Allgemeinen und gegen die Gruppe im besonderen spezifische Widerstände auf. „Ich bin ein typischer Einzelgänger" äußern fast alle Betroffenen am Anfang der Therapie.

Während seiner Suchtkarriere lebte der Betroffene passiv vor sich hin, scheute Kontakte, hatte Angst, dass man ihm auf die Schliche kommen könnte, zog den Telefonstecker, öffnete keine Post und schon lange keine Tür mehr.

So steht schon am Anfang der Behandlung die Frage, weshalb die Gruppe notwendig ist, was sie für den Betroffenen leisten kann. Wir haben bei der Behandlung der Alkoholabhängigkeit schon darauf hingewiesen.

- In der Gruppe finden sich gleichermaßen Betroffene mit gemeinsamer Zielstellung zusammen (Kranke helfen Kranken).
- Ihre Mitglieder helfen sich gegenseitig als Anleitung zur Selbsthilfe (Informationsaustausch).

- Die Gruppe vermittelt Zusammenhalt und entwickelt soziale Beziehungen.
- In die Gruppenarbeit werden Familienangehörige einbezogen. Damit wird der Erziehungsprozess zur Abstinenz auch in den häuslichen Bereich der Gruppenmitglieder hineingetragen.
- In der Gruppe wird vermittelt, welche Verhaltensmuster für den Betroffenen rückfallgefährdend sind.
- In der Gruppe lernen die Betroffenen ihre eigenen Stärken und Schwächen kennen und entsprechend zu reagieren.
- Die Gruppe dient der Persönlichkeitsentwicklung im Sinne des Gewinns an sozialer Selbstständigkeitselbständigkeit und einer neu orientierten Lebenshaltung. Das Ziel der Gruppe ist dauerhafte Abstinenz zur Wiederherstellung des normalen Lebens.

Wie bereits beim Problem des Alkoholismus dargestellt, bedeutet die Tatsache, dass ein Suchtkranker sich in eine Therapieeinrichtung begibt, noch lange nicht, dass er zu einer Therapie auch wirklich bereit ist. Nicht selten wird er nur den äußeren Zwängen nachgeben wollen, die aus dem familiären und beruflichen Umfeld kommen, um von weiteren Angriffen und Vorhaltungen geschützt zu sein. Und wenn er überhaupt aus eigenem Antrieb handelt, dann vor allem in dem Bestreben, sein körperliches Wohlbefinden wieder herstellen zu lassen.

Insofern kann nur in den ersten beiden Therapiephasen, in denen die Entgiftung und die Akutbehandlung der Entzugssymptomatik vorgenommen werden, von einer uneingeschränkten Kooperationsbereitschaft des Patienten mit seinem Arzt gesprochen werden.

Der weitere Fortgang der Therapie setzt vom Betroffenen sowohl eine normal entwickelte Intelligenz als auch emotionale Fähigkeiten voraus, die nicht von jedermann – jedenfalls nicht sofort – erbracht werden können.

Dabei geht es zum einen um die Erkenntnis, im medizinischen Sinne unheilbar krank zu sein; und das zu akzeptieren, fällt naturgemäß sehr schwer und wird auch nicht erleichtert durch die Einsicht, dass es sich mit dieser Krankheit sehr wohl leben lässt. Es ist eine Erkenntnis, die buchstäblich erarbeitet werden muss.

1 Alkohol- und Medikamentenabhängigkeit

Zum anderen geht es um die grundlegende Motivation, der zufolge auf das Suchtmittel ein für alle Mal verzichtet werden soll. Diese Motivation ist Basis und Voraussetzung aller weiteren Entscheidungen, ohne sie sind auch Willensleistungen oder ernst gemeinte Absichtsbekundungen wertlos und auf Dauer nicht tragfähig. Eines schönen Tages kam ein Alkoholiker in meine Suchtsprechstunde und wollte eine Kapsel Distraneurin haben gegen seine Entzugserscheinungen. Er war stark angetrunken und jammerte er sei im „Alkoholstress" und er bräuchte unbedingt das Medikament.

Ich überlegte und mir fiel die Zeit ein, in der es mir, (Siegfried Fritzsche), genauso ging wie ihm. Doch das Wort „Stress" ging mir nicht aus dem Sinn. Da erinnerte ich mich an Gerald Hüthers Buch „Biologie der Angst", das ich einst mit Genuss gelesen hatte. Er führte dort an dass „...Stressreaktionen... schon unendlich vielen Lebewesen geholfen haben, kritische Phasen zu überstehen" (G. Hüther, 2014). Diese Stressreaktionen sind aber nur als kurze Notfallreaktionen von der Natur gedacht. Hüther schreibt hierzu: „Wenn eine Notfallreaktion zur Dauerreaktion wird, brennen irgendwann irgendwo im Körper die Sicherungen durch. Das war damals (Hüther meint die Zeit der ersten Wirbeltiere S.F) ebenso wie heute: Dauerstress führt zum Untergang, entweder zum Tod durch stressbedingte Erkrankungen (denn Stresshormone unterdrücken auch die körpereigenen Abwehrkräfte)...(G. Hüther, 2014). Mein Freund und Co-Autor starb daran (multiples Organversagen!).

Alkoholismus ist ein unkontrollierbarer Dauerstress. Ich fühlte mich plötzlich in meine Saufzeit versetzt wo ich mich wie ein hilfloses Baby fühlte, wenn es galt Aufgaben zu lösen oder Entscheidungen zu treffen. Und das Schlimme war, je länger der Dauerstress dauerte desto hilfloser wurde ich.

Meinem gestressten Alki gab ich kein Distraneurin. Ich erklärte ihm dass ich vom gleichen Stamme sei wie er und führte mit ihm eine Entgiftung durch und nahm ihn dann in unsere Informationsgruppe mit. Heute ist er ein Jahr trocken!!!

Eines möchte ich hier noch anmerken, die Entgiftung von Medikamentenabhängigen sollte stets stationär unter ärztlicher Aufsicht erfolgen, weil:

1. Medikamente, insbesondere Benzodiazepine ein höheres Suchtpotenzial haben als Alkohol,
2. die Beziehung zum Medikamentenabhängigen der Entgiftungsphase noch nicht tragfähig ist,
3. die Motivation des Medikamentenkranken in der ersten Phase noch sehr schwankend ist und es immer wieder zu Rückschlägen und Enttäuschungen kommt!
4. viele Medikamentenabhängige Tabletten mit Alkohol kombinieren auch wenn sie es nicht zugeben und das ist die gefährlichste Kombination. **Ich kenne sie aus eigener leidvollen Erfahrung (Siegfried Fritzsche).**

Der Motivationsprozess

Der dauerhafte Verzicht auf das Suchtmittel ist mit Sicherheit keine leichte Entscheidung. Die dafür notwendige Motivation muss von grundlegender Art sein: Wozu lebe ich, was will ich in meinem Leben erreichen, was möchte ich verändern, was hindert mich, was drückt mich.

Was gibt meinem Leben wieder einen Sinn, der durch die jahrzehntelange Abhängigkeit verloren gegangen war? Vor dieser Frage steht jeder Betroffene, der eine Entwöhnungsbehandlung antritt. Nietzsche drückte das wie folgt aus: „Wer ein Warum im Leben hat, erträgt fast jedes Wie."

Dazu ist dann der nächste Schritt nötig, der Einsatz des Willens. Das ist gleichbedeutend mit „ja" sagen zur Abstinenz. Wollen ist ein Akt der Freiheit, den ich mir durch die Motivation (Beweggrund)erworben habe. Erst die Motivation bereitet mir den Boden, auf dem ich den Willen entfalten kann. Wollen bricht sofort in sich zusammen, wenn es ein Müssen wird, unbehandelte Sucht ist eben ein ständiges Müssen, wie jeder Betroffene weiß.

1 Alkohol- und Medikamentenabhängigkeit

Erst sollte die Motivation vorhanden sein, dann aber ist der Wille zur Abstinenz unverzichtbar. Bildlich gesehen kann man sich das wie zwei Stränge eines Zügels vorstellen. Fehlt es an der Motivation, so gibt auch der andere Strang des Willens nach, ein leider häufiger Vorgang. Oft sagen Betroffene: ich schaffe es allein nur mit dem Willen. Wille allein reicht nicht aus, er erschöpft sich naturgemäß schnell. Motivation und Wille sind nicht ein für alle Mal gegeben, sie müssen täglich überprüft und gestärkt werden, oftmals stündlich, denn die Versuchung ist groß. Die meisten Rückfälle und Therapieabbrüche sind die Folge mangelnder Motivation. Der Motivationsprozess vollzieht sich in mehreren Schritten.

1. Schritt

Der Betroffene kommt zu der Erkenntnis, dass er so nicht mehr weiterleben will. „Es muss sich bei mir etwas verändern. Aber wozu? (V. E. Frankel, 1994) Was soll sich bei mir verändern?" Das ist genau die Frage der Motivation. Es ist eine grundsätzliche Entscheidung für das weitere Leben des Betroffenen. Jede Sucht hat ja auch einen nicht zu unterschätzenden Krankheitsgewinn, der dem Betroffenen zunächst unbewusst bleiben kann. Das Suchtmittel verhilft ja, die Stimmung des Abhängigen zu manipulieren. Unangenehme Gefühle werden mit dem Suchtmittel unterdrückt. Alle wichtigen anstehenden Fragen „löst" es so, und nicht zuletzt die „helfende" co-abhängige Umgebung nimmt dem Betroffenen alle Entscheidungen ab und er kann passiv bleiben. Das ist natürlich bequem und angenehm. Meist erst dann, wenn der Betroffene völlig am Ende ist, drängt sich ihm die Gewissheit auf, dass es so nicht mehr weitergehen kann, und die Gründe dafür treten offen zutage:

- Der Betroffene hat massive gesundheitliche Probleme durch das Suchtmittel und das Familienleben ist zerstört.
- Er kann nicht mehr arbeiten und bekommt dadurch gravierende soziale Probleme.
- Es besteht die Gefahr, kriminelle Handlungen (z. B. bei der Beschaffung von „Nachschub" oder Geld) zu begehen.

Daher fassen viele Kranke den Entschluss, wirklich etwas zu ändern, erst dann, wenn Leib und Leben bedroht sind und die Gefahr besteht, ins Bodenlose zu fallen.

2. Schritt

Der Betroffene kommt nach langem Hin und Her zu der Einsicht, dass er es nicht allein schafft. Der Mensch als soziales Wesen ist darauf angelegt, dass er die Hilfe des anderen braucht, und das gilt für Suchtkrankheiten in besonderem Maße. Auch hier gibt es große Schwierigkeiten, sich das einzugestehen. „Ich habe schon eine Woche keinen Alkohol und keine Tabletten mehr eingenommen. Ich schaffe es schon, allein aufzuhören, ich brauche dazu niemanden." Und schneller als gedacht, schleicht sich eine Art von „Belohnungsgedanken" ein: „Nun bin ich 10 Tage abstinent geblieben, wenn ich jetzt etwas trinke (als Belohnung für meine gute Tat), kann mir das nicht schaden. Da komme ich schon wieder raus." Doch mit der erneuten Einnahme des Suchtmittels wird der krankhafte Stoffwechsel wieder in Gang gesetzt, und das Dilemma beginnt von neuem. Das kann schier endlos so weitergehen, wertvolle Zeit verstreicht. Schließlich folgen Resignation und Kapitulation, man ist wieder am Ausgangspunkt: „Ich schaffe es doch nicht allein!"

Man braucht also kompetente ärztliche Hilfe und die Erfahrung Selbstbetroffener, die den Kranken auffangen, um ihn auf seinem Weg zu begleiten. Erst wenn diese Einsicht vorhanden ist, kann man den nächsten Schritt gehen.

3. Schritt

Dieser entscheidende Schritt besteht in der Akzeptanz der Krankheit: „Ich bin abhängig." Eigentlich wusste man das schon lange, doch es lebte sich auch nicht schlecht nach dem Motto: lieber krank sein als handeln. Denn dann müsste man ja Verantwortung übernehmen, die einem bislang andere abgenommen haben.

Aber Leben heißt ja gerade auch, sich der Verantwortung zu stellen. Und es gibt eine alte Binsenweisheit: Man hat immer so viel Willen, wie man haben will; und wer diesen nicht aufbringt oder aufbringen will, kann keine Änderung des Lebens erwarten.

Da drängt sich mir noch ein Gedanke auf *(Siegfried Fritzsche).* Das Eingeständnis, ich bin abhängig, ist mit erheblicher Angst verbunden, der Angst, loszulassen vom geliebten Suchtmittel. Jedes Loslassen macht Angst. Ein Leben ohne Alkohol lag damals noch jenseits meines Vorstellungsvermögens, bis ich zu der Erkenntnis kam: Ich bin ein schwacher Mensch, der Alkohol ist stärker als ich. Ich kann mit ihm nicht umgehen.

Die meisten Betroffenen sind – zumindest in der Anfangsphase – faktisch nicht in der Lage, sich zu ihrer Abhängigkeit zu bekennen bzw. sie zu verinnerlichen. Es kommt daher oft zu solchen kuriosen Aussagen wie: „Ich trinke ja nur nach Feierabend", oder „ich trinke doch bloß Bier, das ist doch kein Alkohol", oder „so schlimm wie bei meinem Nachbar ist es bei mir noch lange nicht".

Nicht selten wird die Aufnahme einer Therapie auch an Bedingungen geknüpft. „Wenn ich erst Arbeit hätte, wenn ich nicht mehr so allein wäre, wenn ich erst meine Probleme gelöst hätte" und so weiter. Manchmal meinen die Betroffenen auch: „Wenn ich die Ursachen für mein Trinken kennen würde, dann könnte ich es ja auch lassen." Gerade mit dieser im Endeffekt nutzlosen Überlegung wird oft viel Kraft und Zeit vergeudet.

Viele Abhängige werden zunächst von ihrem Umfeld zur Behandlung gedrängt – meist ist es der Partner oder der Arbeitgeber. Wenn es auch zutrifft, dass jedes Wollen zusammenbricht, wenn es ein Müssen wird – für den Suchtkranken kann dieser Druck von außen entscheidend für die Aufnahme einer Therapie sein.

Man nennt diesen Teil der Motivation, der von außen kommt, Fremdmotivation. Er ist für die Aufnahme einer Therapie nicht unwichtig. Doch diese Fremdmotivation sollte nur der erste Anstoß bleiben, denn der wichtigste Teil der Motivation ist die Eigenmotivation des Betroffenen: „Ich will vom Alkohol bzw. von den Tabletten loskommen, ich tue es nur für mich!" Oft hört man, dass der Betroffene es eigentlich nur seiner Frau zuliebe tut. Eine so motivierte Abstinenz hält dann auch nicht lange, wie uns die Erfahrungen lehren.

Allein die bewusste Selbstbestimmung erweist sich als tragfähig für eine suchtmittelabstinente Lebensweise. Dieser entscheidende Teil der Motivation wird als Eigenmotivation bezeichnet, die durch nichts ersetzt werden kann. Nur sie öffnet ihre Tore in ein sinnvolles, wertorientiertes Leben. Fehlt diese, hat die Abstinenz eine schlechte Prognose.

Der Betroffene, welcher schon der Bezeichnung „Alkoholiker" immer wieder auszuweichen versucht, muss sich darüber klar sein, dass es keine „halbe" Abhängigkeit gibt, vergleichbar etwa mit einer Schwangerschaft („ein bisschen schwanger sein"). Desgleichen ist die Art des Suchtmittels von zweitrangiger Bedeutung. Das ist vor allem zu beachten, wenn sich ein „nur" von Tabletten Abhängiger einem Alkoholiker moralisch überlegen fühlt. Das ist nicht der Fall. Und nicht zuletzt: Die Entscheidung zu einer Behandlung muss jeder aus sich heraus und für sich allein treffen; er tut es für sich, nicht für andere, und auch andere Beweggründe reichen auf Dauer nicht aus, um eine abstinente Lebensweise zu gewährleisten.

Suchtkranke (wozu ich, Siegfried Fritzsche, mich zähle) haben sich in ihrer nassen Phase von ihrer Umwelt vollends isoliert. Alles weitere ist durch einen sozialen Rückzug gekennzeichnet, bedrängt durch das sich ständig selbst perpetoierende schlechte Gewissen und die Angst „entdeckt" zu werden.

Hinzu gesellten sich einige Besonderheiten die die tägliche Arbeit so richtig erschweren konnten wie zum Beispiel die Unfähigkeit das Wesentliche vom Unwesentlichen zu trennen, mangelhafte Konzentrationsleistung und eine hohe Ablenkbarkeit.

So erinnere ich mich an meine Facharztprüfung der ich mit wahnsinniger Angst entgegenfieberte und aufgrund der eben beschriebenen Defizite auch nicht viel schaffte. In der Prüfung selbst war ich mittelmäßig bis schlecht. Mein damaliger Professor hatte dort im Vorfeld im Prüfungskollegium meine „Suchtkarriere" ausgebreitet. Das wäre ja nicht weiter ehrenrührig gewesen wenn ich zu dieser Zeit schon „trocken" gewesen wäre, war ich aber nicht!

Als ich den Prüfungsraum der erlauchten Professoren verlassen hatte erscholl ein höllisches Gelächter in diesem Kreis.

Ich hätte in den Boden versinken können.

So hatte ich zwar bestanden aber dieses hämische Gelächter ist mir heute noch im Ohr. Es ist mir im Laufe der Zeit eine starke **Abstinenzmotivation geworden.**

Dabei wird den Betroffenen der Weg in ein suchtmittelfreies abstinentes Leben in unserer profitorientierten Gesellschaft nicht leicht gemacht. So geistert seit mehreren Monaten eine scheinbar neue Therapiemethode durch die Medien, die die Abstinenz in Frage stellt. Nicht mehr, sondern weniger trinken lautet der Slogan der Pharmaindustrie, die ein neues Medikament mit Namen Selincro auf dem Markt wohl feil hält. Die Abstinenz ist höchstens noch Fernziel, aber bis dahin vergeht leider wirklich wertvolle Zeit, die unter Umständen an einer sinnvollen abstinenten Lebensweise so verloren gehen oder eine Abstinenz verhindern kann. Sucht ist eine fortschreitende Erkrankung, die an eine hohe Motivation gebunden ist.

Rolf Hüllinghorst bemerkt in seinem interessanten Artikel „Mit Medikamenten zum reduzierten Alkoholkonsum? Warum uns neue Therapiemethoden verunsichern" treffend „dass keine Pille die mühsam erworbene Abstinenz ersetzen…kann". Außerdem stellt er fest: „Ebenso wie das kontrollierte Trinken, das vor mehr als 15 Jahren völlig neue Diskussion auslöste und bis jetzt immer noch nicht erfolgreich in die Behandlungsangebote integriert werden konnte, wird es dem neuen Medikament gehen." (R. Hüllinghorst, 2015, S. 15).

Die Überwindung der Alkohol- und Medikamentenabhängigkeit ist ein langwieriger Prozess, der unter Umständen Jahre in Anspruch nehmen kann. Das bedeutet aber nicht, dass sich in jedem Falle eine intensive therapeutische Begleitung über den gleichen Zeitraum erstrecken müsste. Nur eines wird zu einer lebenslangen Aufgabe: die Motivation zur Abstinenz immer aufrecht zu erhalten und in schwierigen Situationen, die ja unvermeidbar sind, aufzufrischen und zu erneuern.

Langjährig Abstinente wissen aber übereinstimmend zu berichten, dass diese „Aufgabe" keine Belastung darstellt, der man andauernd ausgesetzt wäre, weil das abstinente Leben einfach zur Normalität geworden ist. In diesem Zusammenhang ist auch eine weitere Erfahrung von Bedeutung: Das abstinente Leben wird so lange als eine Art Belastung, mindestens aber als eine Einschränkung empfunden, wie die Beweggründe vorwiegend negativer Natur sind: „ich darf nicht trinken, weil ich alkoholkrank bin", „ich darf keine Psychopharmaka nehmen, weil ich tablettenabhängig bin" usw. Sobald sich der Wille zu Abstinenz an positiven Einstellungen orientiert, wird die Sache in der Regel sehr einfach: „ich will nicht mehr trinken" oder besser noch: „ich brauche nicht mehr zu trinken" oder „ich habe es gar nicht nötig, Tabletten zu nehmen". So wird die Abstinenz nicht als Zwang, sondern als Bestandteil innerer Freiheit erlebt, und dieses Erlebnis hat, wie sich immer wieder zeigt, Bestand.

Zum Baclofen
Baclofen ist ein GABA – Agonist im Stoffwechsel, das heißt eine wirkungsverstärkende Aminosäure, die in 1/3 aller Hirnsynapsen enthalten ist und eine beruhigende Wirkung entfaltet (vgl. H. Reinhold: Benzodiazepine und Nicht-Benzodiazepine, Dortmund 1998). Baclofen wiederum ist ursprünglich ein antiepileptisch wirkendes Medikament wird aber heute nur noch als Muskelrelaxans eingesetzt. Dass es auch in der Rückfallprophylaxe bei Alkoholabhängigkeit seinen Platz fand, hat sich sowohl in klinischen Studien bewährt, wurde aber auch von Dr. Oliver Ameisen propagiert, der damit seine Alkoholkrankheit beherrscht hat (vgl. O. Ameisen: Das Ende meiner Sucht, 2009).

Da ich (Siegfried Fritzsche) ebenfalls Alkoholiker bin, unterstütze ich grundsätzlich alles, was Abstinenz aufrecht erhält und verordne auch Baclofen (trotz nicht immer eindeutiger Forschungsresultate) meinen Alkoholikern, allerdings nur im Rahmen unserer Gruppentherapie als Unterstützung der Abstinenz, nicht freihändig als „Wunderpille".

Wie komme ich abstinent über die ersten Tage?

Die erste Behandlungsphase, im Wesentlichen also die Entgiftung und die Wiederherstellung des körperlichen Normalzustandes, verlangt von dem Suchtkranken noch keine wirklichen Willensqualitäten, da er sich unter enger und direkter ärztlicher Führung und Kontrolle befindet. Erst im Anschluss daran wird er ernsthaft mit dem Problem konfrontiert, die einmal begonnene Abstinenz fortzusetzen und auf Dauer durchzuhalten.

Vor allem im Anschluss an eine stationäre Therapie kann die plötzlich wieder gewonnene Freiheit zu ernsten Komplikationen für den Suchtkranken führen.

1 Alkohol- und Medikamentenabhängigkeit

Zwar hat er inzwischen gelernt, dass ein Abhängiger nie wieder zu seinem Suchtmittel greifen darf, ohne einen erneuten Zusammenbruch zu riskieren, doch dieses lebenslange Abstinenzgebot ist – zumindest in der ersten Zeit – für kaum einen Betroffenen emotional nachvollziehbar oder zu verinnerlichen. Abstinenz auf Dauer kann man sich unmittelbar nach der Entwöhnungsbehandlung kaum vorstellen. Aus diesem Grunde raten wir jedem, sich mit der Vorstellung eines lebenslangen Verzichts auf Alkohol oder andere Suchtmittel zunächst einmal nicht allzu intensiv und distanzlos zu befassen, sondern sich auf Verhaltensregeln für überschaubare Zeiträume zu konzentrieren.

Und eine dieser Regeln lautet schlicht und einfach: ich trinke heute nichts. Nicht mehr, aber auch nicht weniger: heute – nichts! Damit wird das Endziel keineswegs in Frage gestellt, sondern nur auf einen beherrschbaren Zeitabschnitt festgelegt. Praktisch würde das so aussehen: Wenn ich den heutigen Tag überstehe, überstehe ich auch den nächsten, und habe ich den nächsten überstanden, könnte ich auch die Woche überstehen. Die zweite Regel besteht darin, diesen „heutigen Tag" nicht einfach zum Verzichtstag zu erklären, sondern ihn nach Möglichkeit mit positiven Inhalten auszufüllen. Das müssen keine großartigen Aktionen sein, schon ein angenehmes Gespräch, ein gutes Essen, ein durchstandenes Telefonat und ähnliche kleine Höhepunkte oder Erfolgserlebnisse können die Abstinenz zu einem guten und sicheren Gefühl werden lassen. Und selbst ein Tag, der scheinbar erfolglos verläuft, kann in der abendlichen Rückbesinnung in einem durchaus besseren Licht erscheinen. Und die Gewissheit, dass der nächste Tag allen Erfahrungen nach nur einfacher werden kann als der heutige, lässt mich die 24 h durchhalten. Auf diese Weise braucht man auch keine Schwüre zu leisten, sondern man lernt, schrittweise ohne Suchtmittel zu leben. Dabei sollte der Begriff „durchhalten" gar nicht so sehr in den Vordergrund gerückt werden; viel wichtiger ist zu erkennen und zu erleben, wie die Abstinenz neue, bisher blockierte Kräfte und Fähigkeiten freisetzt und somit ein ganz neues Lebensgefühl ermöglicht. Natürlich ist die 24-Stunden-Regel kein Dogma. Sie hilft aber den Betroffenen in der ersten Phase der Abstinenz und hilft ihnen sehr gut in bedrohlichen Situationen, in denen das Suchtverlangen besonders stark ist, sich vor den Gefahren des Rückfalls zu schützen. Gelegentlich hilft auch ein Schuss Humor und Selbstironie: „Du musst heute nichts trinken – Alkohol gibt es morgen immer noch! Du musst heute keine Tabletten nehmen – die Apotheke hat auch morgen noch geöffnet."

Oft werde ich *(Siegfried Fritzsche)* gefragt, was man gegen plötzliches Trinkverlangen (auch „Saufdruck" genannt) tun könnte. Auch hier gibt es einfache Regeln: Sofort einen Gedankenstopp einlegen und ablenken, d. h. die urplötzlich auftretenden Gedanken an das Suchtmittel stoppen und die zurzeit begonnene Tätigkeit umgehend wechseln. Durch den Wechsel der Tätigkeit ist das menschliche Gehirn gezwungen, sich auf eine neue Aufgabe zu konzentrieren, wobei das aktuelle Trinkverlangen neutralisiert wird. Ich hielt es immer so, dass ich sofort einen kurzen Spaziergang eingelegt habe. Danach waren alle Gedanken an das Suchtmittel verflogen.

Die Bewältigung der Abstinenz

Abstinente Lebensweise ist ein lebenslanger Prozess, der sich in mehreren Etappen vollzieht. An die anfängliche Entgiftung schließt sich die sogenannte Wiederaufhellungsphase an, in der der Betroffene noch mit den abklingenden Entzugserscheinungen zu kämpfen hat und erst allmählich zur Besinnung kommt. Die körperlichen und psychischen Folgeerscheinungen sind noch relativ heftig zu spüren.

Eine allseits bekannte, aufs Ganze gesehene eher harmlose Nebenerscheinung besteht in einer anfänglich gesteigerten „Gier" nach kalorienhaltigen Süßigkeiten (z. B. Schokolade). Damit verbunden kann es zur Gewichtszunahme kommen, was dem Betroffenen das „Argument" nahe legen könnte, doch lieber wieder mit dem Trinken zu beginnen, wenn er ängstlich auf seine Figur schaut. Die Erklärung für diesen Effekt ist einfach: Alkohol ist bekanntlich sehr kalorienreich, insbesondere in Form von Bier oder Wein. Wenn nun mit Beginn der Abstinenz diese Kalorienzufuhr ausbleibt, entsteht subjektiv das Gefühl einer Mangelernährung, welches sich am schnellsten durch hochkalorische „Naschprodukte" beheben lässt. An dieser Stelle ist lediglich etwas Geduld angesagt, da sich nach einiger Zeit (wenige Wochen) der Stoffwechsel wieder von selbst auf das Normalniveau einreguliert.

In der Anfangsphase ist die persönliche Empfindlichkeit gegenüber Konfrontationen noch sehr hoch. Vieles wird als kränkend erlebt, da das Selbstmitleid, das der Betroffene während des gesamten Abhängigkeitsprozesses über Jahre aufgebaut hat, noch stark ausgeprägt ist. Vorherrschend ist eine noch sehr unausgeglichene Stimmungslage, die relativ lange andauern kann. Sie kann sehr rückfallgefährdend sein.

An diese Phase schließt sich die Labilitätsphase an, die bis zu zwei Jahre dauern kann, mitunter auch länger. Hier sind die beschriebenen Stimmungsschwankungen schon abgelöst von einer relativen Ausgeglichenheit, die gelassener macht und die Abstinenzmotivation festigt. Doch die Schatten der Vergangenheit wirken noch zurück. Es fehlt noch das Vertrauen zum eigenen Selbst, das sich erst langsam aufbaut, Gelassenheit bringt und Sinn in das stark beeinträchtigte Selbstbewusstsein. Hier besteht allerdings die Gefahr der Überforderung und Selbstüberschätzung. Nicht umsonst ist die Rückfallgefahr im ersten Jahr der Abstinenz und nach zwei bis drei Jahren der Abstinenz am stärksten, was auch statistisch belegt ist.

So erklärte – nicht ohne Stolz – ein Betroffener, dass er jetzt endlich die Schallmauer durchbrochen habe, er sei ein Jahr „trocken". Das war's dann auch. Er wurde rückfällig und kam dann monatelang nicht aus dem Suchtkreislauf heraus. Es ist immer besser, wenn Erfolge sich langsamer einstellen, wenn man sie sich zäh erkämpfen muss, als wenn sie einem gleichsam – mir nichts, dir nichts – in den Schoß fallen. Nun ist der Rückfall keine Gesetzmäßigkeit, und er gehört auch keineswegs so unabdingbar zur Krankheit, wie das allzu oft kluge Professoren und Psychologen vermeinen.

Sehr, sehr langsam entwickelt sich schließlich die Fähigkeit, die Krankheit auch gefühlsmäßig zu verarbeiten. In der Suchtphase wurden ja Gefühle einfach schon im Ansatz weggespült bzw. „weggepillt". Übrig blieb ein grenzenloses Selbstmitleid. Deshalb werden Suchtkranke fälschlicherweise als gemütsarm eingestuft.

Durch das Wiederentdecken der Gefühle werden auch die noch ungenügenden Erfahrungen mit Belastungssituationen (Schicksalsschläge, Auseinandersetzungen in der Familie und Berufsleben) zunehmend bewältigt. Man kann sich so auch wieder am gelungenen Leben orientieren. Damit gelingt es, die gesunden Kräfte zu mobilisieren und das

Leben wieder als wertvoll zu erleben. Indem Werte umgesetzt werden, wird auch der Sinn für die Bewältigung der Krankheit neu entdeckt. Mit einem sinnerfüllten Leben entwickelt sich auch zunehmend die Fähigkeit, sich gefühlsmäßig einzubringen. Auf diese Weise hat die suchtmittelfreie Lebensweise ihren sicheren und zukunftsorientierten Platz und es muss nicht immer zum Rückfall kommen.

An die Labilitätsphase schließt sich die endgültige Neuorientierung an, die keine Phase mehr sein sollte, sondern eine endgültige Lösung.

Wie können die Angehörigen nach der Behandlung in der Abstinenz helfen?

Was für den Co-Abhängigen eines Alkoholikers gilt, trifft auch auf die zwischenmenschlichen Beziehungen beim Vorliegen einer beliebigen anderen Art von Abhängigkeit zu, also auch auf das Zusammenleben mit einem Medikamentensüchtigen. Daher sollen die wichtigsten Gesichtspunkte, die den Umgang mit dem Abhängigen betreffen, noch einmal vertiefend erörtert werden. Denn genau so entscheidend wie der Wille und die Aktivität des Betroffenen selbst ist das Verhalten seines privaten, familiären und auch beruflichen Umfeldes, wenn eine Besserung auf Dauer erreicht werden soll.

Wenn Ihr Partner aus der Behandlung wieder nach Hause zurückgekehrt ist, machen Sie keine alten Rechnungen auf, die Zeit vor der Behandlung betreffend. Machen Sie Schluss mit den Ärgernissen der Vergangenheit, eine heilende Wunde braucht Ruhe. Gestalten Sie beide die gemeinsame Zukunft.

Meiden Sie ebenfalls Alkohol oder Tabletten, die Sie vorher auch bei jeder Kleinigkeit genommen haben. Es ist dies ein Zeichen der Einfühlung und des Verständnisses für Ihren Partner.

Schließen Sie sich mit Ihrem Partner einer Selbsthilfegruppe an. Das ist für Sie beide lebensnotwendig. Damit geraten Sie aus Ihrer bisherigen Isolation. Folgen Sie nicht den Abwehrversuchen Ihres Partners. Denn mancher meint: „Medikamentenfrei leben kann ich auch allein, dazu brauche ich niemanden, dieses Gequatsche höre ich mir erst gar nicht an." Bedenken Sie, dass eine solche überhebliche Meinung bereits der erste Schritt zum Rückfall sein kann. Gehen Sie eventuell allein in eine Angehörigengruppe. Auch Sie brauchen die Gemeinschaft der Gruppe, um Erfahrungen der anderen aufzunehmen und eigene Fehler zu vermeiden.

Behandeln Sie Ihren Partner wieder wie einen Menschen, der Verantwortung übernehmen kann. Er lebt jetzt abstinent und hat gelernt, mit seiner Krankheit zu leben. Versuchen Sie, wieder ein ehrliches, tragfähiges, partnerschaftliches Verhältnis aufzubauen. Regeln Sie möglichst alles gemeinsam.

Es ist für Sie oft nicht einfach, die über Jahre getragene Verantwortung für die familiären und wirtschaftlichen Angelegenheiten wieder abzugeben, oft geht Ihnen auch die wieder gewonnene Selbstständigkeit Ihres Partners zu weit. Sicherlich ist das für Sie eine gewisse Entthronungssituation. Sie sollten sich darüber mit Ihrem Partner und der Gruppe beraten, da es sonst zu Problemen kommen kann.

Meistens sind ja die Angehörigen genauso hilflos wie der oder die Betroffene selbst und ebenso wie er/sie in ihren Lebensbereichen eingeengt. Alles dreht sich um den oder die Abhängige. Sie aber bleiben passiv; eine verzweifelte Situation. Versprechungen, Drohungen und immer wieder Streitereien sind die unausbleibliche Folge. Meist wollen der Partner oder die Angehörigen den Schein wahren und wiegeln nach außen ab. Sie übernehmen dabei den gleichen Part wie der Suchtkranke selbst: „So schlimm ist es ja noch nicht, er nimmt ja nur Tabletten, jedenfalls säuft er/sie nicht." Diese Illusionen bestärken natürlich die Betroffenen in ihrer Krankheit und sie bleiben weiter passiv. Man nennt diese Phase die **Entschuldigungsphase.** Daran schließt sich die **Kontrollphase** an. Der Partner versteckt das Suchtmittel, stellt Belohnungen in Aussicht, in der Hoffnung, der Betroffene pillt/trinkt nicht mehr so massiv. Es folgen Auseinandersetzungen ohne Ende. Nach außen aber wird immer noch die Fassade gewahrt. Schließlich folgt die **Anklagephase.** Der Betroffene ist an allem schuld, hat das Leben des Partners ruiniert. Freunde werden einbezogen, Scheidungsabsichten werden geäußert – meist aber nur als Drohung. Denn der Betroffene hat ein feines Gespür dafür entwickelt, ob etwas ernst gemeint oder alles Theaterdonner ist. Es kommt dann auch immer wieder zur Versöhnung: „Wenn ich ihn nicht schütze, verliert er seine

Arbeit", oder „Wenn ich mich wirklich scheiden lasse, verliert er den letzten Halt". Alles dreht sich im Kreise: „Was soll mit den Kindern geschehen?" Fragen über Fragen. Am Schluss bleiben Hilflosigkeit und Angst. Der Abhängige selbst erlebt jede Argumentation, jeden Versuch der Umgebung, ihn von seiner Sucht wegzubringen, als Angriff auf seine Person und kämpft dagegen an mit immer höheren Tabletteneinnahmen. Außerdem kommt er im Leben noch ganz gut zurecht, merkt aber nicht, dass er nur noch beschützt wird wie ein schlechter Autofahrer, der sich brüstet, noch keinen Unfall verursacht zu haben und nicht merkt, dass ihn die anderen Verkehrsteilnehmer durch ihr gekonntes Verhalten davor bewahren.

Aus der Erfahrung lassen sich folgende Regeln formulieren
Es gibt keine Möglichkeit, das Verhalten des Abhängigen direkt zu beeinflussen. Er muss selbst zu der Erkenntnis kommen, etwas für sich tun zu müssen.

Alle Entschuldigungen nach außen vernebeln den Blick des Abhängigen für die Realität und stützen seine Suchthaltung. Schließlich meinen Sie es ja gut mit dem Betroffenen. Aber so ist es nun einmal. Brecht sagt es treffend: Das Gegenteil von gut ist nicht böse, sondern „gut meinen". Machen Sie sich nicht abhängig vom Partner, helfen Sie ihm nicht, seine Krankheit zu vertuschen. Reden Sie mit ihm (möglichst im nüchternen Zustand). Bleiben Sie dabei ruhig, sachlich und konsequent. Lassen Sie keinen Streit aufkommen. Klären Sie Angehörige und Freunde über seine Krankheit auf und halten Sie Kontakt zu ihnen.

Psychologisierende Erklärungen und Entschuldigungen, der Kranke sei halt schwach, labil, zu depressiv, helfen ihm nicht und verdrängen seine Krankheit.

Alle Versuche, dem Kranken das Suchtmittel zu entziehen (verstecken usw.), bleiben erfolglos, führen zu neuen Streitereien und gegenseitigen Kränkungen.

Machen Sie ihrem kranken Partner, Angehörigen klar, dass Sie nicht mehr unter diesen Umständen mit ihm zusammenleben wollen und lassen Sie es nicht bei Absichtserklärungen bewenden!

Ihr Partner, Angehöriger ist krank, nicht charakterschwach oder labil. Er kann aus Krankheitsgründen keine Versprechen einhalten und seien sie noch so ernst gemeint. Er braucht kompetente fachliche Hilfe.

Lassen Sie ihn die Anforderungen des Lebens spüren. Desto eher kommt er zu der Einsicht, etwas verändern zu müssen. Man nennt dieses Verhalten **Hilfe durch Nichthilfe**. Es ist die einzige Alternative, um den Kranken einer Behandlung zuzuführen. Damit werden Sie frei von seinen Versprechungen und Bedrohungen.

Lernen Sie, wieder frei und unabhängig zu leben. Suchen Sie eine Beratung und eine Selbsthilfegruppe auf. Dort werden Sie lernen, Ihr Leben selbstständig zu gestalten. Sie haben sich jahrelang vernachlässigt, all Ihr Tun und Denken auf den süchtigen Partner verwandt. In einer Gruppe erfahren Sie, wie Sie durch Nichthilfe Ihrem Partner helfen können. Nichthilfe heißt aber nicht, einfach nichts zu tun. Sie erlernen neue Verhaltensweisen und Einstellungen, um Ihr Leben verändern zu können.

Dem Vorwurf, bei diesem Vorgehen zu hart und egoistisch zu sein, lässt sich leicht begegnen. So wie der künftig abstinent lebende Partner seine Abstinenz nur für sich gestalten muss, so leben Sie Ihr eigenes Leben. Hier gilt der Grundsatz: Der Egoismus beider Partner hilft beiden bei der sicheren Gestaltung ihres weiteren Lebens.

Abstinenz heißt nicht nur aufhören

Abstinenz ist nicht alles, aber ohne Abstinenz ist alles nichts. Die Abstinenz ist die Grundlage für das weitere Leben. Nur um sie aufrechtzuerhalten, ist noch eine Menge zu tun. Viele sagen: Nun bin ich abstinent, aber wie soll es weitergehen? Sie verirren sich in philosophische Fragestellungen über den Sinn des Lebens und vergessen dabei, dass ihr höchstes Gut die Abstinenz ist. Die Frage nach dem Sinn des Lebens ist für sich gesehen sinnlos. Es ist die Aufgabe eines jeden Betroffenen, seinem *eigenen* Leben wieder einen Sinn zu geben. Eine passive Erwartungshaltung hilft nicht weiter. Sinngebung ist eine aktive Leistung, die jeder einzelne für sich erbringen muss, um bisher unentdeckte Verhaltensweisen zu erlernen:

Akzeptieren Sie sich so, wie Sie sind. In der Vergangenheit haben Sie an sich nur Negatives bemerkt: Ich bin so geworden, weil ich psychisch abartig bin. Ich habe so viele körperliche Mängel, ich bin ein Versager, lebensuntüchtig und im Beruf eine Null. **Ich fühlte mich oft so herunter gekommen wie der letzte Lump (Siegfried Fritzsche), voller Ängste ein Gefühl der Ausweglosigkeit allgemeiner Unzulänglichkeit und sinnloser Gedanken.**

Denn eines durfte nicht passieren, dass man mir auf die Schliche meines Suchtmittelkonsums kam. Das wäre zur damaligen Zeit der Super-GAU für mich gewesen. Diese Gedanken gewannen in Ihrer Suchtkarriere immer mehr die Oberhand, veranlassten Sie, immer mehr Medikamente zu nehmen. Sie müssen jetzt lernen, Ihr negatives Denken zu ändern. Leichter gesagt als getan, werden Sie sagen. Nehmen Sie Ihre Mängel und Schwächen an. Sie sind nicht anders als andere Menschen. Aber Sie hatten eine eingeschränkte Sichtweise. Sie sahen sich nur im schlechtesten Licht. Sie haben Ihre Umwelt, Ihre Kollegen unkritisch bewundert, wie die alles schaffen. Negatives Denken und Selbstunsicherheit, jahrelang im Suchtprozess eingeübt, lassen sich nicht von heute auf morgen ändern. Nehmen Sie sich Zeit, Ihre Selbstsicherheit wächst mit der Dauer Ihrer Abstinenz. Sie können Ihrer Familie, Ihren Kollegen frei und offen begegnen. Ihre negative Denkweise wird sich allmählich verändern, Ihnen wird bewusst, dass andere auch Fehler machen, und so entdecken Sie an sich selbst positive Seiten und lernen sie anzunehmen. Langsam aber sicherstellen sich bei Ihnen kleine Erfolge ein, die auf die Stärkung Ihres Selbstbewusstseins zurückwirken. Sie ducken sich nicht mehr und schlucken nicht alles. Lassen Sie Ihre Gefühle sprechen. Früher kannten Sie in ihrem Leben nur Extreme nach der bekannten Alles-oder-Nichts-Regel. Sie machten aus einer Mücke einen Elefanten, schätzten die Gefahren immer größer ein als sie wirklich waren, aber Sie übersahen das Grundübel geflissentlich – Ihre Abhängigkeit. **Als ich (Siegfried Fritzsche) von meiner Entwöhnungsbehandlung zurück zum alten Arbeitsplatz kam, schluckte ich nicht mehr alles (vorher habe ich mich geduckt, übernahm alle Dienste, um bloß nicht aufzufallen).**

Nun sagte ich auch mal „Nein", wenn mir eine Sache missfiel. Das löste allgemeine Empörung aus, und man meldete es dem großen Chef, der nicht so recht was mit mir anzufangen wusste. **Mit dem gewonnen Selbstbewusstsein und einer unerschütterlichen Ruhe ging ich dennoch meinen Weg.**

Im Grunde genommen diente dieses negative Denken nur zur Festigung Ihrer Sucht, jetzt aber leben Sie abstinent. Die Gründe für ein negatives Denken sind damit weggefallen. Deshalb:

- Haben Sie Geduld mit sich.
- Lernen Sie kleine Erfolge schätzen.
- Bekräftigen Sie jeden Erfolg, indem Sie sich etwas Schönes gönnen, was Ihnen Freude und Spaß macht.
- Suchen Sie die körperliche Bewegung und sportliche Betätigung. Dadurch erwerben Sie Kraft, Beweglichkeit und Unabhängigkeit. Sie verbessern Körperkraft und Muskulatur.

Die körperliche Verbesserung hat den Vorteil, dass Sie sich gut fühlen. Sie gewinnen das zurück, was Sie brauchen – Ihr Selbstbewusstsein. Damit ändert sich Ihr Verhalten, Sie sehen jünger und besser aus. Das hat wieder Einfluss auf die Art, wie andere mit Ihnen umgehen. Sie bekommen Ausstrahlung. Sie müssen aber dafür regelmäßig etwas tun.

Das hat noch einen weiteren unübersehbaren Vorteil. Sie bleiben gesund, stärken damit Ihre Abwehrkraft, liegen nicht bei jedem Infekt auf der Nase. Krankheiten, und seien es noch so harmlose, sind für Suchtkranke so unwillkommen wie nur irgend möglich. Durch die herabgesetzte Widerstandskraft, und wenn es nur eine lächerliche Erkältung ist, kann plötzlich die Motivation zur Abstinenz sinken, das alte Selbstmitleid fällt Sie wieder an, Sie tun sich leid, und dann könnte es schon passiert sein.

- Organisieren Sie sich Ihre Zeit.

Früher, als Sie noch Tabletten oder Alkohol zu sich nahmen, hatten Sie für nichts Zeit, obwohl Sie meistens herumdösten oder mit den Problemen der Beschaffung Ihrer Medikamente beschäftigt waren.

Jetzt entwickeln Sie zunehmend die Fähigkeit, sich Zeit zu nehmen. Sie werden nicht mehr durch die Umstände getrieben, Sie bestimmen jetzt selbst, was Sie wann tun. Ihr Leben bekommt einen neuen Inhalt. Sie nehmen sich Zeit, anderen Menschen besser zuzuhören, sie besser zu verstehen. Sie lernen es, soziale Verantwortung zu übernehmen – in der Familie, am Arbeitsplatz und in der Gruppe. Sie werden möglicherweise sogar Abhängige betreuen. Es ist das Beste, was Ihnen überhaupt passieren kann. Damit ist die Hintertür zu einem Rückfall fest verschlossen.

- Sichern Sie sich vor Gefahren ab.

Die Abstinenz sichert im Wesentlichen die physische Komponente der Abhängigkeit ab, die psychische Komponente bleibt aber weiterhin bestehen, und zwar lebenslänglich. Deshalb müssen Sie immer auf der Hut sein, vorausschauend denken, wie Sie den Gefahren für ihre Abstinenz begegnen. Sagen Sie zum Beispiel Ihren behandelnden Ärzten, dass Sie medikamentenabhängig sind, damit Sie keine Arzneimittel mit Suchtpotenzial verschrieben bekommen. Klären Sie die Ärzte auf, die mit dieser Thematik nicht so vertraut sind. Die Erfahrungen zeigen, dass es sehr viele Unklarheiten auch unter den Ärzten gibt, so bedauerlich das ist. Weiterhin wissen Sie, dass Sie durch die Kreuzabhängigkeit bedingt keinen Alkohol trinken dürfen. Sie geraten sonst in die Gefahr der kombinierten Abhängigkeit (von der Pille zur Pulle).

- Sichern Sie sich vor Gefahren ab.

Trinken Sie keinen Alkohol, wenn Sie mit Medikamenten behandelt werden, weil sonst ernsthafte gesundheitliche Komplikationen auftreten können.

- Achten Sie auf Ihre Gefühle, verdrängen Sie nichts, was Sie in Wirklichkeit stört.

Sogenannte negative Gefühle und Empfindungen werden oft verleugnet. Sie können aber dann in Situationen hervortreten, in denen Sie es nicht erwarten. Sie sind Ihnen dann schutzlos ausgeliefert, weil Sie emotional immer dagegen gehalten haben.

Hüten Sie sich vor übertriebenen Wiedergutmachungstendenzen. Sicherlich haben Sie während Ihrer Suchtphase viel zerstört. Aber wenn Sie übertreiben, überfordern Sie sich und geraten in einen ungesunden Leistungsstress, der am Ende nicht beherrschbar ist. Es gibt Betroffene, die vor lauter Wiedergutmachungsgefühlen immer wieder rückfällig wurden.

Die Abstinenz birgt in sich auch viele Gefahrenmomente, vor denen man sich schützen muss, weil sie geradewegs in den Rückfall führen können. Ich (Siegfried Fritzsche) habe das so erlebt, dass manche Betroffene vor der Behandlungsaufnahme körperlich und psychisch sehr beeinträchtigt waren. Im weiteren Behandlungsverlauf, im eingeschlagenen abstinenten Leben, jedoch relativ schnell, ja zu schnell gesundeten. Dabei stellte sich oft eine unkritische Stimmungsgehobenheit ein bei gesteigerter euphorischer Stimmungslage. Diese euphorische Stimmung, die mit der Steigerung des Selbstwertgefühls einhergeht, führt dann in die Überheblichkeit, und das ist sozusagen das Schlimmste, was einem Betroffenen passieren kann. Die Selbsthilfegruppe wird nur noch sporadisch besucht und es folgt der Abbruch des therapeutischen Rapports bis hin zur Feindseligkeit gegenüber dem Therapeuten und der Rückfall ist dann nur noch eine Frage der Zeit.

Manchmal helfen auch sogenannte negative Erlebnisse oder Erfahrungen bei der Abstinenzbewältigung.

Ich (Siegfried Fritzsche) erinnere mich an ein eindrucksvolles Erlebnis, dass ich während meiner stationären Entwöhnungstherapie hatte. So war ich eines Tages zum Flurdienst eingeteilt, eine für mich nicht ungewöhnliche Dienstverrichtung, die mir noch aus meiner Armeezeit sehr bekannt war. Und während ich so den Flur schrubbte, baute sich ein Chefarzt der Klinik vor mir auf und grinste mich hämisch an. Er wollte mir offenbar mit seiner Häme zeigen, wie weit man als Alkoholiker sinken konnte.

Das löste bei mir großes Entsetzen aus nach dem Motto: Das möchte ich nie wieder erleben. Und dazu gab es nur eine Möglichkeit, nämlich knochentrocken zu bleiben!!! Und auf diese Weise wurden es bis jetzt 34 glückliche abstinente Jahre.

2

Tabakabhängigkeit

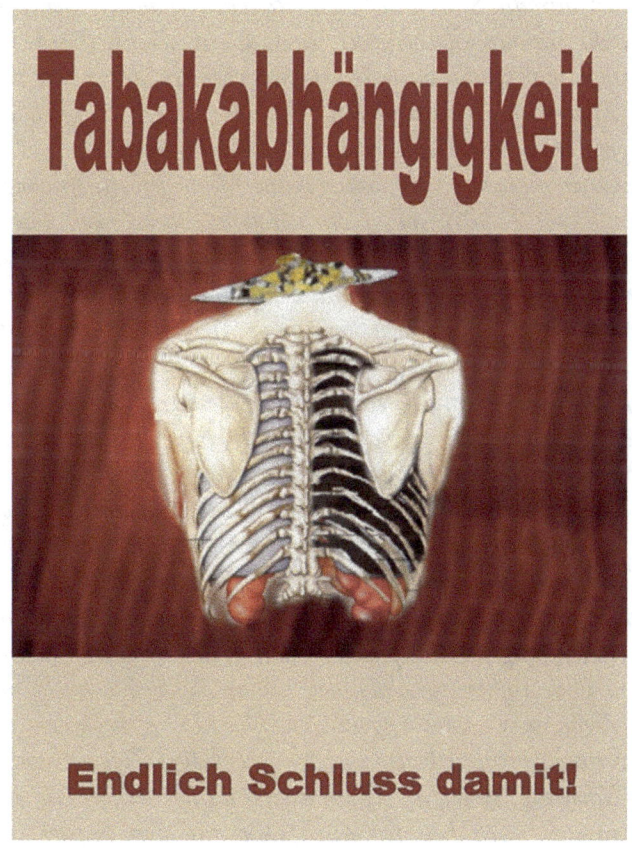

Gewissensakrobatik

Meine Frau hat sich vor einem guten halben Jahr das Rauchen abgewöhnt, oder besser gesagt: sie hat einfach aufgehört, von einem Tag zum anderen, oder noch genauer: von einer Minute zur anderen. Schluss damit, sagte sie kurz und knapp, während sie ihre letzte Kippe im Aschenbecher ausdrückte. Das ist, wie gesagt, ein halbes Jahr her, während ich immer noch, vielleicht schlimmer denn je, vom Glimmstengel abhängig bin. Und der leise, aber spürbare moralische Druck auf mich wächst von Tag zu Tag.

Damit ist mir die Stimmung beim Rauchen endgültig verhagelt. Zwar bin ich nicht gezwungen, heimlich zu rauchen, aber ich gebe zumindest vor, nur noch sehr wenig zu rauchen und versuche daher, die tatsächliche Zahl der Zigaretten zu verschleiern. Und das ist ein wirklich schwieriges Unterfangen. Und mein Gewissen ist in ständigen Nöten.

Wie auch immer – es sind konstruktive Ideen gefragt, um meine Sucht zu verheimlichen. Zum Beispiel kann ich gegen Abend noch mal „nach der Post sehen". Es könnte ja noch irgendein Brief angekommen sein. Der Sinn der Übung besteht darin, dass ich mir sofort im Treppenhaus eine Zigarette anbrenne und dann möglich langsam und gemächlich die vier Treppen, mehr sind es leider nicht, hinabsteige. Weil ich die brennende Lunte nicht wieder mit hochnehmen kann, muss ich sie vor dem meist leeren Briefkasten hastig aufrauchen, um sie dann irgendwo auf der Straße auszudrücken. Da das zeitlich kaum zu schaffen ist, bleibt die Hälfte der Zigarette ungeraucht, und das so bitter benötigte Nikotin fehlt nach wie vor in meinem Stoffwechsel, vom Teer in der Lunge ganz zu schweigen. Ist das nun noch ein Vergnügen? Nein, ist es nicht. Dennoch wiederhole ich dieses Zeremoniell fast jeden Tag.

Am frühen Morgen ist es besonders schlimm, was verständlich ist nach einer fast achtstündigen Rauchpause. Genau in dem Moment, da meine Frau als erste im Badezimmer verschwindet, um zu duschen, schnellt meine Gier nach der Zigarette katapultartig in die Höhe. Da es besonders verwerflich ist, noch vor dem Frühstück zu rauchen, gehört diese Zigarette zur absoluten top-secret-Kategorie. Eine Methode hat sich wenig bewährt, so dass ich sie aufgeben musste: mich halsbrecherisch weit aus dem Fenster zu hängen, um den Qualm mit kräftigen Stößen in die Umgebung zu verteilen. Das funktioniert, wenn überhaupt, nur bei günstigem, vor allem wirbelfreiem Wind parallel zur Hauswand, und der ist selten. Nur dann wird nämlich der Qualm daran gehindert, in die Wohnung zurückzukehren. Und meine Frau hat inzwischen eine ziemlich feine Nase: Hast du etwa schon geraucht? Da ist es für mich schon besser, einfach vor die Wohnungstür zu gehen. Nur muss ich darauf achten, dass die Tür nicht aus Versehen zuklappt. Das wäre peinlich, denn ich bin zu dieser Zeit ja noch im Schlafanzug. Aus gleichem Grunde muss ich darauf achten, dass nicht jemand von links oder von rechts oder von oben oder von unten unvermittelt auftaucht. Aber Gottlob benützen die meisten den Fahrstuhl. Schwierig ist es allerdings, die Asche irgendwie so zu verteilen, dass sie in dem sehr reinlichen Treppenhaus keine sichtbaren Spuren hinterlässt.

Man kann sich vorstellen, dass bei so viel mühevoller Konzentration auf die Nebenumstände der Genuss des Rauchens stark vermindert ist, oder falls doch noch vorhanden, jedenfalls nicht mehr bewusst wahrgenommen werden kann.

Und man wird mir unbesehen glauben, dass ich immer froh bin, eine unter solchen Umständen gerauchte Zigarette hinter mich gebracht zu haben. Und dass mir jedes Mal, ausnahmslos, der Unsinn des Ganzen zu Bewusstsein kommt.

Weit weniger wird man mir glauben, dass ich die Angewohnheit einfach nicht abstelle. Kann ich es nicht? Will ich es nicht? Ist es irgendeine geheime Angst, die mich umtreibt? Kann ich es nicht wenigstens versuchen, aus reinem Interesse mal testen, was geschieht, wenn ich diesen ohnehin nicht vorhandenen Kick weglasse? – Nein! Oder ist der Kick doch vorhanden? Ich werde es ausprobieren – bei einer Zigarette.

Als Kolumbus 1492 seine berühmte Entdeckung der Neuen Welt machte, fand sich unter anderem am 06. November 1492 folgende Eintragung im Bordbuch beim Segeln zur heutigen Insel Kuba: „Luis de Torres berichtete mir von einem seltsamen Brauch der Indianer, den er mehrmals beobachten konnte: Sie wickeln trockene Blätter in ein Blatt, rollen das Blatt und den Inhalt zusammen, entzünden diese Rolle, stecken sie in den Mund und stoßen dann dichte Rauchwolken aus. Diese Rolle nennen sie tobaca."

Vereinzelt rauchten dann auch Spanier in den besetzten Kolonien, aber es dauerte noch relativ lange, bis der Tabak seinen Siegeszug in Europa antrat.

1561 nahm Jean Nicot, der als französischer Gesandter in Portugal tätig war, größere Mengen von Tabaksamen und Tabakblättern mit nach Paris. Er sah Tabak damals noch grundsätzlich als Heilpflanze an, und 1570 wird in einem Buch über Agrikultur auch erstmalig die Tabakpflanze erwähnt. Sie wurde nach Jean Nicot als Nicotiana bezeichnet.

In Deutschland wird Tabak erstmalig 1565 erwähnt.

Beliebt in den Kreisen des Hochadels wurde das Tabakrauchen durch den englischen Admiral Sir Walter Raleighs, der den Rauchgenuss über alle Maßen lobte und populär machte. König Jacob der Erste aber bezeichnete das Rauchen als eine „scheußliche, stinkende und äußerst gefährliche Angelegenheit".

Bekannt wurde seine 1604 in aller Welt bekannte Streitschrift gegen die „Trockene Trunkenheit". Sir Walter Raleigh wurde des Hochverrats beschuldigt und wanderte für viele Jahre in den Tower, um sich das Rauchen abzugewöhnen. Schließlich wurde er, als das nicht geschah, zum Tode verurteilt. Vor der Hinrichtung soll er sich als letzten Wunsch eine letzte Pfeife Tabak zu rauchen auserbeten haben.

Auch andere Länder waren keineswegs zimperlich mit Rauchern. So verbannte der russische Zar einstweilen Raucher nach Sibirien. Schlimmer noch war es in der Türkei. Sultan Murad IV ließ Raucher köpfen bzw. ihnen das Pfeifenrohr durch die Nase treiben. König Karl I. von England gilt als der Initiator der Tabaksteuer.

In Preußen ging man leger mit dem Rauchen um. Der Soldatenkönig (Friedrich Wilhelm I) veranstaltete wöchentlich sein „Tabakskollegium" im Schloss Königs-Wusterhausen. Hier waren aber nur die Generalität und die treuesten hochrangigen Ministerialbeamten geladen. Rauchen war damals noch ein Privileg des Adels.

Im 19. Jahrhundert erst entdeckte Europa die Zigarre für sich. Sie galt als Statussymbol für Macht, Kreativität, Reichtum und Erfolg.

2 Tabakabhängigkeit   153

Winston Churchill (1874–1965)

Mit bekannten und auch teilweise berühmten Leuten wie Ernst Lubitsch, Orson Wells, Hitchcock, Churchill und Ludwig Erhard fand die Zigarre weite Verbreitung, blieb aber auch im 20. Jahrhundert noch weiterhin Statussymbol.

So richtig populär allerdings wurde das Rauchen erst durch die Zigarette. Besonders in den Schützengräben des ersten Weltkrieges wurde sie Attribut für Männlichkeit und Tapferkeit. Und das war auch im Zweiten Weltkrieg so. Hitler dagegen hasste das Rauchen; fanatisch in jeder Beziehung war er auch ein fanatischer Gegner des Rauchens. Er hielt es für weit gefährlicher als das Alkoholtrinken und belohnte jeden aus seiner Führungsclique mit einer goldenen Uhr, sobald er sich das Rauchen abgewöhnt hatte.

Nach dem Zweiten Weltkrieg vervielfachten sich die Gewinne der Tabakkonzerne. Selbst die Antiraucherkampagne und die Maßnahmen der Weltgesundheitsorganisation gegen das Rauchen schmälerten nur unerheblich die Gewinne dieser Konzerne.

140.000 Menschen sterben jährlich an den Folgen des Rauchens.

Tabak ist neben Alkohol das am weitesten verbreitete Suchtmittel. 6,4 Mio. Bundesbürger zählen zu den süchtigen Rauchern. Das heißt, sie rauchen mehr als 20 bis 30 Zigaretten am Tag. In Prozenten ausgedrückt heißt das, dass mehr als 22 % der rauchenden Männer und mehr als 12 % der rauchenden Frauen mehr als 20 Zigaretten am Tag rauchen, obwohl die Tendenz in den letzten Jahren leicht abgenommen hat. Gesundheitliche Aufklärung und Rauchverbote in öffentlichen Institutionen spielen dabei eine erhebliche Rolle. Nikotin hat zusammen mit bestimmten aromatischen Zusatzstoffen ein relativ starkes Suchtpotenzial. Wie macht sich das bemerkbar? Nikotin verändert das seelische Befinden positiv. Es wirkt

- Stimulierend
- Leistungssteigernd
- Anregend und erfrischend
- Beruhigend bei Stress und Angstzuständen
- Belebend bei Müdigkeit und Erschöpfung
- Hebt das Selbstvertrauen
- Ausgesprochen kommunikativ
- Reduziert den Appetit und das Körpergewicht (Appetitzügler).

Alle diese Wirkungen zusammen genommen bilden das Hauptmotiv für das Rauchen. Die Nikotinabhängigkeit ist weiter verbreitet als die Alkohol-, Heroin- und Kokainsucht, obwohl die Cannabisabhängigkeit heutzutage gleich hinter der Tabakabhängigkeit platziert ist. Es ist nun aber so, dass kleine Nikotinmengen, also 1–2 Zigaretten am Tag, diese Wirkungen noch nicht in dem Ausmaß, wie oben beschrieben, hervorrufen. Erst mit zunehmender Rauchintensität werden Beta-Endorphine im Gehirn freigesetzt, die diese angenehmen Wirkungen vermitteln (Tabak DHS Info 2003).

2 Tabakabhängigkeit

Wer ist süchtiger Raucher? Süchtige Raucher verbrauchen mehr als 20 Zigaretten, z. T. bis zu 100 Stück am Tag. Abstinenzversuche werden von süchtigen Rauchen gar nicht erst unternommen. Doch viele süchtige Raucher erkennen durchaus ihre Sucht, meinen aber nicht aufhören zu können wegen der Entzugserscheinungen. So müssen sie auch rauchen, wenn sie krank sind. Und nicht wenige Asthmatiker sind ausgesprochene Kettenraucher.

Entzugserscheinungen können bei süchtigen Rauchern bereits nach 2–3 h erzwungener Abstinenz auftreten in Form von Kopfschmerzen, innerer Unruhe, Schwindelgefühl und verstärkter Aggressivität. Deshalb halten die Abstinenzbemühungen meist nur kurze Zeit an. Die abhängigen Raucher rauchen im Wesentlichen nur noch, um die auftretenden Entzugserscheinungen zu vermeiden, die besonders morgens auftreten. Deshalb ist die sogenannte Morgenzigarette, fast noch im Bett geraucht, am köstlichsten und angenehmsten für den Betroffenen.

Wie bei anderen Suchtmitteln gibt es auch bei Tabakabhängigen eine typische Toleranzentwicklung. Darunter versteht man eine erhöhte Verträglichkeit durch Nachlassen der Wirkung (=Gewöhnung), obwohl die vom Raucher bevorzugten angenehmen Wirkungen nicht der Gewöhnung unterliegen. Denn viele süchtige Raucher müssen im Laufe der Jahre ihre Zigarettendosis nicht erhöhen, sondern rauchen ziemlich konstant die gleiche Anzahl Zigaretten. Das entspricht dem Spiegeltrinkprinzip bei einem Teil der Alkoholiker (Spiegeltrinker). Ein Kontrollverlust kommt beim Rauchen nicht vor, da Rauchen keinen Rausch erzeugt.

Auch hier ist unter anderem der Dopaminstoffwechsel für die Entstehung der Nikotinabhängigkeit verantwortlich. Dopamin wird bei regelmäßigem Rauchen vermehrt ausgeschüttet, was zunächst mit angenehmen Gefühlen belohnt wird. Aber im Laufe der Zeit entsteht ein Mangel an Dopamin. Der Raucher greift dann immer häufiger zur Zigarette, um nicht in eine unangenehme Entzugssituation zu kommen. Somit entsteht ein sich selbst perpetuierender Suchtkreislauf, wie ich ihn schon mehrfach beschrieben habe.

Nikotin stimuliert ähnlich wie bei der Alkoholabhängigkeit (vergleiche S. 57 ff.) verschiedene Transmitter (chemische Botenstoffe), wie Dopamin, Noradrenalin und Serotonin. Man spricht von einem dopaminergen „Belohnungssystem" im Gehirn. Durch chronische Nikotinzufuhr wird zunächst die Dopaminausschüttung im Gehirn gesteigert. Stimmung, Wahrnehmung und Antrieb werden so gehoben. Später wird jedoch langfristig die Fähigkeit des Gehirns zu Dopaminausschüttung herabgesetzt. Deshalb werden zunehmend größere Mengen an Nikotin gebraucht, um die selbe Wirkung zu erzielen.

Wie bei Alkoholikern ist bei süchtigen Rauchern auch ein Vorratsdenken vorhanden, und sie speichern bei sich oft viele Zigarettenschachteln und -stangen (auch ein Verhalten, dass an den Spiegeltrinker erinnert). Wenn kurz vor Mitternacht keine Zigarette mehr im Hause ist, geraten sie in Panik und ziehen noch mal los.

Ist Rauchen die gefährlichere Sucht? Das Rauchen steht in enger Beziehung zur Alkohol- und Drogenabhängigkeit. Alkoholiker und Drogenkonsumenten sind zu 90 % auch Zigarettenraucher. Rauchen ist deshalb so heimtückisch, weil es jahrzehntelang kaum gesundheitliche Beschwerden bereitet. Nachgewiesen ist, dass jährlich ca. 90.000 bis 140.000 Menschen an den Folgen des Zigarettenrauchens sterben, „nur" 70.000 am Alkohol und 7000 an illegalen Drogen. Wenn man die Rechnung so aufmacht, ist Nikotin natürlich gefährlicher. Nikotin macht genauso abhängig wie auch Alkohol und Drogen. Dabei handelt es sich sowohl um körperliche Abhängigkeit (Gewöhnung und körperliche Entzugserscheinungen), als auch um eine psychische Abhängigkeit (Gewohnheit, die man schwer lassen kann und psychische Entzugserscheinungen). Nikotin vermittelt aber keinen Rausch, erzeugt keinen sozialen Abstieg, zerstört keine Persönlichkeiten, Familien und Arbeitsplätze wie Alkohol und Drogen. Deshalb kann die Frage „was ist schlimmer" so nicht gestellt werden. Jede Abhängigkeit für sich genommen ist schlimm genug (W. Ulrich, 2000).

Folgen süchtigen Rauchens
- Herz-Kreislaufbeschwerden
- Allgemeine Durchblutungsstörungen („Raucherbein")
- Hirndurchblutungsstörungen
- Lungen-, Kehlkopf-, Mundhöhlen- und Speiseröhrenkrebs,

um nur die wichtigsten zu nennen (A. Jähne, C. Schulz, T. Rüther, 2012).

Endlich Schluss damit! Viele süchtige Raucher haben vielfach erfolglos versucht, mit dem Rauchen aufzuhören. Meistens hält das aber nur wenige Tage bis Wochen an, dann werden die Raucher wieder rückfällig. Ursache sind einmal die Entzugserscheinungen (innere Unruhe, Angstgefühle, Gereiztheit, Aggressivität, Kopfschmerzen, Schlafstörungen, depressive Verstimmungen), zum anderen die Wahnidee, kontrolliert oder gelegentlich 2 Zigaretten täglich rauchen zu können – eine Vorstellung, die wir ja auch bei „nassen" Alkoholikern antreffen. Wie schon betont, können die Entzugserscheinungen bis zu vier Wochen anhalten und sind ein großes Handicap für den süchtigen Raucher. Deshalb sollte der behandelnde Arzt eine regelrechte Entgiftungstherapie einleiten mit einer gleichzeitigen Verordnung von Nikotinpflaster, Nikotinkaugummi und Nikotinspray, um dem Raucher noch einige Zeit sein Nikotin zu verabreichen. Mit dem Rauchen aufzuhören verlangt meist eine noch höhere Motivation, als etwa die Alkoholabhängigkeit zu unterbrechen (DHS Info, 2003).

Der Zeitpunkt des Aufhörens sollte gut gewählt sein. Am besten eignet sich eine sogenannte stressfreie Zeit wie zum Beispiel im Urlaub oder auch bei Erkältungen, bevorstehenden Operationen, in Schwangerschaften usw. Doch wie wir wissen, fällt es den meisten schwer, überhaupt solche stressfreien Zeiten ausfindig zu machen.

Viele wählen die sogenannte „Schluss-Punkt-Methode", das heißt sofortiges Beenden des Rauchens, Entgiftung und Nikotinsubstitution durch den Arzt. Sie sollten aber noch einige Regeln beachten, um rauchfrei durchstarten zu können:

- Überlegen Sie gut, bei welchen Gelegenheiten Sie zur Zigarette greifen. Halten Sie noch mal Rückschau, wie alles begann und wie sich ihr Zigarettenkonsum im Laufe der Zeit erhöhte, bis er zur Belastung wurde.
- Wählen Sie sich, wie ich schon oben betonte, einen günstigen Zeitpunkt für den Schlusspunkt aus.
- Lenken Sie sich bei Rauchverlangen ab, wechseln Sie die Tätigkeit, legen sie einen Gedankenstop ein. Kurze Spaziergänge sind wunderbar geeignet, das Suchtverlangen vergessen zu machen. Natürlich ist Sport auf lange Sicht das beste Mittel, um sich gesund und leistungsfähig zu erhalten.

- Oft höre ich den Satz: Wenn ich mit dem Rauchen aufhöre, werde ich zu dick. Das ist aber nur zu Anfang der Abstinenz der Fall. Eine wissenschaftliche Erklärung könnte das Sinken der Serotonintiter während der Entzugsphase im Gehirn sein. Serotonin ist ein Botenstoff im Gehirn, der Stimmung, Wahrnehmung und Antrieb befördert. Reduziert sich nun das Serotonin in der anfänglichen Abstinenzphase und teilweise auch noch danach, können Unruhe, Gereiztheit und Gewichtszunahme auftreten. Später aber gewöhnt sich der Stoffwechsel an die rauchfreie Lebensweise und die anfängliche Gewichtszunahme geht zurück. Sport, Obst und Gemüse helfen, das ursprüngliche Gewicht wieder herzustellen.
- Sehr gut eignen sich auch verhaltenstherapeutische Verfahren, Akupunktur und autogenes Training.

Doch alle diese Verfahren ersetzen nicht die Motivation des Betroffenen.

3

Drogenabhängigkeit

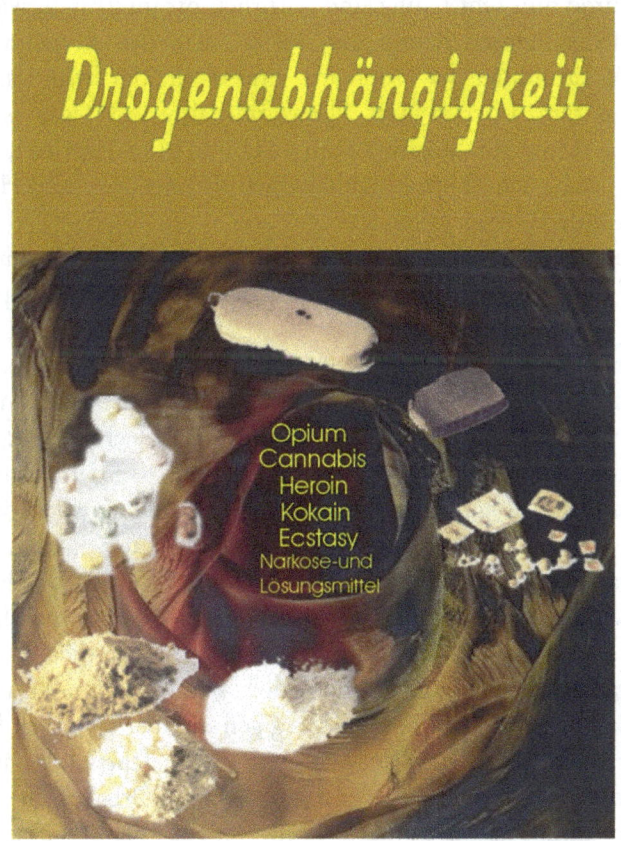

Drogenmissbrauch und Abhängigkeit haben eine relativ lange Geschichte. Cannabis, Opium sowie Kokain wurden zu allen Zeiten konsumiert. Viele Werke von Künstlern, insbesondere von Dichtern wie Novalis, Verlaine, Colbridge, Baudelaire usw. wären vielleicht ohne Opium bzw. Cannabisgebrauch nicht entstanden. Aber auch medizinisch spielte die Opiumtinktur von Paracelsus (1493–1541) eine sehr wichtige Rolle. 1803 isolierte dann der deutsche Apotheker Sertürner aus dem Rohopium das bekannte Schmerzmittel Morphin.

Das wurde nun sehr häufig und natürlich oft unkritisch, wie das mit neuen Medikamenten häufig der Fall ist, von den Ärzten verordnet. Durch die Erfindung der Hohlnadel und damit des Injektionsbestecks durch den französischen Arzt Plavaz im Jahre 1831 war es möglich geworden, Morphin hochwirksam zu injizieren (spritzen). Damit stieg die Zahl der Morphinabhängigen in der zweiten Hälfte des 19. Jahrhunderts beträchtlich an.

Prominente „Wegbereiter" gab es dann auch: Kaiser Maximilian von Mexiko hing an der Nadel – aber auch ein englischer Kronprinz und ein König von Dänemark.

Im Deutsch-Französischen Krieg 1870/1871 wurde der Wundschmerz der durch Schussverletzungen und Granatsplittereinwirkungen verwundeten Soldaten mit Morphin durchaus erfolgreich behandelt. Allein mit dem Resultat, dass viele morphinabhängig wurden. Man nannte die entstandene Abhängigkeit auch Soldatenkrankheit. Dem wollte das deutsche Pharmaunternehmen Bayer entgegentreten, indem es 1889 den halbsynthetischen Morphinabkömmling Heroin (das „Heroische") herstellte. Es sollte die Entzugserscheinungen der Morphinsucht lindern und diese beseitigen. Man kam natürlich sprichwörtlich vom Regen in die Traufe. Heroin wirkt grundsätzlich wie Morphin, ist aber 6 mal stärker. So wurden die Morphinabhängigen dann sehr schnell heroinabhängig. Heroin wird wegen der enormen Suchtgefahr schon lange nicht mehr in der Medizin verwendet, dafür aber in der Drogenszene.

Opium und Heroin kommen heute nicht mehr vorwiegend aus dem „Goldenen Dreieck" (Grenzgebiet Thailand-Laos-Burma) nach Westeuropa, sondern aus dem „Goldenen Halbmond", der Afghanistan, Iran und Pakistan umfasst. Diese drei Länder stellen 70–80 % der

Welt-Opium-Produktion. 1999 wurden z. B. in Afghanistan 4600 t Rohopium gewonnen. Über den Iran, die Türkei und die „Balkan-Route" kommt die Droge nach Mitteleuropa bzw. von Afghanistan über dessen nördliche Grenze in die zentralasiatischen Republiken und von dort aus nach Russland und weiter in den Westen („Seiden-Route").

Mit dem Ansteigen des Wohlstands in Westeuropa in den 70iger Jahren taten sich neue Märkte für den Morphinableger Heroin auf. Die Ausbreitung dieser Droge hat die „Szene", aber auch deren Umfeld, drastisch verändert. Da Heroinabhängige oft keiner geregelten Arbeit nachgehen können, stellen sie den Großteil der „Erwerbskriminalität" im Drogenmilieu. Die Applikation per Injektionsnadel hat in diesem Milieu zudem unheilbare Krankheiten wie Aids oder Hepatitis explosionsartig verbreitet. Heroin stellt für die Dealer und vor allem ihre Hintermänner weltweit ein Milliardengeschäft dar.

So ähnlich verhält es sich auch mit dem Kokain. Die Zubereitungen der Kokablätter wurden von den Inkas in Peru für religiöse Zeremonien verwendet. Die angenehme stimulierende Wirkung war ihnen durchaus bekannt. Als die Einwohner Perus und Boliviens durch die Eroberung der Spanier systematisch versklavt wurden, verwendeten sie Kokablätter in großem Ausmaß, da sie das Hungergefühl unterdrückten und die Leistungsfähigkeit erhöhten. Das Kauen von Coca-Blättern wurde den Einwohnern Perus und Boliviens als Hexerei von der spanischen Inquisition zwar verboten, aber das Verbot erwies sich als wirkungslos. Die Zahl der Kokabauern in Südamerika ist enorm hoch. 1860 isolierte der deutsche Chemiker Albert Niemann aus Cocablättern das Kokain, wie er es nannte.

Wie auch das Morphin fand Kokain nun eine weite und unkritische Anwendung als Pillen, Nasenspray etc.

Kokain hatte einst seinen festen Platz in der Medizin als Lokalanästhetikum, und es wurde in der Infiltrations- und Leitungsanästhesie eingesetzt. Es wurde aber recht bald von besseren und wirksameren Medikamenten abgelöst. In den 20iger Jahren des vorigen Jahrhunderts wurde es vornehmlich von der Schickeria benutzt.

Kokain ist nach Heroin die zweitwichtigste harte Droge. Wie schon ausgeführt, sind die Anbaugebiete des Cocastrauches Peru, Bolivien und

Kolumbien. Kokain kommt so über Spanien, Rotterdam, Balkan, Südafrika und Nigeria zu den europäischen Konsumenten.

Hanf (Cannabis) ist die am meisten konsumierte illegale Droge. Es werden 500 Mio. regelmäßige Cannabiskonsumenten angenommen. Nur eine Randerscheinung blieb zunächst die Nutzung und Verbreitung des Hanfes in Europa. Um 500 scheint diese Droge im Abendland bekannt geworden zu sein. Nur auf 2 deutschen Rezepturangaben aus dem 8. Jahrhundert wird sie erwähnt. Hildegard von Bingen empfiehlt Hanf zur Anwendung auf offenen Wunden und Geschwüren, und wahrscheinlich war er zusammen mit anderen halluzinogenen Drogen wie Mandragora oder Stechapfel Bestandteil der Hexensalben. Eine Art Modedroge der Schickeria wurde der Hanf aber erst im 19. Jahrhundert, als der französische Nervenarzt Moreau des Tours ein Werk darüber verfasste.

Haschisch wurde so zur Experimentierdroge der Künstler des 19. Jahrhunderts. Neben Charles Baudelaire gehörten auch Alexandre Dumas d. Ä. und Honoré de Balzac zum Kreis der „Drogen-Dichter".

Wie schon gesagt, ist der Gebrauch der Cannabisprodukte enorm hoch. Dabei muss auch bemerkt werden, dass der illegale Anbau von Hanfpflanzen in den westlichen Ländern Mitteleuropas zugenommen hat.

Aber die wesentlichen Anbaugebiete von Haschisch liegen in Marokko (mit 90 % wichtigster Lieferant für Europa), Südwestasien, Afghanistan und Pakistan. Die Marihuanaanbaugebiete liegen in Kolumbien, Nigeria, Jamaika und Südafrika. Die Transportwege laufen über Rotterdam, Antwerpen, Marseille, Hamburg usw.

Die Zahl der Abhängigen von harten Drogen wird in Deutschland auf 250.000–300.000 geschätzt. Dabei ist der heutige Drogenkonsum nicht mehr nur auf eine Droge fixiert. Er gebraucht viele Drogen und psychoaktive Substanzen gleichzeitig in unterschiedlicher Dosierung. Das heißt, eine isolierte Drogenabhängigkeit (z. B. Abhängigkeit nur von Cannabis) gehört heute zu den Raritäten.

Lässt man Menschen frei ihre Gedanken aussprechen, wenn es darum geht, einen typischen Drogenabhängigen zu beschreiben, fällt den meisten das Klischee des fahrig umher streichenden „Junkies- ein, der am Bahnhof Zoo oder am Cottbusser Tor den ganzen Tag damit verbringt, entweder Drogen heran zu schaffen oder diese zu konsumieren.

Abseits des geschäftigen Alltags der bei Touristen und abenteuerhungrigen beliebten Spreemetropole, so will es der Stereotyp, verschwinden drogenabhängige Menschen hinter einem unsichtbaren Vorhang aus Vorurteilen und auch Furcht vor dem, was Suchtkranken nach Jahren des auszehrenden Drogenkonsums droht, nämlich die gänzliche soziale und gesundheitliche Verwahrlosung. Doch soweit muss es nicht kommen (KV-Blatt Berlin 2016).

3.1 Suchtstoffe und ihre Wirkung

Es sollen zunächst die wichtigsten illegalen Drogen kurz abgehandelt werden.

Das Europäische Parlament hat am 29.11.1991 eine Einteilung der gebräuchlichen Drogen in „harte" und „weiche" Drogen vorgenommen.

- Sehr harte Drogen: Heroin, Crack
- Mittelharte Drogen: Opium, Haschisch, Khat
- Weiche Drogen: Cannabis

Opiate

Opium (Papaver somniferum) wird erstmalig im alten Mesopotamien gebraucht („Blume der Glückseligkeit"). Seinen Namen „opion" bekommt es aber im alten Griechenland. Über arabische Länder gelangt es dann nach Indien und China und ist im 19. Jahrhundert in Europa und Nordamerika stark verbreitet, wo in den europäischen Weltstädten viele Rauchersalons wie Pilze aus dem Boden schießen.

Opium ist der getrocknete Saft der unreifen Kapsel des Schlafmohns. Schlafmohn wurde, wie schon gesagt, in Persien, Ägypten, Griechenland angebaut. Opium wird meist geraucht, in der Türkei und im Iran auch gegessen. Es hat eine schmerzstillende beruhigende Wirkung, aber auch einen starken euphorisierenden Effekt. In kleinen Portionen eingenommen kann es zu kurzen Rauschzuständen führen, größere Mengen führen zum Schlaf mit angenehmen Träumen.

Es entwickelt sich dabei recht schnell eine Toleranz (Verträglichkeitssteigerung); es wird immer mehr gebraucht, um die gleiche Wirkung zu erreichen (Suchtmechanismus).

Infolge der chronischen Vergiftung wird der Körper immer weniger widerstandsfähig, so dass oft geringfügige Infektionen bzw. Erkrankungen zum Tode führen können.

Opiumtinkturen waren im vorigen Jahrhundert frei verkäuflich und wurden auch ärztlicherseits sehr großzügig angewandt.

Hauptbestandteil des Opiums, der die beschriebene Wirkung verursacht, ist das Morphin. Es wurde, wie schon erwähnt, 1803 von dem deutschen Apotheker Sertürner synthetisch hergestellt. Es hat eine starke schmerzstillende Wirkung und führt bei missbräuchlicher Anwendung relativ schnell zur Abhängigkeit, gepaart mit körperlichen und psychischen Entzugserscheinungen. Das Problem des Morphinismus ist seit Mitte des vorigen Jahrhunderts bekannt und war damals relativ weit verbreitet (Beispiel USA: ca. eine halbe Million Menschen waren davon betroffen).

Heroin

Wurde 1889 erstmals synthetisch hergestellt. Es hat eine fünf- bis zehnmal stärkere schmerzstillende Wirkung als das bereits erwähnte Morphin. Es wirkt auch weit stärker euphorisierend als Morphin. Heroin besitzt das stärkste Suchtpotenzial.

Es wird meist intravenös gespritzt, was zu einem raschen Anfluten (in Sekunden) führt und das erwartete Hochgefühl auslöst. Es kann auch mit Tabak vermischt in einem „Joint" geraucht werden. Seit 1992 ist das Folienrauchen in Mode. Dabei wird Heroin auf einer Aluminiumfolie erhitzt und die aufsteigenden Dämpfe mit einem Röhrchen tief inhaliert.

Chronischer Heroingebrauch führt relativ schnell zu einer Sucht. Der sich damit ausbildenden Toleranz muss mit immer höheren Dosierungen begegnet werden. Da der Reinheitsgrad des im Umlauf befindlichen Heroins unterschiedlich sein kann, ist bei intravenöser Anwendung die Gefahr einer Überdosierung mit tödlichem Ausgang („goldener Schuss") immer gegeben.

Heroin ist bedeutend kürzer wirksam als Morphin, sodass der Abhängige sehr schnell in eine Entzugssituation kommen kann und damit in den Beschaffungsstress. Wie bei kaum einer anderen Abhängigkeit führt die Heroinsucht auch zur sozialen Verwahrlosung. Die Wohnungen sind oft verkommen und dienen nur noch als Fluchtort, um sich den nächsten „Schuss" zu verabreichen.

Körperliche Symptome Enge Pupillen, blaue Lippen, fahle Hautfarbe, Einstichstellen, Zittern, Schüttelfrost, Muskelkrämpfe, Übelkeit, Durchfall, starkes Krankheitsgefühl.

Psychische Symptome Angst, innere Unruhe, depressive Verstimmungen, zunehmende Kritiklosigkeit, soziale Isolierung, Selbstmordneigung (K. Wanke, K.-L. Täschner, 1985).

Der Entzug gestaltet sich relativ komplikationslos. Nach 1–2 Tagen ist der Gipfel erreicht, und nach ca. einer Woche ist der körperliche Entzug überwunden.

Noch ein paar Worte zur Heroinabgabe für Schwerstabhängige. Dieses Vorhaben findet aktuell breite Unterstützung von Politikern und Ärzten.

Dazu wird angemerkt, dass Heroin im Gegensatz zu Alkohol keine Organschäden setzt. Es ist aber allgemein bekannt, dass der Heroingebrauch sehr selten isoliert auftritt, er ist heutzutage eher eine Rarität. Im Rahmen des sog. Beigebrauchs werden zur Heroinbenutzung noch zusätzlich Alkohol, Schlaf- und Beruhigungsmittel konsumiert, sowie Ersatzmittel intravenös gespritzt, die dann den nötigen „Kick" verschaffen. Die Organschäden entstehen dann auf diese Weise. Aber davor verschließt man die Augen. Wer kontrolliert schon den Abhängigen, wenn er den Arzt verlassen hat? Natürlich niemand, es gibt ja weiterhin den offenen Drogenmarkt.

Cannabis

Cannabis ist die am häufigsten gebrauchte Droge weltweit. Die Pflanzen, besser gesagt, die Drüsenköpfchen der Blätter und Blütenstände beherbergen das psychoaktive THC (Tetrahydrocannabinol). Zur Erzeugung eines Rausches sind bis 18 mg THC nötig oder anders ausgedrückt, 2 Joints mit 2 % THC. Als Marihuana (obere Blätter) wird Cannabis geraucht und als Haschisch (Blütensäfte) sowohl geraucht als auch in Getränken und Speisen aufgenommen sowie als Lösung gespritzt.

Cannabisgebrauch führt zu gehobener, euphorischer Stimmungslage und grundloser Heiterkeit. Im Verlauf des Cannabisrausches weicht diese Stimmungslage einer apathischen Teilnahmslosigkeit mit Antriebsminderung und Spontaneitätsverlust.

Chronischer Gebrauch kann zu Angst- und Panikzuständen sowie zu nicht unbedenklichen paranoid gefärbten Psychosen führen, weiterhin zur Einschränkung des Kritik- und Urteilsvermögens, Teilnahmslosigkeit und Leistungsminderung. Sehr häufig wird auch das Kurzzeitgedächtnis

unter THC entscheidend beeinflusst, der sogenannte rote Faden geht im Gespräch verloren, der Konsument wird weitschweifig, umständlich und fahrig. Chronischer Gebrauch kann auch zu permanenten Schlafstörungen führen.
Es kann bei Cannabis, selten zwar, zu sogenannten Nachräuschen (flash backs) kommen. Das heißt, es treten rauschähnliche Zustandsbilder auf, ohne dass erneut Cannabis konsumiert wurde. Die Dauer solcher flash backs ist unterschiedlich.

Körperliche Symptome Weite Pupillen, gerötete Augen, Mundtrockenheit, Blutdruck- und Pulserhöhung, Herzjagen, erschwertes Sprechen.

Psychische Symptome Denkstörungen in Form von „Bewusstseinserweiterungen", Erhöhung der assoziativen Fähigkeiten, Sinnesreize werden intensiver wahrgenommen, Einschränkung des Zeitgefühls, Gefühl der Schwerelosigkeit (fliegender Teppich), Farben und Töne werden überhöht wahrgenommen. Angstgefühle, Panikattacken, psychotische Episoden, aggressive Reaktionen können auftreten (R. Brenneisen, 2000).
Dauerhafter Konsum kann häufig zu einer Cannabis-Psychose führen, die sich schizophrenartig darstellt mit Wahnwahrnehmungen, Halluzinationen und Charakterveränderungen, die bestehen bleiben können.
Mancherorts wird in völliger Ahnungslosigkeit und, was noch schlimmer ist, bornierter Ignoranz, der Cannabis-Gebrauch verharmlost. So demonstrieren alljährlich durch die Berliner Straßen grüne Populisten 68er Prägung und Möchtegerns für die Freigabe von Cannabis. Das ganze Spektakel nennen sie dann „Hanfparade".

Kokain

(auch „Koks", „Schnee", „Coke", „c")

Aus dem Tagebuch einer Kokainsüchtigen
Nicht wenige Drogensüchtige verspüren das Bedürfnis, bestimmte Zeitabschnitte ihrer Lebensgeschichte, meist in Tagebuchform, aufzuschreiben; zumindest dann, wenn sie auf der Gratwanderung zwischen

sozialer Integration und vollständigem Absturz noch Teile ihrer früher einmal vorhandenen Kompetenz in der Lebensführung bewahrt haben.

Bei näherer Befragung nach den Motiven ihrer Niederschriften geben sie oft an, etwas hinterlassen zu wollen, was einer Erklärung dienen könnte, falls „etwas Schlimmes passiert". Auch dürfte der verzweifelte Versuch eine Rolle spielen, dem vom Süchtigen wahrgenommenen allmählichen Zerfall der eigenen Persönlichkeit durch eine schriftliche, d. h. bleibende Fixierung der Geschehnisse entgegenzuwirken.

Der Stil solcher Ausführungen ist in der Regel umgangssprachlich eingefärbt, ganz unmittelbar auf die seelische und soziale Wirklichkeit gerichtet, sowie syntaktisch und orthografisch meist fehlerhaft bis an die Grenze der Verstehensmöglichkeit.

Hier der (leicht überarbeitete) Auszug aus der Niederschrift einer 26-jährigen Kokain- und Amphetaminabhängigen:

Hab 98 meine Freundin aus der Schulzeit wiedergetroffen. Hab mich sehr gefreut, dass sie sich gemeldet hat.

99 – durch meine Freundin kam ich an speed und hab mitgezogen. Fand mich ziemlich cool. Die Kiffer-Freunde fanden das ziemlich Scheiße von uns, haben dann aber auch speed-Pillen genommen.

Hab mich in der Zeit von meinem Freund getrennt und hatte meine erste Wohnung. Meine Freundin und viele „Bekannte" kamen dann öfters. Mir ging's gut, ich fühlte mich gut. Würde behaupten, dass mich die Drogen da noch nicht beherrscht haben.

Vor Kokain hatte ich immer Angst. Saß sogar mit Freundin und Bekannten bei jemandem, der drei Bahnen legte und ich ablehnte. Wäre ich nur immer so cool (ängstlich) gewesen.

11'99 – Auf einer Veranstaltung lernte ich jemanden kennen. Autodiebstahl in großem Stil und dann Knast. Keine Ahnung, aber typisch für mich: ich wollte genau diesen Typen kennen. Sagte der Typ zu mir, wenn ich ihm ne Pille besorge, bekomm ich von ihm was für die Nase Es dauerte also eine Minute, bis ich ne Pille von einem Bekannten hatte und wir gingen raus zum Ziehen. In einem Hauseingang zogen wir dann Koks vom Briefkastendeckel. Ich persönlich war damals nur froh, was in der Nase zu haben, ohne wirklich bewusst zu erleben, wie das Zeug wirkt.

12'99 – Der Typ war jetzt ein paar Mal bei mir und hat sich schließlich von seiner Freundin getrennt. Er kam meist mit Koks. Ich zog mit, ohne zu wissen wozu. Einfach, weil's da war.

Als ich dann fest mit ihm zusammen war und merkte, dass er gar nicht weggehen würde, ohne dass was da war, hab ich's hingenommen. Habe sogar gehofft, dass er was rankriegt, damit es ein schöner Abend wird bzw. überhaupt ein Abend. Ich hab immer mitgezogen, aber mit Sicherheit nicht die Wirkung wahrgenommen. Bin schon immer ein lebenslustiger animierender Mensch gewesen auch ohne Drogen.

Irgendwann hab ich dann auch mit ihm alleine zu Hause ne richtige Pille genommen. Ich fand's so geil, dass ich sagte „egal ob ich nur noch zehn Jahre lebe, aber so will ich immer drauf sein". Und wir schluckten, und er steckte sie mir auch in den Mund nach der vierten und fünften. Ich als Skorpion fand halt den bums am geilsten, wenn die Pille im Körper ankam. Bis zu zehn Pillen am Abend. Kaum noch reden oder sich bewegen können. Das Schönste für mich war, wenn er mich fragte, ob es mir gut geht.

01'00 – Ich stand im Berufsleben. Irgendwann ist mein Körper bei normalen Bewegungen sekundenweise weggetreten, die Augen haben sich verdreht, und ich habe Geräusche gehört beim Versuch einzuschlafen. Ich hockte dann mit einmal morgens in meinem Flur, bevor ich zur Arbeit gehen wollte und hab einfach nur geweint. Ich wusste nicht warum.

Da war es vorbei mit der Euphorie, und mein Typ meinte, wir steigen um auf's gute, gesunde Kokain. Aber es gab auch ne Zeit, da musste er mir versprechen, dass er ohne kommt. Doch dann hoffte ich wieder, dass er etwas mitbrachte. Wenn es nicht so war, war ich richtig enttäuscht. Ich war erschrocken über mich selbst. Er hätte wissen müssen, dass ich auch ohne zu ihm stehe.

Jedenfalls kam die Zeit, wo ich ihn losgeschickt habe mit meiner ec-Karte, um was zu holen. Wir konnten uns gar nicht unterhalten „ohne", und ich hab es so genossen mit ihm zu sprechen und zu diskutieren (von meiner Seite kein Sex und auch kein Verlangen).

2001 – Ziehen und Pillen.

Meine Freundin, die ich geliebt habe – von heute auf morgen war sie nicht mehr da. Ich erwartete am meisten, dass sie ehrlich ist, und das sind fast alle Menschen heute nicht mehr. Tiefer Einschnitt, tiefe Wunde, nie wieder zu füllen ...

Jetzt war ich mit dem Typen allein, hatte nur noch das Ziehen, wusste es nun auch zu schätzen und zu lieben.

SCHEINHEILIG – das beste Wort für Kokain. Ich nenne es einen Virus, der sich festbeißt im Gehirn. Und wenn der drin ist, kann man nichts mehr machen. Nicht einmal ich, die clevere, coole, tolle Janine …

Kokain wird aus den Blättern der strauchförmigen Coca-Pflanze gewonnen. Coca-Pflanzen werden vornehmlich in Peru und Bolivien angebaut. Es sind dies Länder, die einst zum Reich der Inkas gehörten. Wir haben es schon betont: Coca wurde von ihnen für kultische Zwecke gebraucht. Die spanischen Eroberer unter Francisco Pizzaro fielen im 16. Jahrhundert in diese Länder ein und verdammten das Coca-Kauen der Indios als Hexerei. Der Gebrauch von Coca-Blättern wurde von der spanischen Inquisition verfolgt.

In der Zeit nach dem ersten Weltkrieg wurde viel Kokain, „Koks" in Bars und Nachtlokalen geschnupft. Anfang der 80iger Jahre des vorigen Jahrhunderts verbreitete sich von den USA ausgehend eine regelrechte Kokainwelle nach Westeuropa, die bis heute anhält. Kokain ist gehobene Partydroge des Jetset oder findet als „Cocktail" mit Heroin zusammen als intervenöse Applikation weite Verbreitung.

Kokain wird gewöhnlich geschnupft. Kokainabhängige können bis zu 3 g täglich verbrauchen, aber es gibt auch die intravenöse Anwendung zusammen mit Heroin.

„Crack" ist Kokainbase und kann durch Erhitzen einer Kokainlösung mit Backpulver gewonnen werden.

Aufgrund seiner leichten Verdampfbarkeit kann es geraucht werden. Die Wirkung tritt fast urplötzlich ein, ist sehr intensiv, aber sehr kurz (ca. 5 min). Crack hat ein sehr hohes Suchtpotenzial, das den Konsumenten relativ schnell abhängig macht (K.M. Mayer, 2014).

Schlaf und Appetit treten voll in den Hintergrund. Neben dieser subjektiv empfundenen Leistungssteigerung kann es bei längerem Gebrauch zu echten Rauschzuständen kommen. Im ersten Stadium kommt es zunächst zu der extremen Hebung der Stimmungslage mit massiver Antriebssteigerung, Wegfall aller Hemmungen, sexueller Stimulierung bei gleichzeitiger Potenzminderung und überirdischem Glücksgefühl. Im zweiten Stadium, dem eigentlichen Rauschstadium, kommt es zu optischen und akustischen Sinnestäuschungen mit zum Teil drohenden und beschimpfenden Stimmen, abnormen Hautempfindungen (krabbelnde Insekten auf der Haut) und Bewusstseinsstörungen.

Im dritten Stadium treten dann zunehmend depressive Verstimmungen auf, Passivität bis hin zur Teilnahmslosigkeit, starke innere Unruhe und Angstgefühle (Selbstmordgefahr!).

Eine besondere Gefahr stellt die akute Kokainvergiftung dar, die durch Überdosierung zustande kommt. Es kann eine Kokainpsychose entstehen – mit optischen und akustischen Halluzinationen. Weiterhin werden epileptische Anfälle, Hirnblutungen und Atemstillstände beschrieben – oft mit tödlichem Ausgang.

Körperliche Symptome:
Weite Pupillen, Puls- Blutdrucksteigerung und Herzjagen (Infarktrisiko!), Übererregbarkeit, sehr schnelle Atmung, Koordinationsstörungen, Schwitzen mit abwechselnden Kälteschauern, Gesichtsblässe, Schlafstörungen, epileptische Anfälle.

Psychische Symptome:
Rededrang, Distanzlosigkeit, euphorische Stimmungslage, Hemmungslosigkeit, Sinnestäuschungen, Aggressionen, Verfolgungswahn, massive Angstgefühle, Selbstmordgedanken (F. Hasler, 2000).

Ecstasy

Als MDMA – ein Amphetaminabkömmling – wurde es zunächst als Appetitzügler eingesetzt (Firma Merck 1914). Später gebrauchte es der Guru Bhagwan als Psychodroge und wurde durch seine Anhänger weit verbreitet. Es fand Eingang in die Hippieszene der 70er Jahre und fehlt heute bei keiner Techno-Party mehr.

Der Name Ecstasy ist ein Fantasiename. 40 % der Besucher von Techno-Partys haben Erfahrung mit Ecstasy gemacht. Ecstasy hat als Amphetaminderivat die gleiche Wirkung wie die dort beschriebenen Psychostimulanzien.

Wer Ecstasy nimmt, braucht keinen Schlaf, kann nächtelang durchtanzen und hat ein beglückendes Lebensgefühl („mein Leben ist der reinste Wahnsinn!"). Die Folgen sind meist Erschöpfung, Leistungsabfall, Kollapserscheinungen, Appetitlosigkeit, Schmerzen überall; auch hohes Fieber kann auftreten. Meist wird Ecstasy an Wochenenden bei Technoveranstaltungen benutzt (B. Bürki, 2000). Nicht wenige aber werden aufgrund des euphorisierenden Effektes abhängig, weil sie sich damit subjektiv wohler fühlen, und sie gebrauchen es in den vielfältigsten Alltagssituationen als Happy-Pille. Es ist also in keiner Weise harmlos, wie uns die Technoszene weismachen will.

1995 starben 10 Jugendliche an Ecstasy. Die Hauptkonsumenten sind 15- bis 25-jährige aus allen sozialen Schichten. Somit ist eine völlig neue Drogenszene entstanden.

Körperliche Symptome Erregungszustände, weite Pupillen, Herzjagen. Bei höheren Dosierungen kann sich die Situation umkehren: Atem- und Pulsverlangsamung, Horrortrips mit panischen Verhaltensweisen können auftreten, weiterhin wahnhafte Verkennungen, Selbstmordgefahr, Desorientierung (zeitlich, örtlich, zur Person), Schlafstörungen, epileptische Anfälle, traumhafte Bewusstseinseinengungen

Psychische Symptome Spontaneität und Initiative sind herabgesetzt, Merk- und Konzentrationsstörungen, vermindertes Kritik- und Urteilsvermögen, Mangel an Taktgefühl und Zuverlässigkeit, depressive Verstimmungen, Psychosen mit optischen und akustischen Sinnestäuschungen.

Liquid-Ecstasy

Obwohl der Szenenname Liquid-Ecstasy an Ecstasy-Substanzen erinnert, ist diese Droge weder chemisch noch pharmakologisch mit diesen verwandt. Ihre Wirkungsweise kann eher mit Alkohol oder Benzodiazepinen („Benzos" genannt) verglichen werden. Liquid-Ecstasy wurde in den 1980er Jahren in den USA in Fitness-Zentren wegen seiner angeblich muskelaufbauenden Wirkung angeboten. Als Partydroge ist sie auch unter dem Namen „Soap" bekannt. Sie hat ein erhebliches Suchtpotenzial. Entzugssymptome treten etwa sechs Stunden nach der letzten Einnahme auf und sie ähneln denen des Alkohols. Schwere Intoxikationen (Vergiftungen) wurden bei Überdosierungen beobachtet. Liquid-Ecstasy findet auch Verwendung als sogenannte k.-o.-Tropfen, da es als Flüssigkeit farblos, klar und geschmacklos ist.

Liquid-Ecstasy erobert die Party-Szene, Experten sehen in ihm eine neue Ära des Substanzmissbrauchs in der Techno-Szene.

Der Entzug gestaltete sich sehr schwierig, weil es zurzeit noch keine Therapiestandards gibt. Manche Substanzabhängige schlafen regelmäßig nur wenige Stunden pro Nacht, weil sie in Abstand von 30 min nachtrinken müssen, um keine Entzugserscheinungen zu bekommen.

Spice

Spice ist eine neuere Modedroge, die sich aus exotischen Kräutern zusammensetzt. Sie wird geraucht und hat psychoaktive Eigenschaften. In ihrer Wirkungsweise ähnelt sie dem Cannabis.

Crystal Meth Es wird auch als Ice, Quartz, Glass oder Crank bezeichnet. Seine Herstellung ist denkbar einfach. Es wird aus rezeptfreien Antierkältungsmedikamenten (Grippemitteln), die Pseudonorephedrin enthalten, „zusammengekocht". Die Herstellungsanleitung holt man sich aus dem Internet. Es gibt also keine Beschaffungsprobleme. Die Wirkung ist ähnlich dem Kokain, nur unvergleichlich stärker mit einer sehr stark appetitzügelnden Komponente. Die Betroffenen magern in kurzer Zeit skelettartig ab. Eine bekannte Londoner Zeitung schrieb vor kurzem: „Crystal Meth lehrt Gesundheitsexperten das Gruseln. Die billige Superdroge macht gewalttätig und kriminell, treibt HIV-Infektionen in die Höhe, zerfrisst Gehirne binnen kürzester Zeit und lässt Menschen blitzschnell um Jahrzehnte altern."

Pflanzliche Anticholinergika Es handelt sich hierbei um Auszüge aus der Engelstrompete, dem Stechapfel oder der Tollkirsche. Jugendliche benutzen sie meist als berauschende Tees. Sie führen zu Verwirrtheitszuständen bis hin zu epileptischen Anfällen.

Ketamin

Wird in der Techno-Szene als „Vitamin K" gebraucht. Es wird in flüssiger oder Pulverform konsumiert, was zu Bewusstseinsstörungen und epileptischen Anfällen führen kann

Alexander Sartorius schreibt: „Ketamin ist als dissoziatives Anästhetikum vor allem in der Notfallmedizin etabliert, aufgrund seiner dissoziativen, psychomimetischen Eigenschaften auch als Freizeit – und Partydroge verbreitet. Seit etwa einer Dekade gilt Ketamin als neue Option zur Behandlung therapieresistenter uni – und bipolarer Depressionen (A. Sartorius, 2016).

Absinth Auch als „grüne Fee" bekannt ist Absinth jetzt wieder in Deutschland verstärkt in Gebrauch. Akut kann er, auch als Wermutschnaps bezeichnet, zu Psychosen und epileptischen Anfällen führen. Auf lange Sicht führt er zum demenziellen Hirnabbau und Persönlichkeitsveränderungen.

Tilidin Tilidin ist ein starkes Schmerzmittel und gehört zur Gruppe der Opioide. Es ist ein Medikament und keine Droge im engeren Sinne. Es wird aber von gewaltbereiten Jugendlichen als Droge benutzt, da es in höheren Dosen enthemmend und aggressionsfördernd wirkt. Tilidin wird vornehmlich über Rezeptfälschungen erworben, die in Großstädten stark zugenommen haben.

Cloud 9 (Wolke 9) Eine neue Modedroge aus den USA ist vor kurzem aufgetaucht. Sie wird „Bliss" (Glückseligkeit), „White Lightining" (weißer Blitz) oder eben Cloud 9 genannt. Es gilt als neues Horrorrauschmittel und besteht chemisch aus Mephedron, einem Psychostimulanz, dem Metamphetamin ähnlich. Es wird aus Badesalzen gewonnen, die geschnieft, geraucht, geschluckt oder gespritzt werden, ein euphorisches Hochgefühl erzeugen, das nicht mehr zu toppen ist.

Doch die Nebenwirkungen der Droge sind wahrhaft teuflisch: Selbstverstümmelungen, Psychosen, Suizide. Der Horrortrip ist oft nur durch Vollnarkose zu behandeln; viele Patienten landen in der Psychiatrie.

Die „Krokodilsdroge"

Sie ist in Russland die Droge des armen Mannes. Sie bietet den Kick wie Heroin, ist aber weitaus billiger. Aber halt! Schon die erste Injektion kann bereits tödlich sein. Ansonsten, wenn man es überlebt, entstehen eiternde Wunden, Fleisch, das in Fetzen vom Körper fällt. Der Name „Krokodil" ist deshalb gegeben, weil die Droge den Körper von innen her auffrisst und auch eine graue Hautverfärbung mit Schuppen hinterlässt.

Der chemische Wirkstoff ist das Desomorphin. Die Einnahme erfolgt wie beim Heroin (Berliner Zeitung 2014).

Flakka

„Hart, billig, tödlich", so wird eine neue Designerdroge beschrieben, die zurzeit die USA überschwemmt.

Es handelt sich hierbei um eine amphetaminähnliche Droge mit Namen Flakka.

Der Begriff Flakka stammt aus lateinamerikanischen Nachtklubs und beschreibt ein sexy, dünnes Mädchen (la flaca). In den USA trägt die Droge die Spitznamen Kiesel und 5 Dollar-Irrsinn. Drei bis fünf Dollar kostet eine Portion der weißen Kristalle, die geschnupft, gegessen, getrunken, als Zäpfchen eingeführt oder gespritzt werden können und so rasch abhängig machen.

Schon geringe Überdosen sind potenziell tödlich. Sie können die Körpertemperatur auf über 42 Grad steigern, bis der Mensch an Organversagen stirbt.

Produziert wird Flakka hauptsächlich in China, Pakistan und Indien (P.Gruber in Focus 2015).

In seinem bemerkenswerten Artikel „Gefahren durch synthetische Rauschmittel" kommt der Autor Timot Szent-Ivanyi zu dem Schluss, dass im Jahr 2014 1032 Menschen an illegalen Drogen starben. In seinen Ausführungen stellt er zusammenfassend fest,

> Ecstasy war die Partydroge in den 90er-Jahren. Lange waren die Pillen dann nicht mehr in Mode, doch nun boomen sie wieder: Immer mehr Menschen in Deutschland greifen zu hochgefährlichen künstlichen Drogen wie Crystal Meth, Legal Highs oder eben Ecstasy. Insgesamt starben im vergangenen Jahr 1032 Menschen wegen des Konsums illegaler Drogen – 30 mehr als im Vorjahr, wie Bundeskriminalamt und Drogenbeauftragte der Bundesregierung, Marlene Mortler, am Dienstag mitteilten. In der Hauptstadt gab es 123 Rauschgifttote zu beklagen, vier mehr als noch 2013. Während die Zahl der Todesfälle im

Zusammenhang mit Heroin oder Kokain sinkt, sterben immer mehr Menschen an synthetischen Drogen.

Festgemacht wird die Beliebtheit der Rauschgifte an den sogenannten erstauffälligen Konsumenten harter Drogen. Hier zeigen sich bei Heroin, Kokain oder Crack tatsächlich durchgängig sinkende Zahlen. Den größten Anstieg gab es bei Ecstasy mit 2096 Fällen (plus 42 %). Bei Crystal betrug das Plus 14 % mit 3138 Erstkonsumenten. Synthetische Drogen hätten eine immer größere Bedeutung, sagte der Chef des Bundeskriminalamtes, Holger Münch. Die Rolle von pflanzlichen Drogen sinke dagegen, mit Ausnahme von Cannabis. Gleichwohl sterben noch immer die meisten Menschen an einer Überdosis Heroin.

Besondere Sorge bereiten Regierung und Polizei Crystal Meth und die oft Legal Highs genannten neuen psychoaktiven Stoffe. Durch den Gebrauch dieser Substanzen starben 2014 25 Menschen, im Vorjahr waren es erst fünf. Legal Highs sind synthetische Rauschmittel, die insbesondere im Internet als „Badesalz" oder „Kräutermischungen" angeboten werden. Deren Molekülstruktur ist gegenüber bereits verbotenen Substanzen leicht verändert, sodass sie legal verkauft werden können. Laut BKA gibt es rund 1500 Produkte dieser Art mit 160 unterschiedlichen Wirkstoffen. Jeden Tag kämen in Europa zwei neue Wirkstoffe hinzu.[1]

Halluzinogene

Lysersäurediethylamid (LSD) Die Wirkungen betreffen meist das vegetative Nervensystem mit Pupillenerweiterung, Erhöhung der Körpertemperatur, Pulsfrequenz und Blutzuckerspiegel.

Die psychische Wirkung setzt erst nach 45 min ein und dauert ca. 8–12 h an. Keine bewusstseinstrübende Wirkung. Der Rausch wird in überheller Wachheit erlebt, ideenflüchtiges Denken, Merk- und Konzentrationsstörungen, aggressive Durchbrüche, optische und akustische Halluzinationen, Desorientiertheit, kosmische Grenzerfahrungen, Horrortrips, schizophrenieähnliche Symptome.

---

[1]Timot Szent-Ivanyi, Gefahren durch synthetische Rauschmittel, in: Berliner Zeitung Nummer 2015.

Psilocybin Prinzip der halluzinogenen „Zauberpilze"
Wirkung auf das vegetative Nervensystem wie Schwitzen, Kältegefühl, Pupillenerweiterung, erhöhte Pulsfrequenz. Psychisch: Wahrnehmung von farbigen Bildern, ekstatisches Erleben, depressive Verstimmungen im Wechsel mit euphorischem Größenerleben, Toxizität ist eher gering. Verwendung in der Psychotherapie im Rahmen von Psychologischen Behandlungen.

Meskalin Wird als Alkaloid aus dem Peyote-Kaktus gewonnen.
Seine Wirkung bezieht sich auf das vegetative Nervensystem: Schwindel, Kopfschmerzen sowie auch auf die Psyche mit intensiven Farbwahrnehmungen, traumähnliche szenische Bilder erotischen Inhalts, aber auch Horrortrips und Aktivierung latenter Psychosen.

Tollkirsche Austrocknung der Schleimhäute, Pulsanstieg, Pupillenerweiterung, motorische Unruhe bis zur Raserei, Ideenflucht, Euphorie, Orientierungsstörungen, Halluzinationen auf allen Sinnesgebieten häufig angstvoll und dämonisch.

Stechapfel Pupillenerweiterung, Pulsbeschleunigung, Schwindel, Verwirrtheit, unkontrollierbare Erregung, angstvolle Horrortrips

Engelstrompete Hauptwirkstoffe: Hyoscyamin und Scopolamin
Pupillenerweiterung, Austrocknung der Schleimhäute, angstvolle Halluzinationen, delirante Zustände. Bei Überdosierung Koma.
(F. Haslerin Drogen, 2000)

Narkose- und Lösungsmittel

Es ist relativ schwierig, die Narkose- und Lösungsmittel in die Drogenabhängigkeit einzureihen, da zu ihnen, ähnlich dem Alkohol, ein freier Zugang besteht, ihr Gebrauch also nicht als illegal bezeichnet werden kann.

Sie sind allgemein unter dem Begriff „Schnüffelstoffe" zusammengefasst. In Wirklichkeit werden diese Stoffe meist mithilfe eines Plastikbeutels, Luftballons usw. tief inhaliert, d. h. also mittels tiefer Lungenzüge eingeatmet.

Es handelt sich dabei um leicht flüchtige Lösungsmitteldämpfe, Narkotika und Aerosole zum Zwecke einer Rauscherzeugung.

Auch diese Art der Rauscherzeugung ist keineswegs neu. Bereits 1885 wurde das Inhalieren der genannten Stoffe durch Kinder und Jugendliche literarisch beschrieben. Aber zu einem erheblichen Anstieg ist es erst seit 1955 – ausgehend von den USA – in den anderen westlichen Industriestaaten gekommen.

Im Unterschied zu Alkohol- und Drogenabhängigkeit liegt das Einstiegsalter von „Schnüfflern" bei 10 Jahren. Kinder und Jugendliche benutzen im Wesentlichen industrielle Lösungsmittel, Gase (Propan) und Klebemittel für den Bastlerbedarf. Beliebt sind hier besonders der Pattexverdünner und Pattexklebstoff („Pattex" genannt) (R. Thomasius, 1988). Pattexverdünner wird so zum Beispiel auf einen Lappen gegossen und so inhaliert oder in eine Plastiktüte gefüllt und mehrfach tief eingesogen.

Lösungsmittelmissbrauch bewirkt im Wesentlichen eine psychische Abhängigkeit. Die Rauschwirkung einer einzigen Lösungsmittelinhalation hält etwa 30 bis 60 min an. Sie führt zu optischen und akustischen Sinnestäuschungen sowie zu einer intensiveren Wahrnehmung der Umwelt. Weiterhin treten illusionäre Verkennungen auf.

In einem weiteren Stadium erlebt der Betroffene keine Sinneswahrnehmungen mehr, sondern ein angenehmes, schlafähnliches, beruhigendes Gefühl, das auch bei chronischem Missbrauch überwiegt.

Chronischer Missbrauch führt zu massiven Organschäden, insbesondere des Nervensystems. So kann es bei Langzeitschnüfflern zu Hirnatrophien (Hirnschrumpfungen) und Kleinhirnatrophien (Kleinhirnschrumpfungen) kommen, was sich als Neuzeit-Gedächtnisverlust und auch Koordinationsstörungen von Armen und Händen, Beinen und Füßen manifestiert. Bekannt geworden sind auch Nervenentzündungen (Polyneuropathien) besonders an Armen und Beinen.

Weiterhin sind ernsthafte, zum Teil nicht mehr rückbildungsfähige Schäden an anderen Organen bei chronischem Lösungsmittelmissbrauch (Niere, Blutsystem, Haut, Leber, Herz-Kreislauf-System) beschrieben worden.

Stickoxydul (Lachgas)
Lachgas wurde vom Zahnarzt Wells als Inhalationsnarkotikum vor zahnärztlichen Eingriffen vor mehr als 100 Jahren eingeführt. Da es zu einem intensiven psychedelischen (die Psyche offenlegenden) Rauscherlebnis führte, wurde im vorigen Jahrhundert häufig in Gesellschaften zur allgemeinen Belustigung Lachgas gebraucht, geriet dann aber in Vergessenheit. In der Technoszene erlebt Lachgas heute wieder eine Renaissance.

Todesfälle: In den USA werden jährlich mehrere hundert Todesfälle durch Lösungsmittelmissbrauch registriert. Seit 1976 steigt die Zahl der Todesfälle auch in Deutschland permanent an. Oft tritt der Tod infolge einer „unsachgemäßen" Inhalationstechnik plötzlich ein.

Lachgas-Kartuschen und Luftballons in einem Park im Londoner Stadtteil Shoreditch. (Foto: Teresa Dapp/dpa)

Die Jugendlichen ziehen während der Zufuhr der Lösungsdämpfe den Kopf in die mit Lösungsmittel gefüllte Plastiktüte und ziehen häufig noch eine zweite Tüte über den Kopf, um das Rauscherlebnis noch intensiver zu machen. Durch die hohe Lösungsmittelkonzentration verlieren die Betroffenen das Bewusstsein und ersticken.

Eine andere Ursache ist der plötzliche Herztod während der Inhalation des Lösungsmittels. Die dritte Variante ist der Tod durch die Sekundärschäden der Lösungsmittelabhängigkeit bei Langzeitschnüfflern (Hirn- und Kleinhirnschwund).

Das Lösungsmittel wird zu Rauschzwecken auch in Luftballons oder Rahmenbläserkartuschen gefüllt und so in liegender Position eingeatmet. Wenn es ohne Sauerstoffbeimischung über längere Zeit eingeatmet wird, besteht die Gefahr von Todesfällen oder irreversiblen Hirnschädigungen.

Mehrfachabhängigkeit

Diese Art der Abhängigkeit wird immer häufiger, das heißt, sie ist bereits lange in Mode. Man nennt dieses Phänomen „Polytoxikomanie".

Die häufigste und älteste Kombination ist Alkohol, Schlafmittel und Aufputschmittel oder Alkohol und Beruhigungsmittel. Das ist sogar noch überschaubar. Die Mischung allerdings von legalen und illegalen Stoffen hat stark zugenommen. Häufig entwickelt sich zur Drogenabhängigkeit noch eine Alkohol- und Arzneimittelabhängigkeit. Dabei ist relativ schwierig festzustellen, welche Substanz die Abhängigkeit herbeigeführt hat. Die Betroffenen sind dabei oft so „zugedröhnt", dass sie selbst nicht wissen, was sie eingenommen haben.

Fakt ist, dass nun jede Droge ihre eigene Wirkung entfaltet, gewissermaßen ihr Eigenleben im Körper mit entsprechenden Wechselwirkungen, die ebenfalls verschieden sein können. Da sich die Wirkungsstärke jeder Substanz zudem im Laufe der Zeit verändert, ist bei der kombinierten Suchtmitteleinnahme ein unterschiedlicher Wirkungsverlauf zu verzeichnen, was wiederum zur Toleranzsteigerung führt und zu erneutem Ausprobieren verschiedener Suchtmittel. Parallel dazu läuft oft noch eine nichtstoffliche Suchtform (Glücksspiel, Essstörungen usw.) nebenher.

Auslöser für die Entwicklung könnte unter anderem ein plötzlicher Mangel an einer Droge sein, die der Betroffene konsumiert. Dieses entstandene Defizit versucht er nun mit einer anderen psychoaktiven Substanz zu kompensieren, die ihrerseits wiederum abhängig macht. Das kann so mit mehreren Drogen geschehen.

Polyvalent Abhängige sind oft langjährig Abhängige. Sie nehmen diese Kombinationen (es handelt sich dabei meist um Jugendliche) aus einem Neugierverhalten heraus, bei Gruppendruck, zum Ausprobieren von Kombinationen, um Glücksgefühle länger zu erleben und um Drogen zu „strecken".

Dabei spielt Neugierverhalten und Gruppendruck wohl die entscheidende Rolle. Mehrfachkonsum ist so Ausdruck eines „coolen" oder „angesagten" Verhaltens. Allgemein gesehen strebt der Mehrfachabhängige nach Wirkungsverstärkung und Wirkungsverlängerung der Drogenbeeinflussung.

Im Laufe der Jahre ist der monovalente Gebrauch einer einzigen Droge seltener geworden und der polyvalente Gebrauch fast gang und gäbe.

Häufigste Kombinationen von Suchtmitteln:

Grundkonsum	Beikonsum
Heroin	Kokain, Codein, Benzodiazepine
Methadon	Cannabis, Heroin, Kokain, Benzodiazepine
Kokain	Alkohol, Benzodiazepine
Cannabis	Alkohol
Amphetamine („Speeds")	Cannabis, Kokain, LSD, Designerdrogen
Designerdrogen (MDMA)	Alkohol, Cannabis, Kokain, LSD, Speed
Benzodiazepine	Alkohol
Alkohol	Benzodiazepine, Cannabis, Kokain

3.2 Therapie der Drogenabhängigkeit

Die Drogenentwöhnungsbehandlung muss sehr differenziert abgehandelt werden, da es viele Ansätze, Möglichkeiten, Konzepte und Angebote gibt.

Der sogenannte „kalte Entzug"

„Kalt" hat etwas mit der sich im Entzug bildenden kaltschweißigen Gänsehaut des Betroffenen zu tun. Es ist ein Entzug ohne unterstützende Medikamente.

Diese Methode wurde von vielen Betroffenen bereits mehrfach allein versucht, und viele waren dabei auch erfolgreich. Sie sind nie in Therapieeinrichtungen aufgetaucht und leben somit „clean".

Ein Drogenentzug ist gekennzeichnet durch

- Gänsehaut („kalt")
- Gefühl wie Grippe
- Muskelschmerzen
- Durchfall und Erbrechen
- Schlaflosigkeit, depressive Verstimmungen.

Ein reiner Drogenentzug dauert ca. 3 bis 5 Tage und ist nicht lebensgefährlich. Da aber heutzutage eine reine Drogenabhängigkeit selten ist und meist Benzodiazepine und Alkohol gleichzeitig konsumiert werden (man spricht hier vornehm vom „Beigebrauch"), kann der kalte Entzug nicht durchgeführt werden, da er sonst wirklich lebensbedrohlich werden kann.

Der „warme Entzug"

Es handelt sich hierbei um die Milderung der Entzugssymptomatik durch Medikamente. Am gebräuchlichsten und wirkungsvollsten ist heute das Methadon.

Der Nachteil dieses Medikaments ist allerdings, dass die Dauer des Entzuges wiederum verlängert wird.

Der reine Entzug aber reicht sehr selten aus, um eine stabile Abstinenz zu erreichen. Es ist nur ein erster Schritt. Hier ist eine ambulante oder stationäre Entwöhnungstherapie erforderlich.

Zur Rehabilitation und Reintegration der Betroffenen, insbesondere im Hinblick auf die weitere Lebensperspektive und die juristische und soziale Situation mit Einbeziehung von Bezugspersonen, ist eine stationäre Langzeitbehandlung anzustreben.

Zur Erhaltung einer dauerhaften Abstinenz bieten sich die zahlreichen Selbsthilfeorganisationen an.

Weitere therapeutische Ansätze

Die Methadonbehandlung

Sie ist eine von Dole und Nyswander empfohlene Behandlungsmethode zur Behandlung von Heroinabhängigen, die 1965 in den USA und seit den 80iger Jahren des vorigen Jahrhunderts auch in Deutschland praktiziert wird.

Es wird am Anfang der Behandlung eine gerade ausreichende Dosis des synthetischen Narkotikums Methadon oral verabreicht (1 × am Tag), um die Entzugssymptome zu unterdrücken. Dann wird die Methadondosis mehr oder weniger schnell reduziert und schließlich auf Null gesetzt.

Der Vorteil dieser Methode ist die Umstellung des Betroffenen auf eine monovalente Abhängigkeit:

- Eine verabreichte Methadondosis wirkt 24–30 h lang. Die zusätzliche Einnahme von Opiaten ist unwirksam, da die Rezeptoren des Nervensystems besetzt sind.
- Methadon erzeugt keine Euphorie, schirmt auch nicht gegen negative Gefühle ab.
- Ausschaltung der Beschaffungskriminalität, die Betroffenen können ihre sozialen Bezüge wieder ordnen und einer geregelten Tätigkeit nachgehen.
- Der Nachteil dieser Methode ist, dass die meisten Betroffenen nach Beendigung der Methadonsubstitution wieder rückfällig werden.

Jede Substitution des Drogenkonsums aber ist grundsätzlich ein Festhalten an der Krankheit.

Sucht ist wie Gewalt, vor der ich mich schützen muss. Das erfordert Härte und Unerbittlichkeit gegen die eigene Person. Das weiß jeder nüchtern gewordene Betroffene.
Substitution ist Ersatz eines Suchtmittels durch ein anderes, gewissermaßen eine Verteilung von Trostpreisen.
Das zeigt sich auch in den Schwierigkeiten dieser Substitutionstherapie. Es wird keine stabile Abstinenz erreicht. So ist die Gier nach dem allgegenwärtigen „Kick" noch lange Zeit präsent. Den holt sich der Betroffene oft aus kohlensäurehaltigen Getränken und aus dem sogenannten Beigebrauch (Arzneimittel mit Suchtpotenzial).

Voraussetzungen für eine Methadonsubstitution
1. langjährige Drogenabhängigkeit
2. nicht mehr ohne Drogen lebensfähig sein (Methadon als Lebens-hilfe)
3. settingfähig sein
4. eine ausreichende Therapiemotivation besitzen.

Ungünstige Voraussetzungen für eine Methadonsubstitution
1. nicht auf den „Kick" verzichten können
2. nicht ohne die Drogenszene auskommen können
3. manifeste Polytoxikomanie
4. erhöhte Erwartungen in der Art, Methadon sei eine „Wunderdroge", die alles ohne eigenes Zutun regelt.

Aus meiner persönlichen Sicht als ehemals Betroffener ist diese Methode nichts weiter als eine Fortsetzung der Krankheit.

Der sogenannte „Turbo" oder auch „Blitzentzug"
Hierbei wird ein Gegenmittel zum Heroin, ein sogenannter Antagonist verabreicht, der massive Entzugssymptome auslöst, die durch eine Narkosebegleitung nicht gespürt werden.
 Da diese Methode nur wenige Stunden dauert, war der anfängliche Zuspruch groß. In Wirklichkeit lässt sich aber die Dauer der Heroinentzugssymptome damit nicht beeinflussen, auch sind Todesfälle aufgetreten.

Das ist eher die Methode für Promis und Manager, die angeblich keine Zeit haben, sich einer Therapie zu unterziehen.

Es versteht sich von selbst, dass dieses Verfahren eine Totgeburt ist und kurz über lang zum Rückfall führen muss.

Der „Turboentzug" ist medizinisch gesehen in keiner Weise eine Entwöhnungsbehandlung mit allen ihren Höhen und Tiefen. Aber ohne Höhen und Tiefen gibt es keine zufriedene Abstinenz. Ohne Mühen wird das Leben nicht schön.

4

Süchte ohne Suchtstoffe

An dieser Stelle sei ein kurzer Rückblick erlaubt.

Jede der bisher betrachteten Suchterkrankungen war durch eine ganz bestimmte Substanz oder Substanzgruppe gekennzeichnet, von der der Betreffende abhängig war. Auf dieser Grundlage ließen sich Alkohol-, Schlafmittel-, Schmerzmittel- und andere Abhängigkeiten voneinander abgrenzen.

Diese für die Praxis sehr wichtige Unterteilung darf aber nicht den Eindruck erwecken, als hätten wir es mit grundverschiedenen Erkrankungstypen zu tun. So haben wir denn auch immer wieder auf die gemeinsamen, substanzübergreifenden Merkmale der einzelnen Abhängigkeiten hingewiesen. Dies waren vor allem der Kontroll- und/oder Abstinenzverlust, unter dem der Betroffene beim Umgang mit „seinem Stoff" zu leiden hatte und der gerade den spezifischen Krankheitswert ausmachte.

Wir müssen nun einen Schritt weiter gehen, und den Suchtbegriff selbst erheblich ausdehnen, um verschiedene als krankhaft einzustufende Verhaltensweisen des Menschen beurteilen, ja überhaupt verstehen zu können.

Das wichtigste gemeinsame Merkmal aller stoffgebundenen Suchterkrankungen bestand im Verlust der willentlichen Kontrolle über das jeweilige Suchtmittel. Dies ist so zu verstehen, dass die grundsätzliche Freiheit der Entscheidung, die jeder Mensch von Natur aus besitzt, durch die überstarke Fixierung auf das jeweilige Suchtmittel stark eingeschränkt ist. Das heißt, der Betroffene ist trotz nachweislich bestehender intellektueller Kompetenz und voll vorhandener Einsicht nicht in der Lage, sein für ihn schädliches Verhalten abzustellen. Zusammenfassend kann man sagen, dass Drogen wie z. B. das Heroin oder das Kokain, um einige zu nennen, den Hirnstoffwechsel stärker aus dem Gleichgewicht bringen, als die jetzt zu besprechenden Süchte ohne Suchtstoffe. Stoffgebundene Abhängigkeiten wirken unmittelbar auf das Dopaminsystem des Gehirns, nichtstoffliche Süchte eher mittelbar. Es wäre aber sehr einseitig, wenn man Abhängigkeitskrankheiten allein am Suchtpotenzial einer Droge festmachen wollte. In Wirklichkeit ist Sucht immer das Resultat eines komplexen Bedingungsgefüges. Denn die sozialen und persönlichkeitsbeeinträchtigenden Folgen sind bei beiden Suchtformen gleich. Zu bedenken ist hierbei noch, dass nichtstoffgebundene Süchte sich häufig mit stoffgebundenen kombinieren (z. B. Arbeitssucht mit Alkoholabhängigkeit usw.), also seltener allein auftreten.

Stellen wir nun dieses Kriterium – Kontrollverlust + Schädlichkeit – allen anderen voran, dann kommt sogleich eine Anzahl weiterer Verhaltensweisen des Menschen ins Blickfeld, die ebenfalls als „süchtig" bezeichnet werden müssen. Und sie haben im Unterschied zu allen bisher betrachteten Suchterkrankungen nichts mit der Einnahme irgendwelcher Substanzen zu tun.

Bekanntlich gibt es eine Vielzahl von Wortbildungen der Alltagssprache, in denen süchtiges Verhalten zum Ausdruck kommen soll und die mit Suchtstoffen nichts zu tun haben. So kennen wir die streit- oder putzsüchtige Hausfrau, den geltungssüchtigen Ehemann, den vergnügungssüchtigen Teenager, den spielsüchtigen Verwandten und vieles mehr.

Natürlich ist von vornherein klar, dass man nicht jeden der so Gekennzeichneten als krank ansehen und einer psychiatrischen Behandlung zuführen muss. Andererseits hat die Sprache (und auch der Volksmund) schon immer sehr sensibel auf gesellschaftliche Realitäten reagiert, sodass die Frage berechtigt ist, um welche Realitäten es sich – in ernst zu nehmender Weise – handelt.

Kein Mensch kann sich in seinen Handlungen und Entscheidungen unbegrenzt frei bewegen. Wir alle sind eingebettet in ein soziales Umfeld, das uns, oft genug zu unserem Leidwesen, vorschreibt, was zu tun und zu lassen ist oder die Handlungsspielräume zumindest empfindlich einengt. Umso wichtiger wäre es, die verbleibenden Freiräume nach eigenem Ermessen zu nutzen und zu gestalten. Und gerade in diesem Punkt ist die Fähigkeit vieler Menschen erschreckend unterentwickelt.

Das traurige Ergebnis dieser Unfähigkeit besteht dann darin, dass die unvermeidbaren Belastungen der Lebensführung, wie beruflicher Stress, Kampf um die soziale Behauptung, noch durch selbst verursachte Abhängigkeiten von bestimmten Handlungs-Stereotypen aufgestockt werden. Diese werden als sogenannte nichtstoffgebundene oder auch Handlungssüchte bezeichnet. Wie die stofflichen Abhängigkeitskrankheiten treten sie exzessiv, eigengesetzlich und belohnungsspezifisch auf (z. B. Sportsucht, Glücksspiel, Kaufsucht etc.). Wie diese weisen sie Kontrollverluste, Toleranzentwicklungen und soziale

Interesseneinengungen auf. Und sie haben auch eine neurobiologische Grundlage.

Eine dieser – auf den ersten Blick eher harmlos erscheinenden – Entartungen liegt bei der sogenannten **Arbeitssucht** vor, die sich aber allmählich als eigenständiges Krankheitsbild abzuzeichnen beginnt. Sie ist nicht Ausdruck einer gesteigerten Freude und Befriedigung an der Arbeit, sondern das Ergebnis tief sitzender Ängste.

Wenn die seelische Überforderung des Menschen eine kritische Grenze erreicht hat, werden Mechanismen zur Kompensation der Stresslage ausgelöst, die außerhalb der eigenen Entscheidungsfähigkeit liegen und wirksam werden. Der Betreffende ist dann nicht mehr imstande, seine Handlungen zu kontrollieren.

Ein aus heutiger Sicht schon klassisches Beispiel dafür ist die sogenannte **Spielsucht,** die mit „Spielen" (im ursprünglichen Wortsinn) so wenig zu tun hat wie der Wohlgeschmack des Weines für den Alkoholiker. Der pathologische Spieler ruiniert sich sehenden Auges und bei intaktem Verstand.

Die Ursachen und Antriebe der Handlungszwänge liegen zum großen Teil im sozialen und kommunikativen Bereich. Dabei ist weniger die objektive Belastungssituation entscheidend, als vielmehr deren interne Verarbeitung durch den einzelnen. Damit kommt als zweite Ursache natürlich die individuelle Persönlichkeitsdisposition ins Spiel (R. Battegay, 1993). Das ist hier nicht anders als bei der Entstehung stoffgebundener Suchterkrankungen.

Die tieferen Ursachen für das vermehrte Auftreten (die erhöhte „Inzidenz") der stoffungebundenen Suchterkrankungen sind nicht einfach zu erkennen und auch nicht vordergründig. Wir leben zweifelsohne in einer hoch entwickelten Industriegesellschaft mit einem vergleichsweise hohen Output an materiellen Gütern und Dienstleistungen. Doch die stetige Anhebung der messbaren Lebensparameter hat sich so gut wie gar nicht auf die innerlich reflektierte Lebensqualität ausgewirkt, und wenn ja, dann immer nur für kurze Zeit. Das ist das Erstaunliche und Tragische zugleich. Daher ist auch das Wort „Wohlstand" – jene zweifelhafte Wortchimäre aus „Wohlbefinden" und „Lebensstandard" – ein so vager und missverständlicher Begriff.

4 Süchte ohne Suchtstoffe 191

Um nur ein Beispiel für die Ambivalenz des technischen Fortschritts herauszugreifen: die verbesserte Kommunikation. Niemand muss sich heutzutage, um mit jemandem in Kontakt zu treten, den Mühen einer Reise oder gar eines Fußmarsches aussetzen. Jeder ist mit jedem zumindest telefonisch vernetzt, darüber hinaus ließen sich alle Mitteilungen auch per Fax, Email, oder auch mit Hilfe des Internet austauschen. Wer sich die Technik leisten kann, mag auch sein eigenes Konterfei seinem Kommunikationspartner live zukommen lassen. All dies ist möglich. Dennoch nimmt die Vereinsamung des Menschen, vor allem in den urbanen Ballungsgebieten, in erschreckendem Maße zu. Es fehlt nicht nur die Großfamilie von früheren Zeiten, die trotz aller Konflikte aufs Ganze gesehen ein gesundes Gefühl der Zugehörigkeit und Geborgenheit vermittelt hatte. Es scheint die Familie überhaupt zu einer nicht mehr zeitgemäßen Konstruktion zu werden. Die Zahl der Singlehaushalte nimmt, gerade in den Großstädten, unaufhörlich zu. Von den so Lebenden zwar vordergründig gewünscht, führen sie letztendlich zur Vereinsamung. Außerhalb von Lebensgemeinschaften kann zwar jeder tun, was er will, doch es entfällt auch jene Form von milder gegenseitiger Kontrolle, die oft ein Ausbrechen in Sucht und Abhängigkeit verhindern könnte.

Wie schon erwähnt, wird die Nachsilbe „-süchtig" für die Beschreibung vielerlei Begehrlichkeiten verwendet. Von der Schwatzsucht über die Tobsucht bis zur Eifersucht sind fast alle übertriebenen Strebungen eingeschlossen. Was hier allein interessiert, ist die pathologische und damit auch im medizinischen Sinne behandlungsbedürftige Abhängigkeit von eingefahrenen und verfestigten Handlungsmustern. Es wäre verfehlt, jede von der Norm abweichende Strebung oder Handlung eines Menschen als Krankheit im medizinischen Sinne zu klassifizieren. Das hätte nicht zuletzt unübersehbare negative Folgen für eine gerechte moralische und juristische Bewertung menschlichen Fehlverhaltens. (Es sei hier nur an die kontroversen Diskussionen über die Behandlung und den Umgang mit Sexualstraftätern erinnert.)

Es heißt, dass Suchtverhalten für den Außenstehenden nicht nachvollziehbar sei. Das ist sicher nur zum Teil richtig. Denn nachvollziehbar sind zumindest die geringen und damit noch harmlosen Ausprägungsgrade (fast) jeder Sucht. Der von Alkohol, Drogen oder Handlungssüchten Abhängige bringt keine grundsätzlich neuartigen Verhaltensweisen ins Spiel, sondern nur eine vom moderaten, kontrollierten Umgang mit dem Suchtmittel ausgehende und erst im Laufe der Zeit sich herausbildende und verfestigende Abhängigkeit (L. Schmidt, 2007). Diese kann dann allerdings Ausformungen annehmen, die der „normale" Mensch unter Zuhilfenahme seines eigenen Erfahrungsschatzes nicht mehr versteht.

Was diesen Erfahrungsschatz betrifft, so wissen wir: Jeder Mensch muss lernen, mit mehr oder weniger starken Stimmungsschwankungen umzugehen, eine Fähigkeit, die schon von Kindesbeinen an trainiert wird. Aber auch jeder hat schon die Erfahrung gemacht, dass sich Missstimmungen auch in einer Art „Schnellverfahren" beseitigen lassen, und auch der Diszipinierteste macht gelegentlich davon Gebrauch.

Die moderne Gesellschaft stellt bekanntermaßen eine Vielzahl solcher Möglichkeiten zur Verfügung. Die Möglichkeiten zur eigenen Belohnung, zur Flucht und Ablenkung sind unbegrenzt. Der Psychotherapeut und Autor Felix Cobe spricht in diesem Zusammenhang von zwei typischen Zivilisationserscheinungen, nämlich der Anstrengungs- und der Anspruchsverwöhnung, die zur Suchtgefährdung des Menschen im weitesten Sinne führen. Erstere bedeutet, dass zur Befriedigung von elementaren Bedürfnissen immer weniger Aufwand getrieben werden muss. So kann die „Mühe" des Lesens oder gar Studierens durch simples Einschalten des Fernsehapparates scheinbar umgangen werden, und wer sich bedrückenden Gedanken zeitweilig entziehen will, flüchtet einfach ins Internet (**Internetsucht**). Auf gleicher Ebene liegt das Bestreben, sich durch überhöhtes und die tatsächlichen Erfordernisse übersteigendes Konsumverhalten depressiven Stimmungslagen zu entziehen. Auch hier ist festzustellen, dass der Übergang vom normalen zum krankhaften, unkontrollierten Verhalten fließend ist. Denn fast jeder Mensch unterliegt gelegentlich der Versuchung, gänzlich unvernünftige Erwerbungen zu tätigen, um sich an dem Erworbenen einfach nur zu erfreuen oder auch zu belohnen (selbst wenn dafür kein Anlass besteht). Gefährlich bis zur Existenzbedrohung wird erst die Überhöhung und Verselbstständigung dieser an sich normalen Strebung in Form eines eskalierenden Konsumverlangens, der sogenannten **Kaufsucht**. Dass dabei der Hintergrund einer einseitig konsumorientierten Gesellschaft eine fördernde Rolle spielt, liegt auf der Hand.

Es muss daher nicht unbedingt der Alkohol sein, wenn es darum geht, die Stimmungslage zu normalisieren oder zu verbessern. Viel weniger als zu früheren Zeiten müssen in der heutigen Zeit Glückgefühle durch Anstrengungen (gar körperlicher Art) erkauft werden. Dieses Missverhältnis in Kombination mit der Leichtigkeit der Bedürfnisbefriedigung ist wesentlicher Nährboden für das Entstehen von Suchterkrankungen.

Anspruchsverwöhnung, das bedeutet: Es werden immer höhere Reizstärken benötigt, um den gleichen Grad an Befriedigung zu erzielen. Auch hier leistet die Zivilisation dem Menschen einen Bärendienst. Denn das ursprüngliche Ziel eines befriedigenden („glücklichen") Lebens gerät in unerreichbare Ferne. Ein besonders eindrucksvolles Beispiel einer solchen verhängnisvollen Spirale liegt bei der **Sexsucht** vor.

Schwer einzupassen in die psychosozialen Rahmenbedingungen ist das Bestreben nach exzessiver sportlicher Betätigung, und der Begriff **Sportsucht** scheint fast einen Widerspruch zu sich selbst auszudrücken: denn sportliche Ertüchtigung ist ja eine von Haus aus sehr gesunde Angelegenheit. Wir werden darauf noch näher eingehen.

Bei den nichtstoffgebundenen Abhängigkeiten sprechen wir oft auch von „modernen" Süchten. Trivialerweise kann die Internetsucht nur ein Kind der jüngsten Zeit sein; bei den anderen Suchtformen ist mitunter schwer zu entscheiden, ob sie tatsächlich erst im 20. Jahrhundert aufgetreten sind oder ob sie infolge der damals unzulänglichen epidemiologischen Erfassung und Berichterstattung einfach nur nicht registriert wurden.

Das erstmalige massive Auftreten von **Essstörungen** zum Beispiel, wird etwa in die 70er Jahre des ausgelaufenen Jahrhunderts verlegt, obwohl bekannt ist, dass das Hungern aus religiösen Gründen (Fastenkuren mit exorzistischen Ritualen) eine bis ins Mittelalter zurückgehende Geschichte aufweist. Es dürfte aber sicher sein, dass solche Exzesse, wie auch die sog. Hungerkünstler des neunzehnten und „Wundermädchen" des 16. Jahrhunderts nicht als historische Vorläufer der heute zu beobachtenden Anomalien in den Essgewohnheiten anzusehen sind.

Im Folgenden sollen diese nicht stoffgebundenen Suchterkrankungen näher beschrieben werden. Da es sich um Abhängigkeiten handelt, die erst in jüngerer Zeit, zum Teil erst innerhalb der letzten zehn bis zwanzig Jahre ernsthaft beobachtet und erforscht werden, können die entsprechenden Aussagen auch noch nicht als endgültig angesehen werden.

4.1 Essstörungen

In den letzten zwei Jahrzehnten haben Essstörungen eine zunehmende Beachtung gefunden, obwohl sie schon weit früher bekannt waren. Es handelt sich dabei um die sogenannte Magersucht (Anorexia nervosa), die Ess-Brechsucht (Bilumia nervosa) und die Esssucht (Adipositas).

Epidemiologische Studien sagen aus, dass ca. 1 % der Frauen in der Altersgruppe 15–30 Jahre an Magersucht erkranken, 2–3 % an Ess-Brechsucht und Esssucht. Lange Zeit galten Magersucht und Ess-Brechsucht als reine Frauenkrankheiten. Heute weiß man, dass auch 1 % der Männer zwischen 14 und 25 Jahren an einer Essstörung leiden. Bei der Esssucht werden beide Geschlechter gleichermaßen betroffen.

Aus der lebenserhaltenden Funktion „Essen" wird bei diesen Krankheiten ein psychosomatisches Problem mit erheblichen körperlichen, seelischen und sozialen Folgen.

Von den Betroffenen wird der gestörte Umgang mit dem Essen, also zum Beispiel das wahllose In-sich-Hineinstopfen von riesigen Nahrungsmengen oder die totale Nahrungsverweigerung, suchtartig erlebt. Essstörungen sind also keine Ernährungsstörungen im üblichen Sinne.

Warum spricht man aber hierbei in der Wissenschaft von Sucht? Bei den genannten Essstörungen gibt es wie bei anderen Süchten auch

- den Kontrollverlust
- das Rauscherlebnis und Entzugserscheinungen
- Scham- und Schuldgefühle
- Suchtdruck.

Gemeinsam ist allen Essstörungen auch, dass kein gesunder Hunger auftritt und auch kein Sattsein.

Eine Besonderheit ist hierbei noch, dass der Essgestörte täglich seinem Suchtmittel (Essen) ausgesetzt ist und darauf auch nicht verzichten kann im Gegensatz zum Alkohol-, Medikamenten- und Drogenabhängigen, der sich sein Suchtmittel erst besorgen muss.

Der gesellschaftliche Hintergrund der Magersucht und der Ess-Brechsucht ist das von den Medien proklamierte Schönheits- und Schlankheitsideal als Voraussetzung für Erfolg, Attraktivität, Wertschätzung und sexuelle Ausstrahlung. Der Körper wird also zum Dreh- und Angelpunkt, und viele junge Frauen streben dieses Ideal durch gezügeltes Essverhalten an. Mittlerweile leiden auch, wie schon angeführt, viele junge Männer unter diesem Druck.

Die Magersucht

Magersüchtige sind extrem dünn. Die Magersucht ist meist eine Erkrankung junger Mädchen mit einem Häufigkeitsgipfel um das 14. und 18. Lebensjahr.

Hauptkennzeichen dieser Erkrankung ist der bewusst und willentlich herbeigeführte Gewichtsverlust. Ausgelöst wird diese Symptomatik nicht selten durch eine harmlos erscheinende Diät, also den Versuch, an Körpergewicht abzunehmen, woraus sich eine generelle krankheits-bedingte Furcht vor Nahrungsaufnahme ausbilden kann.

Sie empfinden sich kurioserweise immer als zu dick, obwohl sie auffallend dünn sind. Man spricht bei diesem Phänomen von einer **Körperschemastörung** oder Verzerrung der eigenen Körperwahrnehmung. Magersüchtige fallen dadurch auf, dass sie gern die ganze Familie und andere bekochen, selbst davon aber nichts essen oder ein Essen vortäuschen (ähnlich dem Alkoholiker, der einen kontrollierten Umgang mit Alkohol vorgibt). Sie fallen auf durch ein blasses Aussehen, gerötete Hände und ein ständiges Frieren. Sie sind in der Schulleistung hervorragend, haben ein hohes Leistungsideal (alles muss gehen, auf jeden Fall erfolgreich sein), neigen zum Perfektionismus, treiben extrem viel Sport und sind auch sonst hyperaktiv.

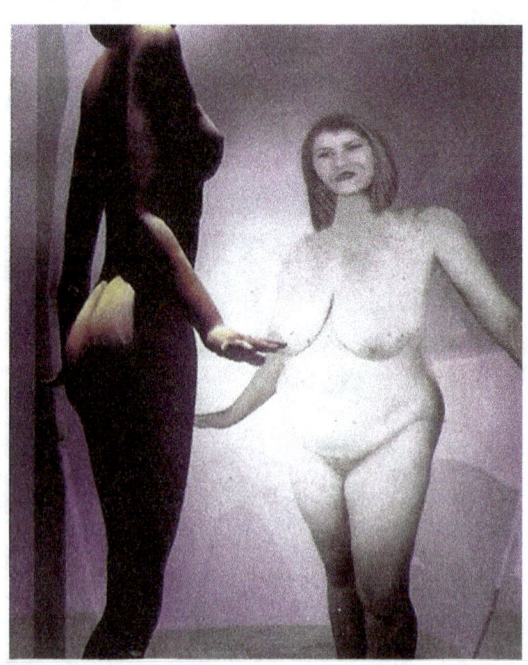

Hungern erzeugt eine euphorische Grundstimmung. Das weiß jeder, der einmal durchgehend gefastet hat. Ursache ist auch hier wieder der von mir mehrfach erwähnte Botenstoff Dopamin, der beim Hungern verstärkt ausgeschüttet wird und die Stimmung in Richtung Euphorie verändert. Auf diese Weise wird der Suchtkreislauf in Gang gebracht (H. Bruch, 1982).

Von der Persönlichkeitsstruktur betrifft es häufig sehr selbstunsichere Menschen, besser ausgedrückt, Menschen mit einem generellen Bedürfnis nach Selbstkontrolle. Neigung zu depressiven Verstimmungen, zerbrechliches Selbstwertgefühl und Hilflosigkeit führen nicht selten noch zu anderen Suchtkombinationen (Tabletten oder Alkohol). Die Gewichtsabnahme ist oft als ein Lösungsversuch von persönlichen Problemen zu werten: wenn man schon sein Leben nicht in den Griff bekommt, dann wenigstens die Figur, und das ist zumindest sichtbar!

Obwohl die Magersucht eine sogenannte „moderne" Suchtform ist und relativ gehäuft bei Frauen auftritt, gab es auch historische Vorbilder.

„Bekannt ist die Legende von der schönen Kaiserin Sissi (1837–1898). Um ihre überschlanke Figur zu erhalten, absolvierte sie ein tägliches Fitnessprogramm in eigens eingerichteten „Turnzimmern", machte intensiver Gymnastik, trainierte an Reck und Barren, übte sich im Reiten und Fechten und hetzte mit ihrer Hofdame stundenlang über Berge und durch Wälder.

Peinlich achtete die Kaiserin auf ihr Gewicht, das niemals 50 kg übersteigen durfte, und das bei einer Größe von 1,70 m! Und um ja nicht zuzunehmen, ernährte sie sich über weite Strecken von nichts anderem als Fleischsaft und hart gekochten Eiern. Jedes Gramm zu viel versetzte sie in Panik. Die Ärzte im 19. Jahrhundert standen dem „Phänomen Sissi" ratlos gegenüber, vor allem, als sie in späteren Jahren auch unter Hungerödemen litt." (Zeitschrift für Geschichte 5/2003)

Kaiserin Elisabeth „Sissi" von Österreich (1837–1898)

Oft wird bei Magersüchtigen das Körpergewicht noch zusätzlich durch selbstinduziertes Erbrechen, Einnahme von Appetitzüglern, Abführmitteln und Entwässerungstabletten abgesenkt bis in lebensbedrohliche Bereiche (bis zu 40 % unter dem zu erwartenden Gewicht). Trotz dieses Untergewichts streben die Betroffenen danach, noch dünner zu werden (Hungern ohne Ende = Kontrollverlust).

Die Gedanken der Magersüchtigen kreisen beständig um das Essen, sozusagen um einen regelrecht ritualisierten Umgang mit der Nahrungsaufnahme oder besser Nahrungsvermeidung. Ein Joghurtbecher und ein Apfel bilden meist die tägliche Nahrung! Trotzdem besteht eine beständige Angst vor Gewichtszunahme. Hintergrund der Krankheit ist oft eine gestörte Interaktion in den Familien, in denen sie aufwachsen, so zum Beispiel erhöhter Leistungsdruck vonseiten der Eltern und auch soziales Mangelmilieu wie zum Beispiel häufige körperliche Gewalt und

Scheidungen. 20 % der Betroffenen berichten auch von einem sexuellen Missbrauch im Kindesalter in ihrer Vorgeschichte.

Aber auch betont harmonisch wirkende Familien mit einer Atmosphäre des Überbehütetseins, in denen Kinder keine Chance haben, sich adäquat durchzusetzen oder auszuprobieren, bilden den Hintergrund für diese Krankheit.

So wird Nahrungsverweigerung oft als Druckmittel, als Hilfeschrei oder Machtausübung benutzt.

Folgeschäden sind oft ein Absinken des Körperstoffwechsels mit Untertemperatur, Absinken des Blutdrucks, häufiges Frösteln, Ödembildungen, Amenorrhoe und hormonelle Störungen.

Eine Krankheitseinsicht besteht meistens nicht. 10 % aller Magersüchtigen sterben an ihrer Krankheit, bei 30 % wird die Sucht chronisch. Bei weiteren 30 % wird die Sucht durch eine Behandlung gestoppt, und 30 % genesen wieder ohne Behandlung (sogenannte Spontanheilung).

Warnzeichen für eine Magersucht sind:

- Starker Gewichtsverlust innerhalb kurzer Zeit (20 % vom Ausgangsgewicht innerhalb von 3–4 Monaten), der durch Tragen von zu weiter Kleidung verdeckt wird
- Verzerrtheit der eigenen Körperwahrnehmung (fühlen sich zu dick trotz extremen Untergewichts)
- Starke Kälteempfindlichkeit
- Apathisches Reagieren, matte kraftlose Stimme
- Umsorgen und Bekochen der eigenen Familie
- Fehlende Krankheitseinsicht.

Zur Therapie
Wie bei jeder Suchtkrankheit ist die Motivation oft gering und ein Therapieansatz wird oft nur dann Erfolg versprechend sein, wenn der Leidensdruck des Betroffenen entsprechend hoch ist. Selbst bei jahrelangen Verläufen, für Außenstehende bereits unübersehbar, nimmt der Betroffene nur Teilaspekte seiner Störung wahr. So wollen sie nur ihre depressive Stimmung („Depressionen") und ihre körperliche Schwäche beseitigt haben, sehen aber absolut keine Notwendigkeit, ihr

Körpergewicht zu erhöhen. Im Gegenteil, sie reagieren nach wie vor panisch auf jede Gewichtszunahme!

Sofern das Körpergewicht nicht unter 40 kg sinkt – dann ist nämlich eine lebensrettende medizinische Akutbehandlung von Nöten – muss bei dieser Essstörung die Eigenverantwortung des Betroffenen in das Zentrum der Therapie rücken. Es muss schrittweise ein neues Leben aufgebaut werden, vom Essverhalten bis zu einem altersentsprechenden Sozialverhalten. Dazu ist erhebliche Motivationsarbeit notwendig, die aber hauptsächlich vom Betroffenen selbst kommen muss. Die Behandlung hat zunächst in einer fachärztlichen Niederlassung und dann in einer für dieses Krankheitsbild eigens eingerichteten Klinik zu erfolgen. Anschließend jedoch ist eine ambulante Führung in einer nervenärztlichen psychotherapeutischen Praxis gut möglich.

Die Ess-Brechsucht

Jessika

Nachdem wir die Anhöhe erreicht hatten, begann das Wetter umzuschlagen. Ein Gewitter war zu hören, und heftige Windböen treiben die ersten Spritzer vor sich her. Nasser Staub wird aufgewirbelt und fegt mir ins Gesicht. Uns voran läuft Jessika, ganz oben steht sie nun in einem eigenartig wechselnden Zwielicht. Sie hebt die Arme wie zum Zeichen, dass sie wieder einmal die erste ist. Ihr langes weites Kleid lässt die Sonne hindurchscheinen, ich sehe, wie schlank sie ist, gleichsam wie eine Tänzerin und immerfort in Bewegung.

Ich kenne sie noch nicht lange, doch sie hatte mich gleich von Anbeginn fasziniert. Kühl und warmherzig zugleich, anschmiegsam und wiederum unnahbar gibt sie mir immer wieder Rätsel auf, die ich – behutsam – lösen möchte.

Ihre Mutter, eine bodenständige Frau in den Fünfzigern, scheint mich zu mögen. Ich glaube das wenigstens, denn viel erfahre ich nicht von der eher schweigsamen Frau. Immerhin hatte sie den Vorschlag gemacht, zu Ostern mal die schöne Aussicht auf der Annenhöhe zu genießen. Ansonsten kann ich nur ahnen, dass sie keine leichte Vergangenheit hinter sich hat. Von ihrem geschiedenen Mann spricht sie nie namentlich, sondern nur von „dem" oder „der hatte damals ..." oder „mit dem bin ich fertig". Es muss wohl ein böser Typ gewesen sein, wenn es denn stimmt, was ich gefühlsmäßig durchhöre. Doch das geht mich eigentlich nichts an.

Hier muss irgendein Unterstand sein, sagt sie jetzt, aber Jessika hat ihn wohl schon gefunden und winkt uns heran.

Hinter dem Hügel kommt ein verfallenes Häuschen zum Vorschein, eine fragwürdige Konstruktion aus Holz und Lehm, aber mit einem regendichten Ziegeldach. Schwer zu sagen, wozu es einst diente, aber wir können drinnen Platz nehmen auf einer Bank und zwei Stühlen und durch die offene Tür hinausschauen in die weite Landschaft.

Hinter dem gleichförmigen, feinen Regen kommt wieder der blaue Himmel hervor, vielleicht wird es doch noch ein freundlicher Tag an diesem Ostermorgen.

Die Mutter stellt ihren Korb auf die Bank und sortiert mit den Augen den Inhalt. Ein reichhaltiges Frühstück hat sie liebevoll zusammengepackt, eine Kanne Tee, Brote, verschiedene Dosen und Teller. Sie breitet Besteck auf dem Tisch aus und schaut vorsichtig zu ihrer Tochter hinüber. Jessika, du auch? Wozu diese Frage? Meinetwegen, sagt Jessika gleichgültig, als gehe es darum, jemandem einen Gefallen zu tun.

Was sich nun abspielt, kommt unvermittelt und überfordert mein Verständnis. Das zarte Mädchen beginnt nicht einfach zu essen, sondern setzt zu einem Akt der Begierde an, der sich schwerlich in Worten beschreiben lässt, sie schlingt Portionen eines ausgewachsenen Holzfällers in sich hinein und verschließt sich dabei in einem nicht enden wollenden Kraftakt des Essens, so, als wolle sie alle Grenzen des Zivilisierten bewusst überschreiten. Sie isst, bis sie einfach nicht mehr kann.

Dann geht sie unvermittelt raus, meinen fragenden Blick hinter sich lassend, hinaus in den Regen.

Ihre Mutter sitzt teilnahmslos da, sagt dann nur leise: vielleicht wird Jessika wieder gesund, jetzt, wo sie ja jemanden hat. Und ich hoffe im stillen, dass sie mich damit meint.

Nach einiger Zeit kommt das Mädchen wieder herein, durchnässt, frierend, blass, abgespannt.

In meiner Verlegenheit frage ich sie, ob es ihr auch gut geht. Doch sie wird fast aggressiv. Natürlich geht es mir gut, was soll schon sein? Danach ist Schweigen.

Die Wolken hängen jetzt tief, aber es regnet nicht mehr. Wir beschließen, zurück zu gehen. Der Tag nimmt nun eine andere Wendung, soviel ist sicher. Jessika läuft, wie immer, voran mit schnellem federndem Schritt. Wir gehen schweigend hinterher, doch in mir fängt es allmählich an zu sieden. Obwohl ich nicht sehr entschlusskräftig bin, frage ich jetzt langgezogen, laut und deutlich: was – ist – eigentlich – los? Die Mutter bleibt stehen und schaut zu Boden. Na ja, sagt sie endlich, zögernd, leise: sie hat eben wieder alles ausgespuckt, was soll ich denn machen. Ihr stehen die Tränen im Gesicht. Dabei ist sie ein so liebes Mädchen, tut alles, kann alles.

Jessika winkt uns aus der Ferne zu und scheint ganz ausgelassen zu sein. Ich verstehe nun gar nichts mehr. In mir regt sich ein unbestimmtes, fast sentimentales Verantwortungsgefühl. Wenn ich sie wirklich gern habe, werde ich ihr helfen müssen. Was immer ihr Problem ist, ich werde nicht weggehen von ihr ...

Nach diesem kurzen Ausflug haben wir uns mehrere Tage nicht gesehen, kein Besuch, kein Telefonat, nichts. Jessika wusste, dass ich Fragen stellen werde, und ich wusste, dass ich Fragen stellen muss. Doch uns beiden fehlte der Mut, aufeinander zuzugehen.

Und ich weiß sehr wohl, dass es Probleme gibt im Leben, denen man nicht anders beikommen kann, als dass man über sie redet, über die man aber gleichermaßen nicht sprechen kann – nicht einmal, weil es am Willen und der Einsicht fehlt, sondern weil eine tiefsitzende Blockade jede Offenheit verhindert.

Während ich vergebens darüber nachgrübelte, wie wir aus diesem Dilemma herauskommen könnten, ohne dass einer den anderen verletzt, kam schließlich ein Brief mit der Vormittagspost. Absender: J., und auf dem Umschlag stand nur: an K., sonst nichts. Sie hatte den Brief also selbst eingeworfen.

Mich überkam ein regelrechtes körperliches Unwohlsein, als ich den Brief öffnete, vor allem weil ich wusste, dass mir wieder einmal die Initiative aus der Hand genommen war. Gleichwohl begann ich zu lesen:

Hintergrundinformation

Lieber Kurt,
 ich habe Angst, Dir zu schreiben, weil ich fürchte, Du wirst mich dann nicht mehr wiedersehen wollen. Dennoch tue ich es, weil es mir leichter fällt als Reden.

Ich weiß nicht, warum das so ist, aber es ist ebenso. Du weißt ja nun leider noch nicht viel von mir, und ich wollte es eigentlich auch so, dass wir unbeschwert zusammen sind, ohne dass irgendwelche Probleme uns belasten.

Nun kann ich das aber, wie Du ja bemerkt hast, doch nicht durchhalten. Ich habe, wie die Ärzte es ausdrücken, eine Essstörung. Und sie wollen, dass ich so bin und vor allem, dass ich auch so esse, wie alle anderen Menschen. Nur ist es für mich überhaupt kein Ziel, so zu sein wie alle anderen. Ich denke jedenfalls, was eine Störung ist, sollte man mir doch gefälligst selbst überlassen Ich sehe aber ein, dass mein Verhalten anderen gegenüber belastend sein kann, deshalb will ich Dir einfach mal ein paar Empfindungen schildern, die mit dieser sogenannten Störung zusammenhängen. Vielleicht verstehst Du sie, vielleicht auch nicht.

Für mich war es immer schon ein Drang, sehr schlank, ja sogar dünn zu sein und damit in meinen Augen einem Schönheitsideal zu entsprechen. Doch wenn ich ehrlich sein soll, es geht nicht nur um das Dünnsein, sondern auch um eine Art Leistungsnachweis. Wenn jemand zu mir gesagt hat: „Mensch, bist du dürr", dann habe ich das eher als Bestätigung aufgefasst und weniger als Kritik.

Das alles begann schon, als ich zehn Jahre alt war. Damals ging es aber noch nicht um das Schönsein. Ich hatte es einfach satt, mir immer Vorschriften machen zu lassen. Meine Schwester war da ganz anders. Sie tat immer, was man von ihr wollte und war daher auch das Lieblingskind. Sie wurde zu meinem ständigen Vorbild. Das Essen war bei uns immer ein regelrechter Festakt. Warten, bis alle am Tisch sitzen, warten, bis sich jeder den Teller vollgeschaufelt hat, warten, bis jeder jedem guten Appetit gewünscht hat usw. Und vor allem: alles schön aufessen, schließlich hatte man auch schlechte Zeiten erlebt, und schließlich gibt es nicht überall auf der Welt genügend zu essen. Also dankbar sein und gehorsam.

Wenn ich abends nichts gegessen hatte, weil es mir angeblich schlecht war, drehte sich plötzlich alles nur noch um mich, und ich bekam sogar eine Bettgeschichte vorgelesen. So etwas hatte ich mir dann sehr wohl gemerkt.

Ich bin nicht sehr lange ein Kind geblieben. Ich glaube, schon mit 13 war ich sehr selbständig, denn meine Eltern hatten sich hoffnungslos zerstritten, und mein Vater kam überhaupt nicht mehr nach Hause. Meine Mutter musste arbeiten, und ich war mir selbst überlassen. Ein Glück nur, dass ich gern zur Schule ging. Dort konnte ich zeigen, was ich kann. Wenn ich es nur wollte, konnte ich besser sein als andere, und vor allem im Sport konnte mir niemand etwas vormachen. Während sich andere herumquälten, habe ich die Schule immer mit Stolz und Selbstbewusstsein verbunden

Ich weiß nicht, wie ich es ausdrücken soll, aber einfach das Gefühl, einen leichten Körper zu haben, hat mich schon befriedigt. Da so wie so niemand darauf achtete, wann ich was und wie viel gegessen habe, konnte ich mir schließlich meinen eigenen Plan zurechtlegen. Da hat es Zeiten gegeben, in denen ich tagsüber gar nichts gegessen habe und nur abends, wenn meine Mutter und meine Schwester anwesend waren, ein bisschen Brot oder was sonst noch auf dem Tisch war. Das habe ich immerhin fast drei Jahre so durchgehalten.

Dann überkamen mich plötzlich diese Anfälle von Heißhunger, bei denen ich mich nicht mehr beherrschen konnte. Danach hatte ich stets drückende Schuldgefühle und versuchte, das Zeug wieder herauszubringen. Auch heute geht es mir noch so. Alle sagen: Lass das doch einfach sein! Wenn es doch nur ginge.

Ich weiß gar nicht, weshalb alle davon sprechen, dass ich süchtig sei, magersüchtig oder so ähnlich. Unter Sucht versteht man doch, irgendwelches Zeug zu sich zu nehmen. Das liegt mir aber ganz fern. Ich rauche nicht einmal.

Eigentlich möchte ich ja so weiterleben, wie bisher. Aber ich glaube, Du wirst das nicht mitmachen. Ich kenne jedenfalls andere, die das gleiche Problem haben, und sie haben auf die Dauer alle Freunde verloren. Das möchte ich aber nun auf keinen Fall.

Aber ich möchte auf keinen Fall, dass mich irgendjemand bevormundet. Wenn ich mich ändere, dann will ich das selbst entscheiden.

So, nun ist es erst einmal raus. Ich weiß, dass das noch keine Lösung ist, aber vielleicht können wir nun gemeinsam darüber nachdenken oder auch sprechen.

Jessika.

Es ist schlimm, dass ich zu einer so ehrlichen Offenbarung nichts sagen kann. Ich kann mir nicht vorstellen, wie jemand auf seine natürlichsten Bedürfnisse verzichtet und dabei so etwas wie Befriedigung empfindet. Vielleicht ist es gerade deshalb richtig, von einer Sucht zu sprechen, denn eine Sucht ist von Außenstehenden ohnehin nicht wirklich zu begreifen.

Doch ich bin froh, dass sie mir geschrieben hat. So können wir nun wenigstens beginnen, das Problem anzupacken. Das wird mir nicht allein gelingen, aber ich werde wenigstens dabei sein.

Der Umgang mit dieser Art der Erkrankung ist, wie dieses Beispiel gezeigt haben mag, für die Mitbetroffenen besonders schwierig, da ein Einfühlungsvermögen, das bei anderen Suchterkrankungen in gewissen Grenzen noch möglich ist, vollkommen fehlt. Man muss die Symptome zur Kenntnis nehmen, ohne den psychischen Hintergrund nachvollziehen zu können.

Die von der Ess-Brechsucht Betroffenen fallen äußerlich kaum auf, sie sind eher schlank und sehr fraulich konfiguriert. Die Krankheit ist erst seit 1980 als eigenständiges Krankheitsbild bekannt. Männer sind weniger betroffen. Die Ess-Brech-Sucht hat enge Beziehungen zur Magersucht, und viele der Betroffenen haben im Laufe ihrer Krankheit auch magersüchtige Perioden in ihrer Krankengeschichte. Das Durchschnittsalter beträgt 18–35 Jahre. Die Krankheit ist gekennzeichnet durch Heißhungeranfälle (sogenannte Fressattacken), in denen die Betroffenen bis zu ca. 8000 kcal verschlingen. Sättigungsgefühl wird nicht wahrgenommen, und eine solche Attacke wird erst durch Bauchschmerzen, allgemeine Erschöpfung und äußeren Termindruck beendet. Eine solche Fressattacke ist vergleichbar mit dem Kontrollverlust des Alkoholikers. Vergleichbar mit diesem entstehen danach Scham- und Schuldgefühle. Die genannten Fressattacken vollziehen sich heimlich im stillen Kämmerlein. Auch die Nahrungsmittel für diese Attacken werden vorher still und heimlich unter größter Vorsicht höchst konspirativ eingekauft. Nach einer solchen Fressattacke nehmen Scham- und Schuldgefühle die ganze Persönlichkeit in Anspruch, und um die aus der exzessiven Nahrungsaufnahme entstandene Gewichtszunahme vom „verbotenen" Essen zu neutralisieren, erfolgt ein selbstinduziertes Erbrechen (2–3 mal täglich) mit Unterstützung von Appetitzüglern, Abführ- und Entwässerungstabletten (T. Habermas, 1995). Es können sich auch strenge Diät und Fastenperioden anschließen. Diese Fressattacken vollziehen sich meist 2-mal in der Woche, in Extremfällen fast täglich.

Es handelt sich also um einen fortwährenden Diät-Ess-Brech-Zyklus, ein sich selbst aufrechterhaltender Kreislauf.

Wie die Magersüchtigen, so beschäftigen sich die Ess-Brechsüchtigen Tag ein Tag aus ausschließlich mit dem Essen. Es besteht eine nahezu krankhafte Furcht, dick zu werden.

Während aber Magersüchtige die Heißhungergefühle unterdrücken können, da sie die Kalorienzufuhr strengstens bilanzieren und gering halten, gelingt das den Ess-Brechsüchtigen nicht. Bei den Heißhungeranfällen wird ein Mehrfaches des Tages-Kalorienbedarfs überschritten, und genau das widerspricht dem übergeordneten Ziel, eigentlich abnehmen zu wollen. Daraus entstehen massive Schuldgefühle mit depressiven Verstimmungen und Ängsten, was die sozialen Beziehungen erheblich belastet (H. Feiereis, 1989).

Wie bei der Magersucht ist die Ess-Brechsucht häufig auch noch mit anderen Abhängigkeiten gekoppelt. Im Vordergrund steht hier die Medikamentenabhängigkeit (Benzodiazepine und sog. „Schlankmacher", Abführ- und Entwässerungstabletten).

Körperliche Folgeschäden der Ess-Brechsucht sind:

- Entgleisungen des Elektrolytstoffwechsels mit sich anschließenden Nierenfunktions- und Herzrhythmusstörungen
- Muskelkrämpfe bis hin zu tetanischen Anfällen
- Schwellungen der Bauchspeicheldrüsen, Zahnschmelzschäden, Speiseröhren- und Magenwandrisse

Warnzeichen der Ess-Brechsucht sind:

- Überzogene Angst vor Gewichtszunahme
- Heißhungerattacken und Kontrollverlust

Die Ess-Sucht

Esssüchtige fallen durch ihr extremes Körpergewicht auf, wobei die Adipositas allein noch keine Essstörung ist. Dazu gehören unbedingt der Kontrollverlust und die momentane Spannungsabfuhr durch das Essen. Ess-Süchtige essen schon seit der Kindheit meist sehr viel unter Bevorzugung hochkalorischer Speisen und Süßigkeiten. Diese Kinder wurden regelmäßig mit Essen getröstet und belohnt. Diese Gewohnheit wird dann auch über die Kindheit hinaus beibehalten. Esssüchtige schlingen ihre Nahrung während eines Essanfalls förmlich in sich hinein, oft im Stehen, hastig und meist für sich allein. Diese Fressattacken gleichen denen der Ess-Brechsüchtigen (R.-G. Lässle, 1990).

Nur die Betroffenen machen ihre Attacken nicht ungeschehen, das heißt sie erbrechen nicht, hungern nicht anschließend und betreiben auch keinen kompensatorischen Sport. Diese Fressattacken treten wie bei den Essbrechsüchtigen zwei- bis dreimal wöchentlich auf, in Extremfällen täglich. Auch hier spricht man vom Kontrollverlust. Dabei essen sie schnell und wahllos. Denn Esssüchtige schlucken ihre Gefühle wie Angst, Kummer und depressive Verstimmungen herunter, man spricht von regelrechtem Frustessen. Dabei verlieren sie die Kontrolle über die Nahrungsaufnahme bis zu einem unangenehmen Völlegefühl. Ein Hunger- oder Sättigungsgefühl kennen sie nicht. Nach diesen Attacken haben sie meist Ekel-, Scham- und Schuldgefühle sowie Depressionen, womit sich der Kreis wieder schließt. Viele von ihnen stehen oftmals unter erheblichem Leidensdruck und haben schon erfolglos Diät- und Abnehmversuche hinter sich gebracht. Diäten sind meist erfolglos, weil sie dem sog. Jojo-Effekt unterliegen. Bei Diäten, das heißt bei Zeiten geringer Nahrungszufuhr, reduziert sich der Grundumsatz des Körpers und lernt mit der Mangelernährung fertig zu werden. Bei der Einnahme wieder normaler Nahrungsmengen nach Diäten erhöht sich der Grundumsatz nicht automatisch, sondern bleibt lange Zeit auf niedrigem Niveau, sodass auch bei normaler Nahrungseinnahme oder sogar bei gezügeltem Essen wieder eine Gewichtszunahme erfolgt, die man nicht erwartet hat.

Die Esssucht kommt in der Allgemeinbevölkerung häufiger vor als die Magersucht oder die Ess-Brechsucht.

Psychische Folgen der Esssucht sind
- Psychische Isolierung
- Neigung zu depressiver Verstimmung mit sozialem Rückzug

Körperliche Folgen sind
- Hoher Blutdruck
- Zuckerkrankheit
- Leberschädigung
- Gicht
- Neigung zu Schlaganfällen und Infarkten
- Vorzeitige Gelenkverschleißung und eine durch Inaktivität bedingte Wirbelsäulenschädigung.

Warnzeichen für Esssucht sind
- Essen trotz mangelndem Hungergefühls
- Essen bei Kummer und Frust
- Kontrollverlust beim Essen
- Schuldgefühle, Selbstvorwürfe und Depressionen nach Fressattacken.

4.2 Internetsucht

Die Nutzung von Computern ist heutzutage aus dem öffentlichen und privaten Leben nicht mehr wegzudenken. Die breite Anwendung der elektronischen Datenverarbeitung hat so gut wie alle Prozesse in Wissenschaft, Wirtschaft, Verwaltung und auch im privaten Bereich rationalisiert und zum Teil sogar erst ermöglicht. Infolge ihrer dezentralisierten Technik – in Form von Personalcomputern (PC) – und vor allem wegen der vergleichsweise niedrigen Preise ist sie praktisch für jedermann nutzbar.

Seit etwa sieben Jahren greift nun ein Phänomen um sich, das als süchtiges Verhalten im Zusammenhang mit der Computerbenutzung beschrieben wird. Was genau ist darunter zu verstehen, und wo liegen die Ursachen?

Das erste und ursprüngliche Anwendungsgebiet von Computern bestand in der Möglichkeit, aufwendige und komplizierte Berechnungen in kürzester Zeit durchführen zu können (computare=berechnen). Dementsprechend waren die ersten Rechenmaschinen auch eine Domäne der mathematischen und technischen Wissenschaften.

In der Folgezeit, etwa in den siebziger Jahren, hat eine allmähliche Wandlung und Verschiebung des Anwendungsbereiches in Richtung auf Datenverwaltung in einem umfassenden Sinne stattgefunden. In geradezu schwindelerregendem Tempo wurde es möglich, fast sämtliche Organisations-, Buchhaltungs- und Verwaltungsvorgänge zu automatisieren.

Mit dem Aufkommen und der Verbreitung der Personalcomputer schließlich, die individuell erworben und genutzt werden konnten, war darüber hinaus ein heute praktisch unentbehrliches Anwendungsgebiet entstanden: die Nutzung des PC als komfortable Schreibmaschine mit zahllosen Möglichkeiten der Gestaltung. Das ursprüngliche Anwendungsgebiet, Berechnungen durchzuführen, war damit, was die Verbreitung anbelangt, endgültig aus dem Felde geschlagen.

Bis zu diesem Zeitpunkt bzw. Entwicklungsstand konnte aber niemand mit dem Arbeitsmittel Computer irgendeine Form süchtigen Verhaltens verbinden – eben so wenig, wie ein Steinmetz mit Hammer und Meißel. Dazu war der Anwendungsbereich zu eingeschränkt und, wenn man so will, zu „unattraktiv". Und wenn tatsächlich suchtartiges Verhalten auftreten sollte, dann allenfalls im Sinne einer spezifischen Arbeitssucht, die aber ihren eigenen Motivationen entspringt.

Die Situation änderte sich grundlegend, nachdem die technischen Möglichkeiten geschaffen waren, den Computer als universelles und prinzipiell jedem zugängliches Kommunikationsmittel zu verwenden. An vorderster Stelle steht dabei das „World Wide Web", kurz Internet. Es ist das umfassendste Datennetz überhaupt und verbindet Millionen von Anwendern in allen Ländern der Erde. Es gewährleistet den Zugriff auf eine nicht mehr zu übersehende Menge von Informationen aus allen erdenklichen Bereichen von Wissenschaft, Kultur (und Unkultur), Politik, Wirtschaft, Handel, Kunst usw. Darin liegt ohne Zweifel seine Anziehungskraft und Faszination. Doch allein aus dieser Tatsache ist noch kein Suchtverhalten herzuleiten. Denn auch Bücher und Zeitschriften stellen ein nahezu unerschöpfliches Reservoir an Informationen dar, während von einer ausgeprägten Sucht nach diesen Medien nichts bekannt ist.

Das Internet zur Informationsrecherche zu benutzen, ist nicht nur legitim, sondern für die verschiedensten Zwecke auch sinnvoll und im ganzen sehr effektiv. Daher kann auch der exzessive Gebrauch (lange „Online-Zeiten") nicht unbedingt mit süchtigem Verhalten im Sinne einer Abhängigkeit gleichgesetzt werden. So wie bei jeder Sucht, ob stoffgebunden oder nicht, ist die „Dosis" nicht das alleinige oder ausschlaggebende Kriterium. Entscheidend für die Diagnose „Abhängigkeit" ist vielmehr, dass eine typische Belastungssituation eintritt, die der Betroffene und/oder seine Umgebung auch als solche wahrnimmt und bewertet und gegen die er sich – mehr oder weniger erfolglos – zur Wehr zu setzen beginnt.

Die psychische Situation des Internet-Süchtigen ist bis heute noch nicht hinreichend aufgeklärt, auch die Ursachen liegen zum Teil noch im Verborgenen. Mit einiger Wahrscheinlichkeit sind es aber die folgenden Merkmale des Internetgebrauchs, die zur Abhängigkeit führen können:

1. Der Internetnutzer arbeitet in der Regel für sich allein. Er betreibt eine intensive Kommunikation ohne (menschlichen) Kommunikationspartner, selbst beim sogenannten Chat bleibt der Partner anonym. Die normalen Regulative zu einer zeitlichen Begrenzung der kommunikativen Aktivitäten sind weitgehend außer Kraft gesetzt.
2. Der Zugang zu den gewünschten Informationen erfolgt schnell, problemlos, kostengünstig, anonym (heikle Themen!), jederzeit. Infolge der Struktur des Netzes wird der Nutzer dazu verführt, von einem Datenpool zum nächsten zu wandern (zu „surfen") mit der Gefahr, die ursprünglich anvisierte Zielrichtung völlig aus dem Auge zu verlieren. Die z. T. sehr attraktive Gestaltung der Internet-Seiten (grafisches Design) trägt zu dieser Verführung in erheblichem Maße bei.
3. Das Bedürfnis nach Kommunikation kann durch die Nutzung verschiedener Plattformen (Chatsysteme, Kontaktbörsen, Online-Casinos etc.) oberflächlich befriedigt werden, ohne dass dazu echte Aktivität, Überwindung oder Anstrengung erforderlich wäre.
4. Die Gefahren eines übermäßigen Internetgebrauchs werden in der Regel erst sehr spät erkannt, da die Beschäftigung mit einem Computer (also einem anspruchsvollen High-tech-Gerät) zunächst einmal mit seriöser Arbeit identifiziert wird.

Inzwischen ist eine größere Anzahl von Studien zur Problematik Sucht und Internetnutzung durchgeführt worden. Zu den faktischen sozialen und personalen Bedingungen können aber bislang noch keine verbindlichen Aussagen getroffen werden.

Psychopathologisch wird die Internetsucht als eine Impulskontrollstörung eingestuft, wobei als wesentliches Kriterium ein allmählich sich einschleichender, dann u. U. massiver Leidensdruck entsteht.

Entsprechend einer Studie der Humboldt-Universität Berlin (1999–2000) lassen sich folgende Kriterien für das Vorliegen einer Internetsucht auffinden:

- Einengung des Verhaltensraumes: ein übermäßig großer Teil der Tageszeit wird für die Internetnutzung verausgabt, so dass andere notwendige Aktivitäten vernachlässigt werden.
- Kontrollverlust: Es ist dem Betroffenen nicht möglich, eine vorher festgesetzte Zeit der Internetnutzung einzuhalten.
- Toleranzentwicklung: Die „Dosis", d. h. die Online-Zeiten werden allmählich gesteigert.
- Entzugserscheinungen: bei längerer Unterbrechung der Internetnutzung (z. B. an Wochenenden bei Nutzern ohne privaten PC) treten deutliche psychophysische Beeinträchtigungen auf (Nervosität, Gereiztheit).
- Negative soziale Konsequenzen.

Von der Internetsucht im Sinne der genannten Merkmale sind nicht alle Personen gleichermaßen betroffen. Gefährdet sind vor allem männliche Jugendliche unter 20 Jahren. Das dürfte mit deren Bereitschaft (und auch Fähigkeit) zusammenhängen, sich ohne Vorbehalte neuer Techniken der Kommunikation zu bedienen. Frauen sind zunächst weniger gefährdet, doch ihr Anteil scheint mit zunehmendem Alter zu steigen.

Von besonderer Bedeutung ist auch die soziale Situation der Menschen. Eine ausgesprochene Risikogruppe stellen Arbeitslose und Teilzeitbeschäftigte dar, was vordergründig verständlich ist, da ihnen insgesamt mehr Zeit zur Verfügung steht. Darüber hinaus kann aber auch die mit dem Verlust einer geregelten Arbeit verbundene negative Stimmungslage eine Rolle spielen. In gleicher Weise kann auch die Tatsache verstanden werden, dass Alleinstehende gefährdeter sind als Personen, die in fester Partnerschaft leben (M. Spitzer, 2012). Das Kontaktbedürfnis wird bei ihnen dann eher ins Internet projiziert als bei anderen.

Ausbildungsstand und Internetsucht sind in gegenläufigem Verhältnis miteinander korreliert: je niedriger der erreichte Schulabschluss bzw. Ausbildungsstand ist, desto höher ist die Suchtgefährdung. Eine Interpretation dieses Sachverhalts ist nicht ohne weiteres möglich. Offenbar stellt die verminderte Selbstkontrolle den entscheidenderen Faktor gegenüber den höheren intellektuellen Fähigkeiten dar.

Eine realistische Einschätzung der tatsächlichen Gefahren, die das Internet – im Vergleich etwa mit anderen Suchtgefahren – mit sich bringt, kann derzeit noch nicht getroffen werden, es häufen sich aber

Fallbeschreibungen, aus denen hervorgeht, dass die übermäßige Bindung an das Internet bis zum psychischen und sozialen Ruin führen kann. Und wenn das so ist, dann dürfte die Bezeichnung „Internetsucht" zu einem legitimen Begriff geworden sein.

Kürzlich ist von Manfred Spitzer ein interessantes Buch erschienen mit dem Titel „Digitale Demenz". Hier geht er mit hoher psychiatrischer Kompetenz auf die Gefahren einer exzessiven Internetnutzung ein und auch auf den Tatbestand der Internetsucht, die schon weit um sich gegriffen hat. Spitzer versucht hier umfangreich darzustellen, wie digitale Medien süchtig machen können und letztendlich zur geistigen Verarmung (Demenz) führen. Online-Netzwerke beeinträchtigen unter anderem das Sozialverhalten und fördern Ängste und Depressionen, alles Risikofaktoren, die auch in die Sucht münden können. Die steigende Zahl von Internetabhängigen beweist es.

4.3 Arbeitssucht

Ostern

Sie hatten schlechtes Wetter versprochen, es sollte kühl und regnerisch werden, da eine mächtige Regenfront sich langsam, sehr langsam nach Osten schiebt. Damit war so gut wie sicher, dass unser geplanter Ausflug in die Sächsische Schweiz ins Wasser fallen würde, buchstäblich. Für solche Unbilden der Natur kann ich nichts, und auch Susanne und die Kinder werden sich damit abfinden müssen. Wir werden gut Essen gehen und im Übrigen zu Hause bleiben.

Doch nun kommt es anders. Die Morgensonne hat die letzten Wolkenfetzen vertrieben, und ein strahlender Frühlingstag kündigt sich an. Ich sehe diesen Umschwung mit einiger Sorge, denn meine eigene Planung für das Wochenende bricht in sich zusammen. Immer wieder schaue ich hinaus auf den Himmel, aber es ändert sich nichts.

Susanne ist schon mit den Reisetaschen beschäftigt, die Kinder springen herum, ich sehe dem Treiben teilnahmslos zu, aber in mir arbeitet es. Ich sehe den schwarzen Aktenkoffer in der Ecke stehen, er ist mit der Zeit zu einem Symbol der Bedrohung geworden, das weiß ich wohl. Aber ich habe nicht den Mut zu sagen, was ich sagen will und sagen muss: Kinder, fahrt erst mal ohne mich, ich komme dann nach, ganz bestimmt, doch ich muss erst noch ein paar Sachen erledigen. Denn ich habe Angst vor dem Ausbruch von Unwillen und Wut, der mir dann entgegen schlägt. Nie sei auf mich Verlass, man könne planen, was man wolle, stets komme etwas dazwischen durch diese verdammte Arbeit.

Und ich spüre, wie sich Widerstand in mir aufbaut. Was heißt hier verdammte Arbeit, schließlich ist sie das Gerüst unseres Lebens, das wir führen.

Doch ich weiß auch, dass das Leben aus Kompromissen besteht. Ja, es ist Ostern, zwar nicht für mich, aber für die übrige Welt, wie es scheint. Ich will euch den Tag ja nicht verderben. Also lasst uns erst einmal fahren. Und ich nehme mir auch nichts weiter mit als den Angebotsordner, ab und zu werde ich einen Blick hineinwerfen, nicht mehr.

Ich werde nur die Unterlagen mitnehmen, die ich wirklich brauche. Und das ist nicht viel. Da sind zunächst die Mails, die ich noch kurz überfliegen muss, denn es könnte schon sein, dass ich schnell reagieren, mindestens anrufen muss. Nicht die Großen fressen die Kleinen, sondern die Schnellen die Langsamen. Den Ordner „Konzepte" brauche ich eigentlich nicht, das hat noch Zeit. Das heißt – genau genommen – wenn sich schon ein Gespräch ergibt, dann muss man auch wissen, wovon man redet. Sicher ist sicher, das Auto trägt es ja. Ich werde die Papiere etwas umpacken, damit Susanne nicht gleich wieder eine Krise kriegt. Das Überflüssige kann zu Hause bleiben. Ich hole einen schwarzen leeren Ordner aus dem Schrank und lege erst einmal ein paar Trennblätter ein. Ich weiß aus Erfahrung, dass man außer Haus schwer die Übersicht behalten kann.

Was machst du denn da? Plötzlich steht Susanne hinter mir. Wir sind soweit fertig, sagt sie. Ich auch, ich muss nur noch schnell ... geht schon mal runter, ich komme gleich. Nein, sagt sie. Was heißt hier nein? Bin ich nur noch ein Maskottchen in meinem eigenen Zuhause? Wer entscheidet eigentlich, und worüber? Ich brauche noch ein paar Minuten, dann komme ich. Nein, sagt sie wieder.

Ich habe jetzt ein wirklich dummes Gefühl im Magen. Aus einer Kleinigkeit könnte in Sekundenschnelle ein furchtbares Drama werden, und das will ich nicht. Nachgeben, ohne nachzugeben ist die einzig mögliche Strategie. Ich komme also nicht mehr dazu, die unwichtigen von den wichtigen Papieren zu trennen. Nicht zu fassen. Es werden jetzt drei volle Tage verplempert, aber auf ein paar Minuten kommt es an.

Schlechte Stimmung hat auch ihre Vorteile, sage ich mir, man kann sie nicht mehr verderben. Also nehme ich den schwarzen Koffer so, wie er ist, zur Hand.
Gut, gehen wir. Ich muss zugeben, es ist wirklich ein herrlicher Tag.
Doch meine Stimmung schwindet mit den Kilometern, die wir fahren. Wir haben alle etwas Entspannung verdient, sagt Susanne, denn es gelingt mir nicht mehr, mich zu verstellen. *Die Arbeit läuft dir doch nicht weg.* Ich erwidere nichts, ich weiß nur, wie ich solche Gemeinplätze hasse. Was für andere gilt, ist Sache der anderen, nicht meine. Doch ich kann jetzt nicht mehr umkehren.
Doch eines kann ich. Wenn wir im Hotel angekommen sind, ziehe ich mich erst einmal zurück und lasse die Kinder die Gegend erkunden. Und es müsste mit dem Teufel zugehen, wenn ich mich nicht einmal durchsetzen könnte.
Tief in irgendeiner Tasche vergraben klingelt mein Handy. Susanne streikt. *Lass es klingeln*, sagt sie, *wir sind im Urlaub, oder was davon übrig geblieben ist.* Meine Hände sind ans Lenkrad gebunden, ich muss mich konzentrieren. Es ist mal wieder Krieg auf der Autobahn.
Doch beim nächsten Parkplatz lenke ich ein. Eine Pause wäre sowieso vonnöten gewesen.
Nun lass mich wenigstens nachschauen, wer da was wollte! Ich krame das kleine Wunderding aus der Tasche hervor und drücke die Knöpfe. Menü – Liste – ja, da haben wir ihn. Aha, der Batschinski, iss ja 'n Ding! Der ist kein Quatschkopf. Wenn der anruft, dann ist wirklich was los.
Susanne und die Kinder sind ausgestiegen und vertreten sich die Beine. Es ist wirklich ein herrlicher Frühlingstag. Gut so, sie müssen nicht alles mithören.

- *Ja, hier Batschinski.*
- *Du, ich bin's, was gibt's denn so Eiliges? Bin gerade unterwegs ins Kletterparadies. Nach Hohnstein, Elbsandsteingebirge.*
- *Mit family? Prima. Ist ja eigentlich nicht so wichtig, wusste ja nicht. … Es geht um diese Baltikum-Sache, du weißt schon.*
- *Und ob das wichtig ist. Die wollen den Kram früher, nicht wahr? Eben, dachte ich mir.*

- *Ja, so etwa, aber das lässt sich schon noch schieben, denke ich.*
- *Pass auf, Ralf: Das ist jetzt nicht so einfach, aber was sein muss, muss sein. Ich bringe die drei jetzt nach Hohnstein, ist ja nicht mehr weit und komme zurück. Abholen kann ich sie dann am Montag. Na klar, du kennst ja meine Frau. Gezicke und Gezeter wird's schon geben, aber was soll's.*

Mir wird jetzt eigenartig heiß und kalt zugleich, und ich drehe mich ganz langsam um. Da steht Susanne an der offenen Wagentür. Ich kann nicht mehr, sagt sie, ich lasse mich scheiden…

Arbeitssucht wurde 1971 erstmals in der Literatur als Sucht beschrieben und als „Workaholism" bezeichnet. Der Autor wollte damit eine Beziehung zu der bekannten Alkoholsucht herstellen, gewissermaßen einen Vergleich. Der Begriff „Workaholism" ist umgangssprachlich schnell geläufig geworden (St. Poppelreuter, 1997).

In der Öffentlichkeit aber wird Arbeitssucht als Krankheit eher belächelt, was angesichts von über vier Millionen Arbeitslosen verständlich erscheint. Arbeitssüchtige spüren einen inneren Zwang, einen nahezu hemmungslosen Drang, ständig arbeiten zu müssen. Sie arbeiten meist 14–16 h täglich inklusive der Wochenenden, Tendenz steigend. Sie halten sich meist für unabkömmlich und nicht ersetzbar. Sie belasten sich mit immer mehr Arbeit und empfinden dies als eine innere Erfüllung (=Dosissteigerung).

Dem Arbeitssüchtigen fehlt die Fähigkeit, außerhalb der Arbeit noch einen Sinn zu sehen. Er bewegt sich im Extremfall nur noch auf drei Ebenen: Essen, Schlafen, Arbeiten.

An dieser Stelle muss klar gesagt werden, dass nicht jeder, der viel arbeiten muss oder auch gern arbeitet, arbeitssüchtig ist, denn er verspürt keinen dauernden Druck oder Zwang zu arbeiten wie der Arbeitssüchtige. Arbeitssucht ist in der Tat eine ernsthafte Krankheit. Die Frage, ob der Arbeitssüchtige Freude an der Arbeit entwickeln kann, wird kontrovers diskutiert. Es ist sicher, dass der Übergang zur Suchtentwicklung fließend ist, sodass anfangs noch Freude und Arbeitsenthusiasmus vorherrschen. Später aber, wenn die Sucht manifest geworden ist und die Arbeit zum Zwang wird, dann geht der noch anfänglich vorhandene Genuss mehr und mehr verloren, und das Bedürfnis nach Arbeit wird unkontrolliert (Kontrollverlust). Jede Sucht ist grundsätzlich das Ende jedes Genusses. Kein Abhängiger kann wirklich genießen. So macht die Arbeit dann keine Freude mehr. Hinzu kommt die Gier nach Anerkennung und Akzeptanz. Dabei spielen auch Ängste, den Arbeitsplatz zu verlieren, unterschwellig immer eine Rolle. Die Fähigkeit zur realen Selbsteinschätzung ist dem Arbeitssüchtigen längst verloren gegangen, er lebt in der ständigen Angst, unproduktiv zu sein. Angst ist jetzt geradezu die Triebfeder seines Handelns geworden. Er missbraucht die Arbeit gewissermaßen, um seine Gefühle der Angst und Unzulänglichkeit zu verbergen. Ein Arbeitssüchtiger meint, grundsätzlich keine Freizeit zu haben. Er kann auch keine Arbeit delegieren. Er will perfekt sein und hat große Schwierigkeiten im Umgang mit seinen Arbeitskollegen. Durch die beschriebenen Kontrollverluste bedingt, ist er zwanghaft bemüht, seine Arbeit unter Kontrolle zu behalten, merkt aber, dass es ihm nicht mehr gelingt. Wie beim Alkoholiker stellen sich bei ihm Entzugserscheinungen in Form von psychosomatischen Beschwerden ein. Auf der körperlichen Ebene treten infolge des exzessiven Vielarbeitens Herzbeschwerden wie Herzrhythmusstörungen und Infarktneigung sowie hoher Blutdruck auf. Durch Bewegungsmangel und einseitige Ernährung sind die Blutfettwerte erhöht, es besteht eine Neigung zum Diabetes mellitus. Weiterhin gehören Kopfschmerzen, innere Unruhe und Schwindel zum gängigen Beschwerdebild. Um sich kurzzeitig zu entlasten, werden nicht selten Alkohol, Beruhigungsmittel und aufputschende Drogen (Kokain) missbraucht, so dass auf diese Weise eine Mehrfachabhängigkeit (Polytoxikomanie) entstehen kann. Der Arbeitssüchtige wird auf Dauer gesehen für jedes Unternehmen unproduktiv und unwirtschaftlich. Seine noch verbliebenen privaten Beziehungen befinden sich, falls sie nicht schon längst zusammengebrochen sind, auf einem Tiefpunkt. Es stellen sich Unzufriedenheit, Hilflosigkeit und Erschöpfungssymptome ein. Arbeitssucht ist eine fortschreitende Suchterkrankung, die wie alle Süchte bis zur Selbstzerstörung gehen kann.

Wie bei allen Suchterkrankungen stellt sich ein Leidensdruck, wenn überhaupt, so doch sehr spät ein, wenn das Suchtverhalten bereits negative Folgewirkungen auf andere Lebensbereiche hat und der Patient so nicht mehr leben und auch nicht mehr arbeiten kann.

Man darf aber nicht vergessen: Arbeitssucht hat immerhin das höchste Sozialprestige von allen Süchten, denn der Betroffene erfüllt über lange Zeit die höchsten Tugenden unserer Leistungsgesellschaft – Fleiß, Tüchtigkeit und Erfolg. Das behindert jede Therapiemotivation. Es stellt in der Gesellschaft schon einen Unterschied dar, ob sich jemand zugrunde gesoffen oder zugrunde gearbeitet hat.

Warnzeichen bei Arbeitssucht
- Keinen Feierabend kennen
- Leben ohne Freizeit
- Kein Hobby außer Arbeiten
- Wenige Freundschaften
- Zunehmende Interesseneinengung und Sinnentleerung.

Arbeitssüchtige sind in der Regel unausgeglichen, reizbar, fühlen sich missverstanden, da sie ja nur das Beste für die Firma und die Familie tun wollen. Daher ist es sehr schwer, sie zur Einsicht zu führen, dass bei ihnen ein Abgleiten in ein zwanghaftes, krankhaftes Verhalten vorliegt.

Das exzessive Vielarbeiten ist oft mit einem Verlust an Effektivität verbunden, was wiederum die Arbeitswut antreiben kann. Auf diese Weise entsteht ein Kreislauf, der nur durch therapeutische Einflussnahme durchbrochen werden kann.

4.4 Sportsucht

Bewegung ist die beste Medizin, Bewegung bringt Glücksgefühle, Bewegung hält Körper und Seele gesund. Vor allem jene abstinent lebenden Alkoholiker, die bewusst gesund leben und täglich Sport treiben, wissen das sehr wohl zu schätzen.

Es gibt aber auch die Erfahrung, dass man es übertreiben kann. Sport stärkt das Selbstvertrauen, und er kann psychisch wie eine Schutzhülle gegen Stress wirken. Er baut Stress ab, vermittelt Selbstsicherheit. Das wären immerhin die positiven Seiten.

Schwierig wird es, wenn man ohne Sport nicht mehr leben kann und Schuldgefühle aufkommen, wenn man ihn mal ausfallen lassen muss. Der Übergang zur Sucht ist wie bei allen Süchten stets fließend und plötzlich ist man in der Abhängigkeit gefangen.

So kann auch Sport zur Droge werden.

Dabei spielt der Zeitgeist eine nicht unwesentliche Rolle. Fit, schlank, jederzeit einsatzbereit – die Magazine überbringen diese Botschaften täglich, eingebettet in einen übertriebenen Körperkult.

Zur Droge wird Sport, wenn man von dem täglichen Sportpensum nicht mehr loskommt, der Sport zum wichtigsten Lebensinhalt geworden ist. Beim Alkoholiker würde man vom typischen Abstinenzverlust sprechen.

Das täglich auferlegte Sportpensum kann dann nicht mehr eingeschränkt werden. Es wird meist noch gesteigert. Signale des Körpers in Form von Schmerzen in Muskeln und Gelenken finden keine Beachtung mehr und werden einfach „überfahren".

Bei erzwungener Abstinenz treten dann häufig Entzugserscheinungen auf wie innere Unruhe, Missgelauntheit, depressive Verstimmungen bis hin zu emotionalen Ausbrüchen und affektiven Entgleisungen.

Nun ist nicht jeder, der viel und intensiv Sport treibt, automatisch sportsüchtig. Aber es gibt Menschen, die täglich zwei Stunden Hanteln stemmen, 10 km laufen, 30 km Radfahren und ohne dies nicht mehr auskommen, eher noch zur Steigerung neigen bis hin zum Kontrollverlust. Interessant ist auch die Beobachtung, dass vor allem Menschen, die an Magersucht oder Ess-Brechsucht leiden, eine besondere Neigung zur Sportsucht haben. Es wird dann nur noch trainiert, um Kalorien zu verbrauchen. Deshalb wird in stationären Therapieeinrichtungen für Essstörungen auch ein striktes Sportverbot erteilt.

Eine Ursache für die Suchtentwicklung könnte die vermehrte Ausschüttung von körpereigenen Morphinen, den Endorphinen, sein. Sie werden umgangssprachlich auch als körpereigene „Glücksstoffe" bezeichnet. Die Langstreckenläufer kennen den Zustand des „Runners High", ein Gefühl, in dem nach einer bestimmten Kilometerzahl alles von allein geht und man den Impuls verspürt, immer weiter zu laufen, verbunden mit einem unbeschreiblichen Glücksgefühl. Umgangssprachlich macht auch der Begriff des „Endorphin-Junkies" die Runde. Aber Endorphine machen weder psychisch noch physisch abhängig. Theorien über die Freisetzung von neuralen Botenstoffen wie Dopamin und Noradrenalin als Ursache für Glücksgefühle beim Sport gelten dagegen als hypothetisch. Sicher ist aber, dass der Botenstoff Serotonin bei körperlicher Bewegung verstärkt freigesetzt wird, eine Erkenntnis aus der Depressionsforschung und -behandlung. Denn Depressionen können unter anderem auch durch einen Serotoninmangel ausgelöst werden. So findet die gehobene Stimmungslage beim und besonders nach dem Sport eine Erklärung (J. Knobloch, A. Allner, Th. Schack, 2000). Es empfiehlt sich daher für depressive Patienten, Sport zu treiben, um sich am eigenen Erfolg zu erfreuen und psychischen Stress abzubauen.

Wie bei allen Süchten gibt es auch für die Sportsucht nicht nur eine Ursache.

Menschen, die sportsüchtig geworden sind, also nicht mehr von allein aufhören können, sollten sich unbedingt in eine Therapie begeben. Denn wenn Sport exzessiv betrieben wird, kann sich die anfänglich euphorische Stimmung ins ganze Gegenteil umkehren. Erschöpfung, Lustlosigkeit und depressive Verstimmungen stellen sich dann ein, verbunden mit sozialer Vereinsamung. Eine Patientin berichtete, dass sie durch ihr tägliches Sportpensum zu nichts mehr komme. Sie ließ Freunde fallen, hatte für nichts mehr Interesse, ging in kein Theater und kein Kino mehr, fühlte sich völlig vereinsamt und allein gelassen. So wollte sie nicht mehr weiterleben.

Aber ein exzessives Sporttreiben hat auch negative körperliche Folgen. Sportsucht führt zum sogenannten Disstress (negativer Stress), das heißt, die Körpermuskulatur und der Herzmuskel verbrauchen ein erhöhtes Maß an Sauerstoff, der den inneren Organen entzogen wird. Außerdem werden durch den Schweiß vermehrt Spurenelemente (Zink, Magnesium, Natrium) ausgeschieden, die der Körper dringend als Radikalenfänger benötigt. Zusätzlich wird auch der Fett- und Eiweißstoffwechsel erheblich geschädigt. Meist sind durch die Dauerbeanspruchung die Regenerationsphasen des Körpers zu kurz, und somit nimmt seine Leistungsfähigkeit ab, und er wird anfälliger für Krankheiten.

Warnzeichen für Sportsucht
- Manifeste Schuldgefühle bei Trainingsausfall, aus welchen Gründen auch immer
- Steigerung des täglichen Sportpensums
- Gefahr von Entzugserscheinungen, wenn das bisher Erreichte nicht mehr genügt
- Allmählicher Gewichtsverlust; es wird trainiert, vor allem, um Körpergewicht zu reduzieren
- Zunehmende Isolation, Freunde werden vernachlässigt, sozialer Rückzug
- Zunehmende Unzufriedenheit und Reizbarkeit.

4.5 Spielsucht

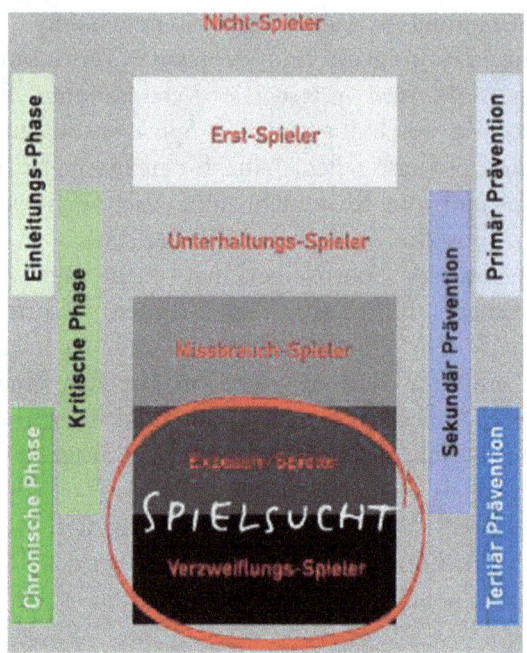

Selbstdarstellung eines Spielsüchtigen
(im Auftrag seines Therapeuten; der besseren Lesbarkeit halber leicht modifiziert)

Ich bin am 12.11.1968 in Moers geboren und wuchs mit zwei älteren Brüdern auf. Meine Kindheit verlief normal, wenn ich mich auch nicht genau an sie erinnern kann. Mit sieben Jahren wurde ich eingeschult, habe 11 Klassen besucht und eine Lehre als Fleischer abgeschlossen. Mit 15 begann ich, an Automaten zu spielen, es gefiel mir, in immer höhere Level zu kommen. Als ich mit 16 meine Lehre begann, verspielte ich mein Gehalt, und zu Hause gab es immer Ärger wegen dem Kostgeld. Als ich bemerkte, dass meine Spielleidenschaft immer größer wurde, verlor ich meine Freundin und mein Zuhause. Ich fing an, in einer Drückerkolonne zu arbeiten, wo ich mich geborgen fühlte und gutes Geld verdiente. Ich war gut im Verkauf und bekam sogar einen eigenen PKW. Aber jeden Samstag ging ich in die Spielhalle und verspielte restlos alles Geld.

Als die Mauer fiel, arbeitete ich in den neuen Bundesländern und verkaufte Versicherungen. Ich verdiente 1000 DM in der Woche und verspielte so gut wie alles. Aber ich verkaufte so gut, dass ich immer neues Geld bekam.

Nach 5 Jahren lernte ich meine Freundin kennen. Sie arbeitete in einem Blumenladen, den wir dann gekauft haben, später sogar noch einen zweiten Laden. Wir verdienten gut, so dass ich Höhenflüge bekam und mich wieder nächtelang in Spielhallen herumtrieb.

In unserer Beziehung kriselte es immer mehr. Als ich schließlich wegen Versicherungsbetruges inhaftiert wurde, stand ich ganz allein da. Ich kassierte nämlich die Versicherungsbeiträge, ohne sie abzurechnen, da ich das Geld verspielt hatte. In der Inhaftierung wurde Karten gespielt um Tabak, es ging also weiter.

Nach meiner Entlassung im vorigen Jahr hatte ich 1300 EUR, die ich sofort verspielte. Als Auflage vom Gericht musste ich bei Synanon antreten, aber dort blieb ich nur drei Monate. Seit kurzem bin ich in betreutem Wohnen bei AMOS e. V. untergebracht. Mein Arbeitslosengeld verspiele ich nach wie vor, so dass ich mit drei Mieten Rückstand schon kurz vor der Obdachlosigkeit stehe.

Für mein weiteres Leben habe ich mir folgende Ziele gesetzt:

Die Wahrheit sagen, denn Süchte bringen einen zum Lügen, weil man alles vergessen will.

Ich will offen mit meinen Mitmenschen und meinem Betreuer reden.

Ich werde regelmäßig Kontakt zu einer Selbsthilfegruppe aufnehmen, z. B. im Cafe Beispiellos in Charlottenburg.

Ich werde mir ein Hobby suchen, so dass ich vom Spielen abgelenkt werde und meine Freizeit anders gestalten kann.

Ich werde sehr schnell eine Therapie in der Salus-Klinik in Brandenburg antreten.

Ich will in meinem weiteren Leben straffrei bleiben und einer geregelten Arbeit nachgehen.

Wie fühlte ich mich beim Spielen:

Während des Spielaktes kriege ich fast nichts mit, was mit mir und meiner Umwelt passiert. Ich werde von Automaten automatisch angezogen

und verspüre das Gefühl: ich muss spielen und Geld gewinnen, um bei verschiedenen Leuten das geborgte Geld zurückzahlen zu können.
 Ich kann bis zu 8 h am Automaten sitzen und spielen. Während des Spielens verspüre ich ein Gefühl der inneren Ruhe und Geborgenheit. Das Leuchten des Automaten und der Gedanke an den Gewinn lassen mich nicht mehr aufhören, bis ich endlich merke, dass ich kein Geld mehr habe. Wenn ich fertig bin, frage ich mich, wie ich wieder an Geld komme. Da ist es schon passiert, dass ich mir Geld von Mitbewohnern der WG geborgt habe, das ich bisher nur zur Hälfte zurückzahlen konnte.
 Ich spiele solange, bis der letzte Cent weg ist. Während des Spielens kriege ich Schweißausbrüche, wenn ich merke, das Geld ist bald alle. Ich bin mit meinen Nerven am Ende und muss auf schnellstem Wege eine Therapie beginnen, um geheilt zu werden, um die Ruhe wieder zu mir zurückzuführen, so dass ich die Welt wieder realistisch erleben kann. Denn ich weiß nicht, was sonst noch passieren wird, ob ich wieder straffällig und inhaftiert werde.
 So, wie ich mich jetzt geöffnet habe, habe ich es noch bei niemandem getan, ich glaube, das ist erst der Anfang.
 Spielsucht ist die am weitesten verbreitete stoffungebundene Sucht (G. Meyer, M. Bachmann, 2000). Man schätzt die Zahl der pathologischen Spieler in Deutschland auf bis zu 140.000. Auch sie zieht sich wie ein roter Faden durch die menschliche Geschichte. Im alten Ägypten war es das Würfelspiel, später waren es die alten Germanen, die nach den Berichten des Tacitus ein Vermögen beim Würfelspiel verloren haben sollen bis hin zum Verlust ihrer persönlichen Freiheit. Alle großen Religionen verdammten das Glücksspiel als Teufelswerk. Spielen gehört eigentlich zu Grundelementen menschlichen Werdens und Reifens. Kinder lernen spielerisch die Welt zu erobern. Spielen ist ein Ausdruck von Lebensfreude.
 Wie verhält es sich aber beim Glücksspiel? Beim Glücksspiel geht es zwar in erster Linie um Geld. Aber es steckt noch weit mehr dahinter, nämlich der Nervenkitzel, die innere Anspannung, die höchste Erregung. Das Flair, Ton-, Licht- und Farbeffekte in den Spielotheken vermitteln ein Gefühl von Vergnügen und Geborgenheit und suggerieren den Eindruck, dass Gewinne doch häufiger sind als Verluste. In dieser Atmosphäre ist man wer, man fühlt sich unter

seinesgleichen und ist geachtet. Das Glücksspielen ermöglicht ein Abschalten der Realität und ein Eintauchen in Fantasiewelten und Vorstellungen, was mit einem entsprechenden Gewinn nicht alles möglich wäre. Das baut Spannungen ab, und das Leben wird scheinbar leichter. So spielt vordergründig der finanzielle Gewinn beim Glücksspiel eine gewichtige Rolle, entscheidend für den Antrieb zum Weiterspielen jedoch ist die bleibende überstarke Beeinflussung der psychischen Verfassung durch das Spiel. Die Verlockung des Geldes ist insofern nur Mittel zum Zweck.

So wollen wir jetzt den Verlauf eines Glücksspiels, seine psychostimulierende Rolle im Einzelnen untersuchen.

Spielbeginn Alles ist noch offen, große Pläne werden geschmiedet, ein prickelnder Reiz des Ungewissen erfüllt die gesamte Spielerpersönlichkeit. Händezittern, Schwitzen, euphorische Gespanntheit sind Ausdruck höchster innerer Erregung, die unabhängig vom Spielausgang ist. Diese lustvolle Erregung kann auch bereits bei der gedanklichen Beschäftigung mit dem Spiel auftreten, wenn sich der Spieler der Spielothek nähert, aber auch weit davor.

Spielausgang Wenn das Spiel entschieden ist, wird die aktuelle Stimmung vom Gewinn oder Verlust bestimmt.

Gewinnphase Die Spielerlaufbahn beginnt meist rein zufällig. So zum Beispiel durch Freunde, die eine Spielothek besuchen, oder im Wohngebiet hat gerade eine Spielothek eröffnet. Meist werden am Anfang auch kleinere und größere Gewinne gemacht, was die Stimmung hebt, Wohlbefinden auslöst, ein gesteigertes Lebensgefühl erzeugt und nicht selten eine Suchtkarriere einleitet. Bei Gewinnen fühlen sich die Spieler zeitweilig wie im Rausch. Alles erscheint erreichbar und mit Händen zu greifen. Größenideen kommen auf. Diese Glücksgefühle lassen sich auch „konservieren", denn schon die geistige Vorwegnahme eines Spiels löst eine euphorische Stimmung aus. Auftretende Verluste können immer noch ausgeglichen werden, und das Spiel beschränkt sich meist noch auf die Freizeit, aber die Risikobereitschaft wächst. Die Besuche der Spielotheken werden regelmäßiger.

Verlustphase (kritische Phase) Der Übergang zur kritischen Phase ist relativ fließend. Die Spielintensität wird gesteigert. Jetzt treten fast zwangsläufig auch Verluste auf, die der Spieler zunächst mit Gleichgültigkeit hinnimmt. Enttäuschung und Panikstimmungen können einsetzen, sind aber nicht nachhaltig. Schnell wird ein neues Spiel begonnen, was mit erneuter Euphorie verbunden ist. Dann wird gespielt, solange das Geld eben reicht. Jeglicher Bezug zum realen Geldwert geht verloren, Geld ist nur noch Spielkapital. Bei Spielende wird aus Angst zu verlieren und vor allem aus dem Panikgefühl heraus, nicht weiterspielen zu können, risikoärmer gespielt bis zum letzten Euro. „Der Automat war für mich ein Partnerersatz, ich glaubte, über ihn Macht zu haben. Ich musste den Verlust beim Spielen spüren, um noch einmal die Situation zu erleben, als ich Vater und Mutter verlor", erzählte ein seit 3 Jahren Spielabstinenter. Natürlich lässt sich das Spiel auf Dauer nicht mehr nebenbei finanzieren. Verwandte werden beliehen, es werden häufig auch Kredite aufgenommen.

Um das einmal erlebte Glücksgefühl zu erhalten beziehungsweise noch zu steigern, werden unsinnigerweise sogar die Einsätze erhöht. In der Wissenschaft spricht man, wie bei einer Alkoholabhängigkeit beschrieben, von einer Toleranzentwicklung. Langsam aber sicher beginnen soziale Auffälligkeiten. Der Betroffene belügt seine Angehörigen über seine Spielaktivitäten und beginnt, ein zweites Leben zu führen. Es kommt zu Problemen in der Partnerschaft und zu Vernachlässigungen im Berufsleben. Die Sucht geht in ein chronisches Stadium über.

Chronische Phase Sie ist dadurch gekennzeichnet, dass der Betroffene alles Geld, dessen er habhaft werden kann, verspielt einschließlich der Gewinne. Der Spieler hat die Kontrolle verloren. Der Kontrollverlust ist kennzeichnend für das chronische Stadium. Alles Denken und Tun konzentriert sich nur noch auf das Spielen. Gewinne sind kaum noch zu verzeichnen. „Ich musste meine Zahnarztrechnung bezahlen, aber ich trug das Geld wie von einem unsichtbaren Magneten angezogen in die Spielhalle und verspielte es", berichtete kürzlich ein Betroffener, der bereits sozial abgestürzt war. Das chronische Stadium ist wesentlich durch den sozialen Verfall gekennzeichnet. Arbeitsplätze werden fallen gelassen, Familien werden vernachlässigt, bis sich der Partner vom Spielsüchtigen trennt, und es droht die soziale Isolation. Nicht selten kommt es zum Abrutschen in die Kriminalität (Betrug, Veruntreuung, Unterschlagungen, Banküberfälle).

Anzeichen einer Spielsucht sind
Das Glücksspiel ist zentraler Lebensinhalt geworden, es dominiert die gesamte Gedankenwelt des Spielers, die sich vor allem um die Beschaffung des Geldes dreht. In dieser Hinsicht sind Betroffene äußerst kreativ. Es muss mit höheren Einsätzen gespielt werden, um den gewünschten Kick zu erreichen.

Der Betroffene verspielt somit höhere Beträge und spielt länger als beabsichtigt. Die Zeit spielt keine Rolle mehr (Kontrollverlust). Er wird unruhig und reizbar, wenn er nicht spielen kann (Entzugserscheinungen).

Hat er all sein Geld verloren, so spielt er am nächsten Tag mit geliehenem Geld weiter, um den Verlust wieder auszugleichen, was sich in aller Regel als utopisch erweist.

Er spielt, um Probleme, Kummer und Sorgen zu beseitigen. Er hat schon öfter erfolglos versucht, das Spiel einzuschränken (Abstinenzunfähigkeit). Er zieht sich aus Familien und Partnerschaften zurück, führt ein Doppelleben. Er hat seinen Arbeitsplatz und andere soziale Beziehungen wegen des Spielens verloren. Er begeht kriminelle Handlungen, um sein Spiel zu finanzieren. Er kann seine Schulden nicht mehr bezahlen, trotz massiver sozialer und beruflicher Probleme spielt er weiter.

Warnsignale für eine drohende Abhängigkeit
- Andauerndes, wiederholtes Spielen
- Jede Gelegenheit wird genutzt, um zu spielen.
- Alltägliche Konflikte werden durch Spielen betäubt.
- Auseinandersetzungen in Familie und Partnerschaft
- Permanente Schuldgefühle
- Emotionale Entfernung von der Familie
- Aufbau eines zweiten Spielerlebens
- Prahlen mit Gewinnen.

Therapie

Wie bei der Alkohol- und Drogenabhängigkeit hilft bei der Spielsucht nur eine abstinente Lebensweise. Diese gelingt aber nur, wenn der Betroffene erkannt hat, dass er abhängig ist. Die Einsicht in die eigene Abhängigkeit ist die Voraussetzung, um aus dem Kreislauf der Spielsucht auszusteigen. Die meisten wissen schon sehr lange, dass sie süchtig sind und haben auch schon versucht, spielfrei zu leben. Aber es gelang ihnen nicht, die Sucht war stets stärker – ein wohl bekanntes Phänomen. Aufhören zu spielen, ohne sich im Klaren darüber zu werden wozu, gelingt in der Regel nur für kurze Zeit. Deshalb ist die Motivation, die Frage nach dem „Wozu", der alles entscheidende Faktor für eine spielabstinente Lebensweise. Wozu will ich aufhören zu spielen, was soll dann geschehen, was soll sich verändern, wie soll mein weiteres Leben aussehen (Beruf, Familie, Partnerschaft, Freizeit usw.)? Erst wenn diese Motivation stimmt, hat die Spielabstinenz eine sichere Perspektive. Natürlich muss als erster Schritt eine Spielfreiheit erreicht werden. Sind dann Bereitschaft und Einsicht vonseiten des Betroffenen vorhanden, so kann, ambulant oder stationär, eine Behandlung in Angriff genommen werden. Für eine dauerhafte Spielabstinenz ist die Selbsthilfegruppe die entscheidende Instanz. Hier lernt der Betroffene im Dialog mit seinen Mitbetroffenen seine Spielabstinenz zu festigen. Es ist wichtig, dass er seine noch offenen Türen zum Rückfall fest verschließt. Dazu ist es wichtig, dass er zunächst alles Geld und auch Scheckkarten dem Partner oder vertrauten Angehörigen übergibt, bis er sich einigermaßen gefestigt fühlt. Seine Wege sollten auch in der ersten Phase der Abstinenz nicht an Spielotheken vorbeiführen, und er sollte sich einen neuen Freundeskreis schaffen.

4.6 Kaufsucht

Kaufsucht ist neben der Internetsucht und anderen bildschirmbezogenen Suchtformen (Videofilme, Videospiele) eine höchst moderne Suchtform, die aber in den USA und Kanada schon länger bekannt ist. Sicherlich hat es diese Suchtform mehr oder weniger als Einzelerscheinung auch schon viel früher gegeben (Leute, die mehr kauften als sie gebrauchen konnten). Aber zu einer Massenerscheinung ist sie erst in der modernen Industriegesellschaft geworden.

Das Überangebot an Konsumgütern, Informationen, verführerischer Werbung reicht allein schon aus, um einem normalen Mitbürger sein vernünftiges Konsumverhalten zu gefährden. Umso verheerender wirken sich die Einflüsse auf psychisch oder sozial weniger stabile Menschen aus.

Angeblich sollen 800.000 Bundesbürger von der Kaufsucht betroffen sein. Auch diese Suchtform ist wie alle anderen Süchte in ihrem Auftreten ziemlich heterogen, das heißt, alle Altersgruppen und alle Einkommens- und Bildungsschichten sind davon betroffen.

Kaufsucht ist eher eine „weibliche" Suchtform, obwohl die Männer nach neuesten Untersuchungen deutlich nachziehen. Frauen kaufen mehr Kleidung, Schuhe, Schmuck, Kosmetika usw., Männer mehr technische Produkte, Sportgeräte, Bücher, Sonderstücke, modische Accessoires. Fast jeder kennt das freudig belebende Gefühl beim Betreten eines Geschäftes, in dem man von allen Seiten angesprochen wird. Man ist umgeben von attraktiven Verkäuferinnen, modischen Produkten, kurzum einem anziehenden Flair. Dadurch steigert sich das Kaufen oft bis zur Besessenheit. Man spricht in dem Zusammenhang auch von „Belohnungskäufen", die bei Ärger und Verdruss getätigt werden. Sie können aber auch bei durchaus freudigen Ereignissen im

Sinne einer gelungenen Selbstbestätigung als positive Verstärkung vorkommen. Das kann eine ganz normale psychische Strategie sein, die noch nichts mit der Sucht zu tun hat. Zum Problem wird es erst, wenn das genannte Frustrationskaufverhalten regelmäßig geschieht, wenn es also zur Gewohnheit wird, seelische Defizite durch Frustkäufe auszugleichen.

Die Betonung liegt hier auf Gewohnheit, wenn also auf Dauer versucht wird, psychische Beschwerden auf diese Art zu lindern, wenn Kaufen im Wesentlichen nur noch die Funktion hat, innere Leere, Minderwertigkeitsgefühle, Unsicherheiten, Persönlichkeitsdefizite zu verdecken oder zu kompensieren.

Die Grenze vom gelegentlichen Frustkauf zur Kaufsucht wird dann überschritten, wenn der Betroffene einen immer wiederkehrenden unwiderstehlichen Drang spürt, Dinge zu kaufen, die nicht benötigt werden und letztendlich im Müllcontainer landen. Die Wohnungen sind dann oft überfrachtet mit einer Unzahl nutzloser Dinge, die sich kaum noch geordnet unterbringen lassen.

Dabei wird wie bei anderen Süchten auch ein euphorischer Zustand (ein sogenannter Kaufrausch) erreicht, der als Glücksgefühl, als Hochstimmung erlebt wird und sich im Laufe der Sucht verselbstständigt. Dabei geht mehr oder weniger die Kontrolle verloren: „Wenn ich Geld habe, muss ich einkaufen, ob ich will oder nicht" (Kontrollverlust).

Suchtspezifisch ist auch die Dosissteigerung. Um den gleichen euphorischen Zustand zu erreichen, wird immer mehr und teurer eingekauft. Die Kaufsucht verläuft schleichend und hat überdies eine hohe gesellschaftliche Akzeptanz. Sie ist in dieser Hinsicht vergleichbar mit der Arbeitssucht. Daher wird sie auch vom Betroffenen lange nicht als krankhaft erlebt. Im Verlauf der Krankheit aber stellen sich Schuldgefühle ein, die sich als schlechtes Gewissen nach getätigtem Einkauf äußern. Heimliches Kaufen und Verleugnen sind dann bekannte Folgeerscheinungen. Auch bei der Kaufsucht ist es so, dass das Kaufen, die glitzernde Atmosphäre selbst den Kick verschafft, denn an der Kasse kann dieses Gefühl schon wieder abgeklungen sein.

Die erworbenen Dinge werden oft nicht einmal ausgepackt. Übrig bleiben Depressionen, innere Unruhe, Angstgefühle, Gefühle der

Sinnlosigkeit, Suizidgedanken. Das Ganze wird noch verstärkt durch die sich einstellende wirtschaftliche Notlage. Hier ähnelt der Verlauf der bereits abgehandelten Spielsucht. Meist sind auch hier die Konten überzogen und die Kreditkarten gesperrt. Dadurch entsteht ein enormer innerer Druck, der als Leidensdruck vom Betroffenen wahrgenommen wird. Die Einkäufe werden jetzt vertuscht und nur noch heimlich vorgenommen. Die Schulden werden immer größer, Freunde und Verwandte werden angepumpt, bis diese Quellen auch erschöpft sind und kriminelle Handlungen begangen werden. Das Familien- und Berufsleben wird wie bei allen Süchten erheblich vernachlässigt. Dadurch kann sich der Leidensdruck verstärken, sodass der Betroffene erkennt, dass er Hilfe benötigt, da er es nicht mehr allein schafft, sich von der Sucht zu lösen.

Warnsignale
- Keine Kontrolle im Umgang mit Geld
- Dinge kaufen, die man nicht braucht
- Einkaufen, um sich besser zu fühlen, Stress und Unbehagen abzubauen (Frustkäufe)
- Glücksgefühle beim Kaufen, wobei es oft gar nicht um den gekauften Gegenstand geht
- Wenn wegen Geldmangels kein Einkaufen mehr möglich ist, entwickeln sich innere Unruhe, depressive Verstimmungen und körperliche Beschwerden
- Schlechtes Gewissen beim Kaufen
- Geldanleihen, um weiter einkaufen zu können
- Der Drang einzukaufen wird unwiderstehlich.

Therapie
In leichteren Fällen wäre es ratsam, sich zunächst genau zu beobachten während und nach dem Einkaufen.

Was treibt Sie in das Einkaufscenter? Ist es Stress, Frust, sind es die persönlichen Konflikte, Missbehagen, Stimmungsschwankungen?

Spüren Sie während des Einkaufens ein Glücksgefühl („Kick"), und wann genau kippt Ihre Gefühlslage um?

Spüren Sie Schuldgefühle nach dem Kaufen?

Versuchen Sie sich einzuschränken und horchen Sie dabei in sich hinein, wie es Ihnen dabei geht.

Wenn Sie es nicht allein schaffen – das ist meist der Fall – sollten Sie sich Hilfe suchen. Das kann einmal eine Verhaltenstherapie sein, in der Sie die Ursachen Ihrer Sucht bearbeiten lernen. Zum anderen sollten Sie parallel dazu eine Selbsthilfegruppe aufsuchen, in der Sie mit Mitbetroffenen über Ihre Probleme reden können.

Wichtig dabei ist die Einsicht, dass Sie suchtkrank sind und sich helfen lassen wollen (A. Bongers, 2000). Sprechen Sie auch oft mit Ihren Angehörigen über Ihre Krankheit. Nur so können Sie Ihr vernachlässigtes oder zerbrochenes Familienleben wieder in geregelte Bahnen bringen und Ihre sozialen Bezüge ordnen. So lernen Sie wieder, zu sich selbst zu finden und sich selbst kompetent zu erleben. Sie brauchen dann nicht mehr zu kaufen, nur um sich wohl zu fühlen.

Noch ein paar Tipps zur ersten Hilfe
- Geben Sie Ihre Kreditkarten dem Partner oder anderen Angehörigen, denn mit der Karte kauft es sich schneller, die Rechnung kommt später.
- Zahlen Sie grundsätzlich mit Bargeld, es schmerzt mehr.
- Kaufen Sie nicht in Zeiten des Schlussverkaufs.
- *Holen Sie alle gekauften Bestände aus Ihren Schränken, Stauräumen und Verstecken, legen Sie darüber eine Liste an. Sie werden erstaunt oder gar schockiert sein, wie viele Dinge Sie haben.*
- *Gehen Sie in den Supermarkt und schauen Sie, was Sie alles heute nicht brauchen – und genießen Sie, wie reich Sie dabei werden können.*

4.7 Sexsucht

Das Ausleben sexueller Bedürfnisse gehört heutzutage, zumindest in den aufgeklärten westlichen Gesellschaften, zu den als selbstverständlich anerkannten „Grundrechten" jedes einzelnen. Auch wird heute offener, freimütiger und sachlicher im Vergleich zu vergangenen Generationen über Sex gesprochen, mit Sex umgegangen.

Wer Probleme mit der eigenen Sexualität hat, wird eher und bereitwilliger als früher tradierte Hemmschwellen überwinden und sich, wenn nötig, auch fachkundig beraten lassen.

Auf diesem Hintergrund ist es zu verstehen, dass ein Krankheitsbild, das es wahrscheinlich schon seit langem gibt, erst in neuerer Zeit aus der Grauzone der Tabus in das Licht öffentlicher Beachtung aufgetaucht ist, nämlich die sogenannte Sexsucht.

Der Begriff als solcher ruft allerdings zunächst zwiespältige Assoziationen hervor. Denn Sex wird durchweg assoziiert mit Freude, Vergnügen, Lebenslust, Spannkraft und Gesundheit, während der Begriff Sucht für genau die entgegengesetzten Qualitäten steht, also für Krankheit, Abhängigkeit, Verfall. Irgendetwas, so wird man zunächst vermuten dürfen, passt hier nicht zusammen.

So ist es nicht verwunderlich, dass den wirklichen oder vermeintlichen „Leiden" eines Sexsüchtigen – worin immer sie bestehen mögen – in der öffentlichen Meinung kaum ein mitfühlendes Verständnis entgegengebracht wird. Im Gegenteil: wer selbst, aus welchen Gründen immer, von sexuellen Aktivitäten und Beziehungen zeitweise oder für längere Dauer ausgeschlossen bleibt, wird den Schilderungen der „Don-Juans" mit ihren zahllosen Beziehungen, Affären und Abenteuern eher feindselig, denn nachsichtig und einfühlsam gegenüber stehen, gleichwohl, ob jene nun ihre Befriedigung zu erreichen glauben oder nicht. Während niemand einen Alkohol-, Heroin- oder Magersüchtigen um dessen Schicksal und Lebensart beneidet, werden dem Hypersexuellen gegenüber ambivalente Gefühle entgegengebracht. Schon aus diesem Grunde haben wir es bei der Sexsucht mit einem etwas heiklen Thema zu tun – nicht, weil es um den faktisch enttabuisierten Sex als solchem geht, sondern weil die Bewertung als behandlungsbedürftige Krankheit wenig plausibel erscheint.

Dementsprechend ist auch bislang die Sexsucht weder begrifflich noch inhaltlich in den medizinisch/diagnostischen Klassifikationssystemen enthalten. Einzig und allein die strafrechtlichen Konsequenzen einschlägigen Fehlverhaltens sind hinreichend fixiert.

All dies macht es den tatsächlich Betroffenen umso schwerer, sich anderen mitzuteilen oder gar Beratung und Hilfe einzufordern.

Menschliche Sexualität hat bekanntlich viele Facetten. Alle Versuche, bestimmte Normen des Sexualverhaltens zu definieren, haben sich als willkürlich erwiesen und sind letzten Endes gescheitert. Wir haben vielmehr zu akzeptieren, dass der Mensch die engen Grenzen seines angeborenen Instinktverhaltens längst verlassen hat und kein Grund besteht, seinen intellektuellen Einfallsreichtum nicht auch auf die Sexualsphäre auszudehnen. Aus diesem Grund ist es auch nicht möglich, Sexsucht anhand von Normen oder deren Übertretung festzumachen (P. Carmes, 1992).

Was also ist dann kennzeichnend für das so bezeichnete süchtige Sexualverhalten?

Das entscheidende Kriterium kann nur darin bestehen, dass dem Betroffenen oder seinen Mitmenschen durch dessen Sexualverhalten erhebliche Einschränkungen seiner Lebensqualität erwachsen.

Damit soll gleichzeitig gesagt sein, dass eine wie auch immer gesteigerte sexuelle Aktivität bis hin zu ausuferndem Sexualleben per se noch nicht als Sucht bezeichnet werden kann, vor allem dann nicht, wenn sich das Verhalten zwanglos in die übrige Lebensführung einordnet und wenn partnerschaftliche Beziehungen dadurch nicht belastet oder beeinträchtigt werden.

Den „typischen Sexsüchtigen" gibt es nicht; dazu ist das Spektrum der unterschiedlichen Verhaltensweisen viel zu weit gefächert. Doch aus den inzwischen zahlreichen Einzelfallschilderungen lassen sich einige Merkmale herauslesen, die für das Bestehen einer Sexsucht im eben genannten Sinne charakteristisch sind.

Wir folgen dabei den Ausführungen des amerikanischen Psychotherapeuten Pat Carnes, der sich als einer der ersten intensiv und ausführlich mit der Problematik befasst hat. Ihm zufolge sind für den Sexsüchtigen die folgenden Merkmale zutreffend:

Einengung des Verhaltens Die Beschäftigung mit Sex nimmt übermäßig viel Raum in Anspruch, sodass anderen lebensnotwendigen Aktivitäten nur noch unzureichend nachgegangen werden kann. Dabei ist es unerheblich, ob es sich um häufig wechselnde Partnerbeziehungen oder um eine „Beschäftigung im Alleingang" (Selbstbefriedigung, pornografische Filme, anonymer Sex per Telefon u. a.) handelt.

Kontrollverlust Die Fähigkeit, sexuelles Verhalten zu kontrollieren, sinnvoll zu begrenzen und mit anderen Tätigkeiten abzustimmen und in Einklang zu bringen, geht verloren.

Schädlichkeit Die Beschäftigung mit Sex führt zu erheblichen Einbußen finanzieller/wirtschaftlicher Ressourcen. Es werden hochriskante, sozial und gesundheitlich, z. T. auch rechtlich bedenkliche Praktiken ausgeübt.

Dosissteigerung Es stellt sich keine Gleichgewichtslage zwischen dem erreichten Handlungsinventar und der damit verbundenen Befriedigung ein. Der Zwang zu immer häufigeren, neuen und neuartigen Erlebnissen nimmt überhand (Analogon zur Dosissteigerung bei stoffgebundenen Süchten).

Emotionale Destabilisierung Die emotionale Gesamtlage wird durch sexuelle Aktivität nicht verbessert oder gefestigt (wie es normalerweise der Fall ist), sondern es kommt zu erheblichen Stimmungsschwankungen.

Zwanghaftigkeit Trotz Einsicht in die Schädlichkeit des Verhaltens gelingt es nicht, die Sexualpraktiken einzuschränken. Die permanente gedankliche Fokussierung auf sexuelle Dinge kann aus eigener Kraft nicht mehr abgebrochen werden.

Leidensdruck Das Sexualverhalten wird eindeutig als Belastung empfunden, sodass der Wunsch nach Veränderung besteht.

Egozentrisches Verhalten Die Rücksichtnahme auf die Bedürfnisse anderer Personen (z. B. Ehe- oder Lebenspartner) nimmt ab. Es steigt die Gefahr von Rechtsübertretungen bis hin zur Kriminalität.

Der Sexsüchtige befindet sich im Zustand ständiger innerer Getriebenheit. Er dehnt seine Aktivitäten über jedes im Voraus geplante und gewollte Maß aus – und scheitert dennoch an der für ihn unerreichbaren Befriedigung. Das gesunde Streben nach sexueller Harmonie, Sinnlichkeit, Liebe hat er längst aufgegeben. An dessen Stelle tritt die Jagd nach dem Orgasmus, die sich verselbstständigt, zum unwiderstehlichen Zwang ausartet und auch durch widrigste Umstände kaum noch gebremst werden kann.

Die Ursachenforschung zur Sexsucht befindet sich noch in den Anfängen. Es ist anzunehmen, dass – wie bei jeder Suchtentwicklung – biologische Dispositionen und Faktoren der Individualgeschichte zusammentreffen müssen, um die genannten erheblichen Abweichungen vom Normalverhalten hervorzubringen. In welchen Proportionen sich Veranlagung gegenüber Erziehung und sozialen Umfeldeinflüssen verhalten, ist weitgehend unbekannt.

Inwieweit sich zurückliegende historische Vorgänge auf die heutige Zeit übertragen lassen, ist ebenfalls unklar. Immerhin ist bekannt, dass eine gewisse sexuelle Zügellosigkeit und der damit einhergehende Verfall der Sitten eine Begleiterscheinung untergehender Gesellschaftsepochen gewesen ist (z. B. im frühzeitlichen Rom); doch bei allem Skeptizismus sollten wir hoffen, dass sich unsere durchlebte Gegenwart nicht später einmal in dieses Bild wird einordnen müssen.

Unbewiesen ist allen Vorurteilen zum Trotz, dass ein überdurchschnittlich starker Geschlechtstrieb, jedenfalls beim Mann, zur Sexsucht führt oder ihr Entstehen begünstigt. Immerhin hat diese Vorstellung zum (heute nicht mehr verwendeten) Begriff der „Satyriasis" geführt, benannt nach dem griechischen Fruchtbarkeitsdämon Satyr. Dieser Mythos kommt dem intuitiven Verständnis zwar in gewisser Weise nahe: wo ein starker Trieb ist, muss er auch befriedigt werden – egal wie und wodurch. Doch diese Deutung greift zu kurz.

Zum einen ist „Triebstärke" ein sehr vager Begriff. Gerade die Sexualität ist ein sehr komplexes körperlich-seelisch-soziales Phänomen, bei dem es schwierig ist, einzelne Bestandteile auszusondern. Zum anderen steht fest, dass die rein physiologische Potenz (des Mannes wie der Frau) in der Regel größer ist als das, was im Rahmen einer Partnerschaft unter Berücksichtigung aller (vor allem zivilisatorischer) Umstände oder innerhalb von üblichem sozialen Rollenspiel „abgeleistet" werden kann. Die in gewissem Sinne bei jedem Menschen nicht ausgeschöpfte „Reservekapazität" führt im allgemeinen nicht zu seelischen Konflikten; vor allem dann nicht, wenn sich das Sexuelle sinnvoll in die Gesamtheit lebensbejahender Aktivitäten einordnet, ohne dominant zu werden. Das heißt, nur die einseitige Orientierung der Lebensinhalte auf das Sexuelle kann den Menschen dazu treiben, alle physischen Kapazitäten voll ausreizen zu wollen. Diese hat aber dann in erster Linie seelische Ursachen und ist nicht Folge einer übermäßigen Triebstärke.

Ergänzend sei hierzu gesagt, dass eine direkte gesundheitliche Schädigung im Gefolge exzessiver sexueller Betätigung so gut wie nie eintreten kann, da die Natur die Häufigkeit der wie auch immer provozierten Orgasmen von selbst begrenzt. Dieses Regulativ steht leider bei den stoffgebundenen Süchten nicht zur Verfügung.

Von der Sexsucht sind vor allem Männer betroffen, mit einem geschätzten Anteil von 70–80 %. Und in der Tat beziehen sich die o. g. Merkmale vor allem auf den männlichen Part.

Für die weibliche Sexsucht hat sich – begrifflich ebenso unscharf und wissenschaftlich unzureichend begründet wie die „Satyriasis" – der volkstümliche Begriff der Nymphomanie herausgebildet.

Ebenso wie beim Mann ist ein gesteigertes sexuelles Verlangen kein hinreichendes Kennzeichen und auch keine Ursache für Sexsucht. Nach Borneman handelt es sich vorwiegend um Frauen, die im Grunde nichts anderes suchen als eine normale sexuelle Befriedigung in einer harmonischen Beziehung, sie aber aus unterschiedlichen Gründen nicht erlangen können. Vor allem dadurch – und nicht primär infolge einer übersteigerten Triebhaftigkeit – wenden sie sich immer neuen Partnern zu, und das umso mehr, je weniger sich der gewünschte Erfolg einstellt.

Wie bei allen Suchterkrankungen, wird der Betroffene bei zunehmendem Leidensdruck, und auch nur dann, die Notwendigkeit einer Therapie einsehen müssen. Der Druck von außen, z. B. von Angehörigen, kann förderlich sein, wird aber nie die eigene Behandlungsmotivation ersetzen können.

Entscheidend für Art und Umfang einer therapeutischen Behandlung ist zunächst – eine triviale Feststellung – die sorgfältige Anamnese, welche mehr noch als bei stoffgebundenen Suchterkrankungen die Exploration der gesamten Lebensgeschichte einschließt.

Danach muss der Betroffene motiviert werden, den tatsächlichen Ausprägungsgrad seiner Sexualsucht offen zu legen bzw. zuzugeben. Das kann selbstredend nur unter ausdrücklichem Hinweis auf die ärztliche Schweigepflicht geschehen.

Zunächst wird der Therapeut das Verhalten in ein grobes Raster einordnen müssen, welches sich auf den Grad der Ausdehnung von der rein privaten Sphäre in das gesellschaftliche Umfeld bezieht. Danach sind drei Stufen zu unterscheiden:

Stufe I
- Das Suchtverhalten ist im Wesentlichen auf den Betroffenen selbst beschränkt:
- Zwanghaftes Masturbieren
- Exzessive sexuelle Fantasien unter Gebrauch von Pornografie
- Heimliche sexuelle Kontakte (Prostituierte)
- Telefonsex

Stufe II
Das Suchtverhalten wird zum Problem für andere:

- Exhibitionismus
- Aufgeben der Partnerschaft aus sexuellen Gründen
- Vernachlässigung von Pflichten in Beruf und Familie

Stufe III
Das Suchtverhalten führt zu Rechtsübertretungen:

- Sexuelle Belästigung am Arbeitsplatz
- Sexuelle Belästigung von Kindern
- Sexuelle Handlungen an Abhängigen und Minderbegabten

Entsprechend dieser Einordnung muss ein individuell abgestimmtes Programm für konkrete Hilfestellungen festgelegt werden.

Zunächst muss der Sexsüchtige erkennen und einsehen, dass er mit seinem Problem tatsächlich überfordert ist (B. Maronde, 2014). Das wird nicht immer einfach sein, da Sexsüchtige oft über längere Zeiträume hinweg – jedenfalls so lange, wie es ihre wirtschaftlichen Rahmenbedingungen erlauben – ein regelrechtes Doppelleben führen. So ist der feine Mann aus gehobener Gesellschaft, der für Stunden in zwielichtigen „S/M-Studios" verschwindet, keineswegs nur eine

Erfindung der Filmindustrie. Eine wirkliche Behandlungsbereitschaft dürfte im Allgemeinen erst mit dem Zusammenbrechen der bis dato noch einigermaßen stabilen Lebensführung gegeben sein. Dies ist auch der gemeinsame Nenner, der die Sexsucht mit anderen Suchterkrankungen verbindet.

Im Gegensatz zur Alkohol- und Drogenabhängigkeit kann das Therapieziel nicht in einer dauerhaften sexuellen Abstinenz bestehen (H. S. Kaplan, 1995). Unabhängig davon wird aber bei den meisten Therapieprogrammen als Einstiegsphase eine 90-Tage-Abstinenz gefordert. Dies ist kein Widerspruch. Der Betroffene soll erkennen, dass ein Leben ohne sexuelle Handlungen (mit anderen und an sich selbst) schlicht und einfach möglich und ertragbar ist und dass sich die vorher vielleicht befürchteten körperlichen und seelischen Komplikationen nicht einstellen müssen. Diese „Zölibatszeit" durchzuhalten, erfordert freilich ein hohes Maß an Eigenmotivation, da außer bei stationären Aufenthalten Kontrollmöglichkeiten weitgehend fehlen. Da aber ohne diese Motivation eine Behandlung ohnehin nicht erfolgreich sein kann, ist es sinnvoll und notwendig, diese Anfangsbarriere aufzustellen.

Geradezu unverzichtbar dürfte die Teilnahme an einer einschlägig orientierten Selbsthilfegruppe sein; denn nirgendwo anders können die inneren Konflikte, die verborgenen Sehnsüchte und Vorlieben, die durchlebten Zwangssituationen etc. angemessen dargestellt, geschweige denn aufgearbeitet werden. Das Problem ist allerdings, dass es bislang nur eine unzureichende Anzahl solcher Anlaufstellen gibt.

Ein besonderer, zusätzlich belastender Umstand besteht darin, dass reichlich 60 % aller als sexsüchtig einzustufenden Patienten Alkohol oder Drogen missbrauchen oder gar von ihnen abhängig sind. Fest steht, dass beide Formen der Sucht bekämpft werden müssen, doch über die Art und Weise und die zeitliche Staffelung der kombinierten Behandlung gibt es unter den Therapeuten noch kein Einvernehmen.

Logisch schlüssig mag es erscheinen, zunächst die substanzgebundene Abhängigkeit zu therapieren und in einem zweiten, nachfolgenden Schritt die Sexsucht anzugehen. Doch für die Praxis hat diese Empfehlung wenig Sinn, da die Zeiträume für eine Alkohol- und Drogentherapie schon mit vielen Monaten bis Jahren zu veranschlagen sind. Darüber hinaus kann eine erfolgreich durchgeführte Drogentherapie u. U. die Ausprägung der Sexsucht erheblich befördern. Aus diesem Grunde scheint nur die gleichzeitige, komplexe Behandlung des gesamten Suchtspektrums Erfolg versprechend zu sein.

Aus den bisherigen Darstellungen musste das Erscheinungsbild der sogenannten „pathologischen Triebtäter" bewusst ausgeklammert werden. Wenngleich viele Merkmale der Sexsucht auch auf diese zutreffen, so bedürfen sie doch anderer und weitergehender Behandlungsformen, welche je nach konkreter Indikation auch Zwangsmaßnahmen einschließen. Diese können aber nicht Gegenstand unserer Betrachtungen sein.

5
Sucht kann früh beginnen

Nun ist Sucht ein Phänomen, das nicht nur Erwachsene betrifft. Auf der Jagd nach dem synthetischen Glück werden unsere Kinder keineswegs verschont. Nikotin, Alkohol, Cannabis, Red Bull, Ecstasy, Kopfschmerz- und Schlaftabletten gehören bereits zum Schüleralltag.

Was sind die Ursachen, dass immer mehr und immer jüngere Kinder zu Suchtmitteln greifen oder zu Verhaltensauffälligkeiten in Richtung Sucht tendieren?

5.1 Sensible Entwicklungsphasen und Störanfälligkeiten des Kindes

Die hirnorganische Entwicklung
Der Mensch ist von Natur aus eine physiologische und psychologische Frühgeburt. Er benötigt über zwanzig Jahre für seine biologische und soziale Reifung und ist besonders störbar in den ersten beiden Lebensjahren, in denen er vollkommen von versorgenden Bezugspersonen abhängig ist. Wenn man ein Kleinkind betrachtet, fällt auf, dass es im Vergleich zum Erwachsenen einen viel größeren Kopfumfang im Verhältnis zum Körper hat.

So macht das Gehirn des Kindes einen wesentlich höheren Anteil des Körpergewichts als beim Erwachsenen aus (mit rund 350 g rund 10 % des Körpergewichts, während es im Erwachsenenalter nur rund 2,5 % des körperlichen Gewichts beträgt). Dieses relativ große Gehirn hat Erstaunliches zu leisten. Es muss eine Unzahl neuer Eindrücke von der Außenwelt aufnehmen, den Bewegungsapparat koordinieren und die Sprache erlernen.

Das kindliche Gehirn ist zwar außerordentlich kompensationsfähig, aber auch sehr störanfällig für toxische Einwirkungen, insbesondere auch deshalb, weil die Leber erst viel später ihre volle Entgiftungsfunktion ausbildet. Plötzliche Todesfälle von Säuglingen nach vergleichsweise geringen Alkoholmengen finden somit eine Erklärung.

Das Wachstum des Kindes vollzieht sich nicht gleichmäßig und kontinuierlich, sondern periodisch und schubweise. In solchen Wachstumsperioden kann es leicht zu krisenhaften Erscheinungen kommen, welche die körperliche und geistige Entwicklung des Kindes besonders anfällig machen für stoffwechselschädigende Einflüsse. Alkohol, Medikamente mit Suchtpotenzial und Drogen sind sogenannte *Reifegifte*, sie behindern die normale körperliche und geistige Entwicklung eines Menschen. Denn jeder Mensch hat in seiner Entwicklung sogenannte *blinde Flecken* oder, anders ausgedrückt, psychisch leicht verwundbare Stellen erworben, die ihm nicht bewusst sind. Sie sind es, die ihn besonders verletzlich und störanfällig machen. Genau an diesen Schwachstellen greift das Suchtmittel an und entfaltet dort seine zerstörerische Wirkung, behindert den späteren Entwicklungsablauf. Dabei treten Entwicklungsrückschritte, sogenannte Regressionen, auf. Die besondere Anfälligkeit gegenüber diesen Mitteln erklärt sich aus eben der relativ langen Entwicklungsphase des Menschen bis zum Erwachsenen. Nach neueren Untersuchungen ist das Wachstum des Menschen erst mit 24 Jahren abgeschlossen. Somit wird verständlich, dass negative Einwirkungen während dieser Zeit das Verhalten und die Leistungsfähigkeit stark beeinflussen.

Man kann sagen, je früher die Hirnschädigung erfolgt, desto stärker ist ein Rückstand im Verhalten, im sozialen Lernen und auch in intellektueller Hinsicht zu erwarten. Hirnorganische Veränderungen finden sich vor allem im Stirnhirn- und Schläfenhirnbereich.

Die Folgen sind unter anderem Beeinträchtigungen der Auffassungsfähigkeit, vorschnelle Ermüdbarkeit, Konzentrationsschwäche, Antriebsminderung, allgemeine Nervosität sowie Gereiztheit und Übererregbarkeit.

Die psychische Entwicklung
Wie schon dargestellt, ist die Entwicklungszeit des Menschen bis zu seiner vollständigen psychischen und sozialen Reife relativ lang. Der Mensch ist gegenüber anderen Säugetieren instinktreduziert, er kommt instinktunsicher und reizoffen zur Welt. Er muss im Gegensatz zum Tier, das instinktsicher ist, alles erst erlernen. Das macht das Leben so problematisch, aber auch interessant und spannend. Denn Mensch sein heißt Verantwortung übernehmen lernen.

Der Mensch bleibt lange Zeit auf eine ihn versorgende Umwelt angewiesen. Diese Instinktunsicherheit und Reizoffenheit ist aber kein

Nachteil. Er erwirbt dadurch eine hohe Lernfähigkeit, um sein späteres Leben optimal zu bewältigen.

Die Individualentwicklung des Kindes vollzieht sich in mehreren Phasen.

In der Säuglingsphase im ersten Lebensjahr entwickelt es ein festes Vertrauensverhältnis zu den versorgenden Bezugspersonen, vorausgesetzt, es bekommt die nötige emotionale Wärme und Geborgenheit.

Sehr wichtig ist, dass man Kindern vom ersten Lebenstag an das Gefühl vermittelt, dass man sie liebt. Ein Kind muss das Gefühl entwickeln, dass es willkommen ist: Ich bin, und dass ich bin, ist gut. Man spricht von einem stabilen Grundwert, der gewissermaßen das Vertrauen auf das eigene Ich überträgt.

Fehlt die Geborgenheit, kann es zu einer Hemmung des psychischen Entwicklungsprozesses kommen. Diese Kinder werden dann unsicher, gehemmt und haben massive Trennungsängste. Sie können keine Selbstbejahung und keine Selbstachtung entfalten.

Es bildet sich ein tiefes Misstrauen gegenüber der Umwelt aus, ein Grundwert kann sich nicht entwickeln. Der Weg in das Einzelgängertum wird gebahnt. Zu bedenken ist, dass spätere Suchtmittelabhängige häufig Einzelgänger sind.

In der Phase der Reinlichkeitserziehung (vom ersten bis zum zweiten Lebensjahr) erlernt das Kind nicht nur eine wichtige Körperfunktion, sondern auch soziales Verhalten. Es lernt, sich den Eltern zu fügen oder ihnen gegenüber Widerstand zu leisten, sich durchzusetzen, Autonomie und Selbstwert zu entwickeln. Der Selbstwert wird erworben im sozialen Kontakt, im Umgang und der Berührung mit anderen Menschen.

Kann ich mich akzeptieren, lebe ich gern mit mir?

Menschen mit gering entwickeltem Selbstwert bleiben auf Bestätigung von außen angewiesen. Sie fühlen sich als ewige Versager und sind damit häufiger anfällig für Suchtmittel und süchtige Verhaltensweisen.

In der Phase der Vorpubertät und Pubertät geht es darum, mehr Unabhängigkeit zu erreichen, sich durchzusetzen, die eigene Identität zu finden. Es ist nicht immer leicht, das richtige Gleichgewicht zwischen Disziplin, Pflicht und freier Entfaltung zu finden.

Anpassungsprobleme treten auf, zwanghafte Leistungsorientiertheit als Fehlanpassung mit Neigung zur Isolation. Umgang mit Erfolg und Scheitern will gelernt sein. Durch die Geschlechtshormone haben sich körperliche Veränderungen eingestellt, die heranwachsenden Jugendlichen haben oft Mühe, ihre Identität zu finden. Die Entwicklung der Sexualität beschert ihnen Gefühle und Wünsche, die sie bisher nicht kannten.

Bei mangelhaft entwickeltem Durchsetzungsvermögen, ungenügender Selbstständigkeit, Überbehütetheit, Einengung der Interessenentwicklung, fehlendem emotionalen Kontakt können Verhaltensstörungen in Form von Aggressionen, Lernschwierigkeiten, Konzentrationsstörungen und Leistungsschwächen entstehen, in deren Folge Jugendliche aus Angst vor Auseinandersetzungen mit psychosomatischen Erkrankungen reagieren.

„Ich war während meiner Schul- und Lehrzeit oft krank", höre ich nicht selten von späteren Suchtkranken.

Der große Widerspruch zwischen Anspruch und Realität klafft unaufhörlich während dieser gesamten Entwicklungsperiode. Das macht sie so schwierig und instabil.

Das kann, muss aber nicht, den Weg in die Sucht bahnen, denn Sucht kann als eine verirrte Suche nach Sinn aufgefasst werden.

Die Gefahren für eine Suchtentwicklung können in fast jeder Entwicklungsphase eines Kindes auftreten. Aber nicht jede Entwicklungsstörung oder Fehlentwicklung führt notwendigerweise in eine Sucht. Abhängigkeitskrankheiten und süchtige Verhaltensweisen haben zwar tendenziell stark zugenommen, aber daraus lässt sich noch kein ursächlicher Zusammenhang zwischen Fehlentwicklung und Sucht begründen.

5.2 Ursachen süchtiger Verhaltensweisen

Das ungeliebte Kind

Wer ein Kind erziehen will, muss es lieben, sagte einst Pestalozzi. Was geschieht aber, wenn es sehr früh von der Mutter getrennt oder gar von ihr abgelehnt wurde? Das ist meist der Fall, wenn die Partnerschaft der Eltern nicht stimmt.

Die Kinder wachsen dann in Scheidungssituationen auf, meist bei der Mutter, die damit überfordert ist. So bleibt eine optimale Bemutterung, wie es in der Fachsprache heißt, aus.

Kinder in solchen Verhältnissen werden nicht selten zu den Großeltern abgeschoben, die sie oft mit übertriebener Liebe und materieller Verwöhnung zusätzlich einengen. Dabei spielen Schuldgefühle den Kindern gegenüber eine nicht unerhebliche Rolle. Viele Suchtabhängige kommen ursprünglich aus einem solchen emotionalen Mangelmilieu, sind ausgesprochene „Omakinder". Die emotionalen Mängel einer solchen Erziehung werden, wie schon gesagt, durch übergroße Verwöhnung auszugleichen versucht. Das Kind soll nicht merken, dass es eigentlich unwillkommen war.

Hier liegen meist die Wurzeln der kindlichen Persönlichkeit, die in ihrer Entfaltung behindert wird, bevor sie sich psychisch strukturieren konnte. Zu solchen frühkindlichen Störungen kommt es, wenn Kinder von den Eltern in ihren Bedürfnissen eingeengt und enttäuscht wurden. Die Kinder leiden unter schweren Selbstwertstörungen, haben eine geringe Selbstachtung, neigen zu depressiven Verstimmungen, haben Hemmungen, entwickeln keine Vertrautheitsgefühle. Damit haben sie auch wenig Einfühlungsvermögen und leiden ihrerseits unter mangelnder Liebesfähigkeit. Solche Kinder fühlen sich allzeit unerwünscht und überflüssig, brauchen sehr lange, um „warm" zu werden. Sie sind stets zu kurz gekommen, haben es gelernt, ihre Gefühle zu unterdrücken und zu verdrängen, sind passiv in ihrer Grundhaltung. Da sie wenig Liebe empfangen haben, waren sie nur auf sich konzentriert und mit sich beschäftigt. Durch ihr hohes Maß an Selbstbezogenheit sind sie stets auf Bestätigung von außen angewiesen. Sie wirken kühl, distanziert und misstrauisch.

Es kommt nicht selten zu unangepassten Verhaltensweisen, wie ich sie bei Borderline-Störungen beschrieben habe (s. S. 101).

Dabei entwickeln sie impulsiv aggressive Handlungen, sowohl gegen sich selbst, als auch gegenüber anderen. Sie sind unfähig, eigene Gefühle wahrzunehmen oder zu regulieren. Die Selbstwahrnehmung ist eingeschränkt, es kann auch zu einer Entfremdung von der sozialen Umwelt kommen. Die Regulation des Selbstwertgefühls ist oft einseitig an andere Menschen gebunden und später an das Suchtmittel. Es hat dann eine Ersatzfunktion im gestörten Selbst.

Aus dem schlechten Gewissen heraus, dass das Kind eigentlich unwillkommen war oder man emotional nicht so recht mit ihm umzugehen wusste, erwächst oft ein unsicherer, verwöhnender, grenzenloser Erziehungsstil. Aber Grenzen setzen ist notwendig. Kindern darf *nicht alles* erlaubt sein. Nicht selten hört man von Suchtmittelabhängigen: „Ich durfte zu Hause alles, es gab kaum Verbote." Hinter diesem „alles dürfen" steht oft eine massive Verwöhnung. Dem Kind wurde zu leicht alles gegeben, was es selbst zu erobern lernen sollte. Ein Kind muss erfahren, Besitzansprüche anzumelden und zu verteidigen. Bei Kindern, die sich nichts nehmen können, entwickeln sich sogenannte Bescheidenheitsstrukturen. Sie gelten als besonders brav und umgänglich. Doch sie sind sehr aggressiv, wenn auch verdeckt, da ihre heimliche Anspruchshaltung oft triebhaft durchbricht und sich in übertriebenem Naschen und Diebstahlshandlungen äußert. Man sagt nicht von ungefähr: „Wer nicht nehmen kann, sollte auch nicht geben."

Grenzenlose Verwöhnung führt dazu, dass Kinder unsicher und lebensuntüchtig werden. Sie sind nicht gewohnt, sich an Grenzen und Widerständen zu „reiben" und sich mit ihnen auseinander zu setzen. Damit werden sie unfähig, Neues auszuprobieren, was zur Passivität und Anpassung führt. Es fällt ihnen schwer, Kontakt mit anderen zu knüpfen, Gefühle zu zeigen.

Aus diesem Laissez-faire-Erziehungsstil heraus haben es Kinder nie gelernt, Verantwortung zu übernehmen, sie wird gern auf andere delegiert. So wählen viele später Betroffene nicht rein zufällig den Weg in feste Institutionen. Dort wird ihnen Verantwortung abgenommen, man wird versorgt, und Grenzen werden dann von den Vorgesetzten gezogen, meist aber auf Kosten der Individualität und Selbstachtung.

5.3 Risikofaktor Erziehung

Ein Kind ist in seiner frühen Entwicklung immer auf fremde Hilfe angewiesen. Es will sich aber auch in seiner sozialen Entwicklung wiedererkennen.

Es lernt, sich an Werten und Normen in der Familie und im sozialen Umfeld zu orientieren, braucht sozusagen eine haltende Umwelt.

Dieser Halt wird realisiert über Liebe und Zuwendung. Natürlich muss die erziehende Umwelt auch die soziale Kontrolle ausüben, denn wir sind immer eingebunden in die Gesellschaft und ihre Kultur. Wir werden in sie hineingeboren und sind mit ihr verhaftet. Bestimmte Regeln und Normen müssen also prinzipiell anerkannt werden, sonst sind Unverbindlichkeit und Isolation Tür und Tor geöffnet.

Der Mensch braucht den anderen Menschen, er benötigt Liebe und Zuwendung und Bestätigung. Er will spüren, dass er wichtig ist und gebraucht wird (zum Beispiel in der Partnerschaft). Ohne diese Möglichkeiten und Perspektiven kommt der Mensch nicht aus, er verarmt gefühlsmäßig. Besonders Kinder brauchen den Widerhall der Umwelt, brauchen das Gefühl der Geborgenheit, der Liebe und Zuneigung, aber auch Geleit und feste Regeln für ein Zusammenleben. Vielfach wird aber die Vorstellung von Grenzen mit Unfreiheit verbunden und Freiheit als Grenzenlosigkeit missverstanden.

Wenn keine Grenzen gesetzt werden, gleiten Kinder in die Orientierungslosigkeit ab. Sie brauchen Regeln, um ihren Weg später allein gehen können, der sie in unbekanntes Terrain führen kann. Das geht nie ohne Konflikte ab, oft ist es mühsam, mitunter auch schmerzlich. Je besser aber ein Kind innerhalb seiner Grenzen auf das Leben vorbereitet wurde, desto freier und selbstbewusster kann es später die Grenze überschreiten, sich neue Freiräume erobern.

Sicher ist die ekstatische Grenzenlosigkeit ein alter Wunschtraum der Menschheit. Das bleibt aber letztlich eine Illusion und wäre auch ihr Untergang.

Auch Freiräume sind wieder begrenzt, aber mit Erfahrung, Kompetenz und gelernter sozialer Orientierung können immer neue Freiräume erschlossen werden. Dazu muss ein Kind durch die Erziehung befähigt werden.

Ein grenzenloser Lebensstil verlangt von Kindern Leistungen ab, die sie entwicklungsbedingt einfach noch nicht erbringen können. Sie bleiben dann letztlich auf der Versagerstrecke. Die Folge davon sind Aggressionen und antisoziale Verhaltensweisen (B. Strätling, 1995).

Wenn die Luft zum Atmen fehlt – die autoritäre Erziehung

Noch ein Wort zum anderen Extrem, dem autoritären Erziehungsstil. Die autoritäre Erziehung besteht nur aus Grenzen, es fehlt fast die Luft zum Atmen. Hinter einer solchen Erziehung verbirgt sich immer eine unsichere Haltung der Eltern gegenüber ihren Kindern. Überhaupt ist autoritäre Strenge und Dogmatismus Ausdruck einer tiefen Ungewissheit. Das gilt in allen Lebensbereichen.

Spannungen im Elternhaus, meist in der Beziehung der Eltern untereinander, werden häufig durch erhabene, restriktive Gebärden überdeckt. Dadurch wird einer kritischen und sachlichen Auseinandersetzung mit dem Kind aus dem Wege gegangen. Freiräume werden erst gar nicht gewährt oder auf ein Minimum eingeengt. Kinder werden gehemmt und selbst unsicher. Sie wissen dann nicht, wie sie sich verhalten sollen und lernen ebenfalls nicht, Verantwortung zu übernehmen. Schon in der Anlage etwas labile Kinder werden durch eine autoritäre Erziehung noch labiler und unsicherer, denn alles wird für sie bestimmt und streng geregelt, ein eigener Wille früh gebrochen. Meist ist es der Vater, der dominant über alles wacht, oder die alleinstehende Mutter, die natürlich für ihre Kinder nur das Beste will. In solchen familiären Verhältnissen kann sich kein Vertrauensverhältnis entwickeln. Fast immer wird der unnachsichtige Elternteil gemieden und oft genug übergangen. So ist es kein Wunder, dass viele Suchtmittelabhängige aus solchen Familien ausbrachen und ihre Freiheit expansiv genossen.

Es ist gewiss nicht ganz einfach einzusehen, dass Sucht, oder besser gesagt, süchtige Verhaltensweisen bereits im Kindesalter entstehen können. Das kann auch genetische Ursachen haben, denn viele Suchtkranke kommen aus Familien, in denen ein Familienmitglied abhängig war. Das ist aber nicht die Regel. Meistens ist es, durch eine psychische Fehlentwicklung bedingt, erlerntes oder kompensatorisches Verhalten. Aber eines ist sicher: Jeder Mensch trägt Anlagen für eine süchtige Fehlentwicklung in sich, die sich unter bestimmten Umständen realisieren können.

Wer aber kann sich vorstellen, dass er einmal abhängig wird? Und was kann ich als Erziehender tun, um mein Kind vor einer späteren Suchtentwicklung zu bewahren?

Ein Kind sollte kindgemäß erzogen werden. Erziehung beginnt in der Gegenwart und plant die Zukunft voraus. Kinder sollen körperlich und seelisch stabil heranwachsen. Dabei sind gesundes Selbstbewusstsein und Selbstvertrauen besonders hoch zu bewerten. Oft muss ein Kind in der Vorstellung des Erwachsenen gewisse Funktionen erfüllen. Es soll lieb sein, brav sein, sich den Eltern fügen, hochgestellte Erwartungen erfüllen. Kinder sollen es einmal besser haben, mehr Bildung, mehr Sozialprestige, die Karriereleiter etwas höher steigen als die Eltern. Aber da sind schon Konflikte programmiert. Ein Kind wehrt sich gegen den Erwartungsdruck, dem es ausgesetzt ist, und zieht sich so das Missfallen der Eltern zu. Oft wird dies die Grundlage für eine spätere Fehlentwicklung, denn das Kind lernt dem Erwachsenen etwas vorzumachen nach dem Motto: Sagt mir, wie ihr mich haben wollt, ich spiele es euch vor. Dabei entsteht Unzufriedenheit, das Kind entwickelt kein Vertrauen zu sich und anderen. Deshalb sollten Kinder so angenommen werden, wie sie einmal sind. Ein Kind muss empfinden, ich bin, und dass ich bin, ist gut.

Das kann aber in Frage gestellt werden, wenn der Erziehungsstil nicht stimmt. Wir unterscheiden:

Unkritische Verwöhnung
Unkritische Verwöhnung geschieht häufig bei Einzelkindern. Sie werden eng an die Familie gebunden. Alles wird für das Kind getan, damit es ihm, wie ich bereits angedeutet habe, einmal besser gehen soll. Das Kind hat zu Hause kaum Pflichten, alles wird ihm abgenommen. Auf diese Weise wird es eingeengt und mit Güte erdrückt. Es verliert durch die enge Bindung an die Erwachsenen den Kontakt zu gleichaltrigen Kindern. Solche Kinder legen recht schnell ihre kindlichen Verhaltensweisen ab, werden altklug und kontaktgestört; ein Phänomen, das wir bei fast allen Suchtkranken antreffen. Diese Kinder fallen im Kindergarten schon dadurch auf, dass sie nicht selbstständig genug sind, und werden so von anderen Kindern gehänselt. Dadurch geraten sie in eine Außenseiterstellung, werden von den anderen isoliert

und bekommen Kontaktschwierigkeiten. Hinzu entwickelt sich eine egoistische Persönlichkeitshaltung. In der Schule zeigt so ein Kind aufgrund fehlenden Kontaktes oft Musterschülerallüren und ordnet sich so dem Leistungsstreben der Eltern unter.

Aber ein Kind braucht den Kontakt zu Gleichaltrigen. Es muss lernen, Bedürfnisse anzumelden, sich durchzusetzen, seine Eigenständigkeit zu wahren und die Fähigkeit zum Kompromiss zu entwickeln.

Pendelerziehung
Sicher ist kein Erziehungsstil ideal. Er wird aber zum Problem, wenn ein Elternteil etwas verbietet und der andere es wiederum erlaubt, meist aus mangelnder Einsicht, aus Protest, oder um einfach seine Ruhe zu haben. Das wird noch schwieriger, wenn die Großeltern mit in die Erziehung einbezogen sind.

Das Kind verhält sich dann wie ein Diplomat, es verhandelt mit verschiedenen Seiten, um letztlich seine Wünsche durchzusetzen. Kein Verbot ist endgültig. Damit geht jede Konsequenz verloren und das Kind erlebt die Umwelt als nach seinem Willen dehnbar und nachgiebig. Damit werden ihm keine Schwierigkeiten erspart, sie werden nur verschoben. Im Elternhaus kann es immer seinen Willen durchsetzen, bleibt aber doch letztendlich unzufrieden. Denn bei ständigem Nachgeben kann kein Vertrauen entstehen. Der Mensch braucht aber Vertrauen. Er muss spüren, dass ihm etwas Halt gibt, dass er sich auf etwas verlassen kann. Er will sich geborgen fühlen. Eine ständige Nachgiebigkeit vonseiten der Eltern führt schließlich dazu, dass ein Kind die Welt als wabbelig, unberechenbar erlebt und Angst erzeugend. Der Mensch braucht feste Prinzipien, in die er Vertrauen setzen kann, gewissermaßen richtigen Halt. Granit, an dem er sich reiben kann.

Den pendelnden Erziehungsstil trifft man immer wieder in der Vorgeschichte von Suchtkranken an. Meist ist es der strenge, unnachgiebige Vater, der alles untersagt, und auf der anderen Seite eine überfürsorgliche, verwöhnende Mutter, die die Unnachgiebigkeit des Vaters zu kompensieren sucht. Aber auch die umgekehrte Konstellation ist möglich. Der Vater alkoholabhängig, er hat „nichts zu melden", ist gewissermaßen durch sein Trinken schon entmündigt. Die Mutter muss alle lebensnotwendigen Geschäfte und Besorgungen in der Familie allein verrichten und ist dadurch völlig auf sich gestellt. Kinder werden einerseits sehr früh zum Lebenskameraden der Mutter, andererseits benutzen sie den unmündigen Vater, um ihre Wünsche durchzusetzen.

Overprotection
Overprotection heißt so viel wie Überfürsorge und hat viel gemeinsam mit dem unkritischen, verwöhnenden Erziehungsstil. Meist sind es alleinstehende Mütter. Die Mutter ist in der Erziehung des Kindes oft überfordert und hat eine ihr nicht bewusste Aversion gegen das Kind; deshalb wird kompensatorisch verwöhnt und beschützt. Im Volksmund spricht man von einer „Affenliebe", einer übertriebenen, einengenden Liebe also, die nicht der wahren inneren Einstellung dem Kind gegenüber entspricht. Jeder Schritt des Kindes wird kontrolliert und überwacht. Alle vermeintlich von außen kommenden Gefahren, die das Kind beeinträchtigen können, werden mit Vehemenz abgewehrt. Solche Mütter ängstigen sich ständig. Das Kind zum Beispiel könne in einen Unfall verwickelt werden. Sie passen deshalb auf, wann es vom Spielen oder aus der Schule kommt. Immer haben sie Angst, dass es krank werden könnte. Sie gehen mit den Kindern von Arzt zu Arzt, machen sich Sorgen, dass sie zu wenig essen oder schlafen, und beobachten jede kleine Veränderung mit Sorge. Meist sind es die eigenen unbewussten Ängste, die in das Kind hineinprojiziert werden. Es sind dies die Mütter, die sich mit den Behörden, Ärzten und Lehrern auseinandersetzen, damit ihrem Kind kein Leid geschehe. Dem Jugendlichen ist natürlich dieser übertriebene, oft lächerlich wirkende Erziehungsaufwand sehr peinlich, und er reagiert mit Anpassungs- und Verhaltensstörungen.

Aus den beschriebenen erzieherischen Mangelsituationen können sich Verhaltens- und Anpassungsschwierigkeiten entwickeln und auch Beeinträchtigungen der kindlichen Persönlichkeitsentwicklung. Diese wiederum können den Boden bereiten für eine süchtige Fehlentwicklung auf der Grundlage gestörter Lebensverhältnisse. Ich möchte auf einige kindliche Verhaltensstörungen zu sprechen kommen.

5.4 Kindliche Verhaltensstörungen

Schlafstörungen
Es handelt sich bei den Kindern immer um Einschlafstörungen. Die Ursache ist oft eine gewisse Reizüberlastung. Das abendliche Fernsehen spielt eine dominierende Rolle. Aber auch überängstliche, nervöse Mütter können die Schlafstörungen induzieren. Dazu kommt noch ein weiterer wichtiger Punkt: Kinder, die sehr verwöhnt werden, weigern sich, abends allein zu bleiben. Wehe die Eltern wagen es, abends auszugehen. Mitunter stehen die Kinder nachts auf und suchen ihre Eltern. Das kann verbunden sein mit einer nächtlichen Odyssee durch die von den Eltern öfter aufgesuchten Gastwirtschaften.

Man sollte mit solchen Kindern über die Gründe ihres Nichteinschlafens ausführlich reden, ihnen die Ungefährlichkeit des Alleinbleibens nahe bringen, statt sich klammheimlich fortzuschleichen, wie ich das von Eltern schlafgestörter Kinder häufig erfahre. Gefährlich ist es, dem Kind Beruhigungsmittel zu geben oder gar Alkohol, was nicht selten vorkommt. Wenn das Kind von der Harmlosigkeit des elterlichen Ausgehens überzeugt ist, sich auch mit dem Alleinsein vertraut gemacht hat, schläft es von ganz allein.

Schlafstörungen können auch in problematischen Familienverhältnissen auftreten, in denen sich die Eltern oft streiten. Ein Kind entwickelt oft Ängste um einen Elternteil, meistens um die Mutter. Es verfolgt von seinem Bett aus die elterlichen Streitgespräche, die oft lauthals ausgetragen werden. Auch hier können sich Schlafstörungen und unruhiger Schlaf einstellen.

Appetitstörungen
Appetitstörungen sind ein Phänomen, das wir hauptsächlich bei hypermotorischen Kindern antreffen. Bereits als Säuglinge sind sie auffällig. Sie neigen zu leichter Verstimmbarkeit, sind nervös und unruhig. Später kommen eine starke Konzentrationsschwäche, hohe Ablenkbarkeit, mitunter auch Koordinationsschwierigkeit hinzu. Meist handelt es sich dabei um Einzelkinder oder solche, die quasi als Einzelkinder aufwachsen, da der Altersunterschied zu den anderen Geschwistern sehr groß ist. Diese Kinder sind auch besonders ängstlich. Sie werden von

den Eltern meist als Sorgenkinder betrachtet und verhätschelt. Sie lernen schon sehr früh, was ihnen schmeckt und was nicht und dass sie nicht alles essen müssen, was auf den Tisch kommt. Oft werden ihnen zwischen den Mahlzeiten Süßigkeiten zugesteckt, entweder von der Mutter oder von der Großmutter. So werden diese Kinder schon früh auf eine schmale Nahrungspalette eingeengt, und alles Zureden, wie etwa „du musst einmal groß und stark werden, also iss", erweist sich als vergebliche Liebesmühe. Das Kind hat gelernt auszuwählen, und isst nur das, was ihm wirklich im wahrsten Sinne des Wortes mundet. Die Erwachsenen beschimpfen es dann als eigensinnig, vergessen dabei aber, dass sie den Grundstock dafür selbst gelegt haben.

Appetitstörungen treten auch dann auf, wenn die häusliche Atmosphäre nicht stimmt. Entweder leidet das emotionale Klima zwischen den Eltern, oder das Kind fühlt sich durch einen zu rigiden Erziehungsstil eingeengt und überfordert. Diese Kinder werden früh zur Reinlichkeit dressiert und es werden Anforderungen gestellt, die sie emotional überhaupt nicht verkraften können. Auch hier ist die Einzelkindersituation wieder die häufigste.

Nun ist eine solche Essensproblematik keineswegs harmlos. Appetitstörungen und Mäkligkeit haben immer Signalcharakter. Denn ein gesundes Kind isst ausreichend und genussvoll. Appetitstörungen weisen immer auf Überforderung hin, auf eine gestörte Eltern-Kind-Beziehung also. Durch die geringe und einseitige Ernährung bleiben die Kinder meist in ihrem Wachstum zurück, sind den körperlichen Anforderungen ihres Alters nicht gewachsen und werden somit von anderen Kindern verspottet. Damit sind sie gezwungen zu kompensieren. Solche Essensproblematik kann auch Ausgangspunkt für eine Suchtentwicklung sein.

5.5 Genießenkönnen ist eine Kunst

Alle Suchtmittelabhängigen haben ein weiteres gemeinsames Merkmal: Sie können nicht genießen. Sie werden getrieben von einem inneren Zwang, zum Beispiel trinken zu müssen.

Die Sucht muss unterhalten und bedient werden, ansonsten ist der Abhängige nicht in der Lage zu funktionieren und es treten

Entzugserscheinungen auf. Es muss immer ein Pegel des Suchtmittels vorhanden sein und man muss wissen, wo man die nächsten Vorräte bekommt, damit es wieder „dröhnt". Es ist also kein Genuss, sondern ein „Muss". Sicherlich ist dieser Verlust des Genusses dem krankhaften Stoffwechsel geschuldet, der sich durch die Sucht im Körper aufgebaut hat. Die meisten Abhängigen schildern aber auch, dass sie Genuss nie kennen gelernt haben.

Das hat ebenfalls etwas mit der Kindheit zu tun. Solche Kinder wurden oft von den Eltern oder Großeltern materiell überhäuft. Dazu gehören auch Süßigkeiten und sonstige Naschereien. Wenn bei einem Kind weder Maß noch Ziel eingehalten werden, hat es die Fähigkeit zur Auswahl und die Vorfreude auf etwas verloren, es bekommt sowieso seinen Willen. Es braucht auf nichts verzichtet zu werden. Auf diese Weise lernen Kinder auch nicht, verzichten zu können. Das beginnt schon in der Säuglingsphase, wo Schnuller oder Babyflasche immer griffbereit sind. Es soll eine möglichst sorgenfreie Kindheit sein, eine Erwartung, die aber unrealistisch ist. Jedes Kind muss lernen, verzichten, teilen, warten zu können. Wer seinem Kind diese unverzichtbaren Rücksichtnahmen nicht vermittelt, bereitet es nicht auf das Leben vor. Kinder klammern sich an etwas, suchen Ersatz, wenn ihnen das Wichtigste nicht gegeben wird, nämlich emotionale Zuwendung. Später werden Schnuller und Babyflasche recht schnell durch Schokoriegel, Pommes frites und Colabüchsen ersetzt. Am Ende sind es dann Nikotin, Medikamente oder andere Drogen.

Genießenkönnen beschränkt sich allerdings nicht nur auf die Nahrung, auf Limonade und Süßigkeiten. Ich stelle immer fest, dass Süchtige sich an nichts erfreuen können. Für sie sind die Schönheiten der Natur, die Einmaligkeit wunderbarer Augenblicke nicht nachvollziehbar. Ein Freund aus meiner Selbsthilfegruppe sagte mir neulich, als er nach einem Rückfall von der Entwöhnungstherapie kam: „Ich wusste ehrlich nicht, wie schön ein Sonnenuntergang ist." Ich habe das selbst erfahren, als meine schwer krebskranke Mutter sich über jeden Tag freute, den sie noch erleben durfte. Ich war damals noch abhängig von Alkohol und Medikamenten, sodass ich das nicht verstehen konnte. Heute, nach 24 Jahren Abstinenz, weiß ich, dass ich sie damals beneidet habe.

Der Preis der Abhängigkeit ist nämlich die Isolation und Einsamkeit. Besondere Aufmerksamkeit gebührt den Kindern, die mit sich nichts anzufangen wissen, die nie so richtig spielen können und viel über Langeweile klagen. Sie gehen sehr früh in die Isolation, verstehen sich nicht mit anderen, meiden die Gemeinschaft und bleiben einsam.

5.6 Wenn Ängste übermächtig werden

Angst ist ein zutiefst menschliches Phänomen. Sie kann körperliche Ursachen haben (z. B. allgemeine Krankheiten, Stoffwechselstörungen wie Überfunktion der Schilddrüse), meist handelt es sich aber um ein psychisches, existenzielles Geschehen.

Angst hat eine wichtige biotische Funktion, nämlich den Menschen vor Gefahr und Bedrohung zu warnen. Man spricht auch von einer sogenannten Realangst, die eine wichtige Signalfunktion hat. Die Angst als Affekt hat eine grundlegende arterhaltende Aufgabe, wie wir sie auch aus der Tierwelt kennen. Nur ist es so, dass in der Tierwelt die Gefahrenwahrnehmungen instinktiv reguliert sind, während der Mensch instinktreduziert zur Welt kommt.

Der Mensch muss lernen, mithilfe seiner Intelligenz eine Gefahr abzuschätzen. Er befindet sich als Kleinkind gewissermaßen in einer Grauzone zwischen den unsicher gewordenen Instinkten und einer noch nicht vollkommenen Beherrschung seiner Umweltreaktionen. So muss er erst seine Umwelt kennen lernen, um sie differenzieren zu können. Diese Differenzierungsangst tritt besonders im sechsten bis achten Lebensmonat ein. Der Säugling nimmt die persönlich erkannte Mutter wahr, lächelt also nicht mehr jeden an, sondern nur noch Mutter oder Vater und entwickelt Angst vor fremden Personen. Man sagt auch, das Kind „fremdelt"(Acht-Monats-Angst). Diese Differenzierungsangst geht einher mit dem Gefühl der Schutzlosigkeit und des Ausgeliefertseins an eine unbekannte Situation. Angst kann nur durch erfahrenes Vertrauen beherrscht werden. Vertrauen ist eine wichtige menschliche Grunderfahrung. Der Mensch verlangt nach einem vertrauensgebenden Halt. Wird ihm dieser entzogen oder gar nicht erst nahegebracht, entwickeln sich massive Anklammerungstendenzen und Trennungsängste.

Auch im Kleinkindalter spielen die Beziehungen zu Erwachsenen eine große Rolle. Denn wie diese mit dem täglichen Leben umgehen, zum Beispiel mit Gefahren, mit Bedrohungen durch die Umwelt, Witterungseinflüssen wie Gewitter, wie sie sich den Kindern gegenüber verhalten, prägt sich bei ihnen ein. Alles Unechte, Gezwungene und Gestellte im Verhältnis zum Kind bereitet ihm Angst, denn immer wieder wird die Eltern- Kind. – Beziehung in Frage gestellt. Bei unechten Verhaltensweisen erlebt das Kind einen Beziehungsverlust, gewissermaßen eine Bedrohung, der es nicht gewachsen ist. Ängste können auch künstlich erzeugt werden durch Drohungen mit dem schwarzen Mann oder dem Onkel Doktor und dergleichen mehr. Aber auch Überbehütetheit kann Ängste aufkommen lassen, Angst vor Gewitter, vor Fremden, vor Krankheiten usw. Das Kind fühlt sich dem hilflos ausgeliefert. Alles, was passieren könnte, ist dann auf das Selbst bezogen und wird mit einem totalen Rückzug auf das Ich beantwortet. Das macht sensibel gegen alles. Ein Kind braucht Sicherheit und Geborgenheit. Wenn ihm diese Sicherheit aber durch

Angstmachen genommen wird, verliert es das gesunde Selbstvertrauen: Ich kann mich auf mich nicht mehr verlassen, ich bin allein. Das kann zu tiefen Vertrauenskrisen führen, die nicht nur schwere psychische Störungen hervorrufen, wie Vermeidungshaltung, Unentschlossenheit, Panikreaktionen und Aggressivität. Es können sich auch körperliche Beschwerden einstellen, die wir als psychosomatisch bezeichnen, wie Magen-Darm-Beschwerden, Ess- und Schlafstörungen. Nicht selten werden Kindern bei starker Aggressivität und unklaren psychosomatischen Beschwerden Beruhigungsmittel gegeben, mitunter wird auch Alkohol verabreicht.

5.7 Flucht in die Krankheit

Ein Kind soll gesund sein, das wird von den Eltern allgemein angestrebt. Es gibt aber Kinder, die von der Familie zu wenig beachtet werden oder Angst vor den Anforderungen der Schule haben, was keineswegs selten ist. Mit Krankheit lässt sich alles entschuldigen, das bekommen Kinder schnell mit. Man wird bedauert, bekommt Zuwendung und ist plötzlich Mittelpunkt der Familie. Alles kümmert sich um das kranke Kind. Daran kann man sich gewöhnen, und es wird zur Gewohnheit, wenn Schwierigkeiten auftreten.

Dieselben Verhaltensweisen legen oft Kinder an den Tag, wenn sie den schulischen Belastungen nicht gewachsen sind. Oft sind es gar nicht so sehr die Leistungsanforderungen, weshalb sich die Kinder auf diese Weise verkriechen, sondern Probleme mit den Mitschülern. Sie werden gemieden oder verspottet, wenn sie keine Markenjeans oder -schuhe tragen, ein „outfit", wie es von der Gruppe gefordert wird, um „in" zu sein.

Die Flucht ins Bett signalisiert immer ein Nicht-mehr-auseinandersetzen-Wollen. Und ein Nichtwollen impliziert immer auch ein Nichtkönnen. Das ist zwar der Weg des geringsten Widerstandes, aber immerhin ein Weg, der Konfliktlösungen erst einmal verschiebt.

Gleichzeitig wird um Fürsorge gebeten: Ich schaffe es nicht mehr allein. Außerdem füllt die Flucht in die Krankheit eine gewisse Leere aus, unterbricht die Langeweile für eine kurze Zeit und verschafft für einen Augenblick Spannung und Ablenkung. Viele Suchtmittelabhängige kennen diese Verhaltensweise aus frühester Krankheit, denn sie haben in ihrer langen Suchtkarriere viele solcher Situationen durchlebt. Das überstarke Selbstmitleid aller Suchtkranken resultiert nicht zuletzt daher. Es hat einerseits eine Schutzfunktion vor der Angst des völligen Ausgeliefertseins, andererseits zeugt es von der Unfähigkeit, die Mühen des Lebens zu bewältigen.

5.8 Gesund und selbstbewusst

Suchtprophylaxe beginnt mit der Forderung: Kinder müssen selbstbewusst erzogen werden.

Denn wie ich schon anfangs betonte, kommt der Mensch abhängig zur Welt, und er bleibt es auch bis zu seiner vollständigen Reife. Abhängigkeit ist also etwas zutiefst Menschliches. Es kommt nur darauf an, wie diese Abhängigkeit im Erziehungsprozess moduliert und stufenweise bis zur erwachsenen Selbstständigkeit abgebaut wird. Natürlich lebt der Mensch nicht im luftleeren Raum. Er ist immer abhängig von der ihn umgebenden Gesellschaft. Das sind objektiv gegebene Bedingungen. Hier geht es um die psychisch – geistige Ebene. Der Mensch kommt frei – frei zur Verantwortung – auf die Welt. Da aber das Kind noch nicht in der Lage ist, sein Leben zu verantworten, tragen die ihn umgebenden Erwachsenen Verantwortung für seine Erziehung. Für ein Kind ist es wichtig, dass jemand da ist, der ihm emotional zugewandt ist, es auch gefühlsmäßig versorgt. Es muss sich angenommen und geliebt fühlen, sich im Antlitz von Mutter und Vater spiegeln können: „Es ist gut, dass es mich gibt."

Damit beginnt auch der Prozess der Selbstentdeckung, der Selbstwahrnehmung, der Voraussetzung ist für das Zusammenleben mit den anderen Familienmitgliedern. Dabei muss ein Kind ermutigt werden, dass es etwas zustande bringt, auch wenn einmal etwas misslingt.

Denn schlechte Verlierer sind erhöht anfällig, machen sich abhängig und werden fremdbestimmt. Ein Kind muss sich auf die Erwachsenen verlassen können, um sich geborgen zu fühlen, Vertrauen zu entwickeln, um Halt zu finden. Das sind Grundvoraussetzungen, um eigene Bedürfnisse anzumelden und Eigenständigkeit zu wahren, aber auch die Fähigkeit zu entwickeln, die Bedürfnisse der anderen zu respektieren. Das ist erfahrungsgemäß am schwierigsten, weil Verzicht gelernt sein muss. Das Kind muss erfahren und vor allem auch einsehen, dass es nicht nur allein da ist. Darum ist die Gemeinschaft mit Gleichaltrigen besonders wichtig. Zum gesunden Selbstbewusstsein gehört auch, „nein" zu sagen, wenn die Erwartungen der anderen zu hoch gesetzt sind und man das Gefühl des Ausgenutztseins in sich spürt.

Vor allem muss ein Kind selbstständig erzogen werden, es dürfen ihm nicht Dinge aus dem Weg geräumt werden, die es selbst tun sollte. Es darf ihm auch nicht zu schnell gegeben werden, was es selbst zu erwerben lernen sollte. Konflikte, die es zu ertragen lernen müsste, dürfen nicht von ihm ferngehalten werden.

5.9 Entscheidungsfähigkeit muss erlernt werden

Im Leben des Kindes gibt es Situationen, in denen es lernen muss, sich zu entscheiden. Aus der Sicht des Erwachsenen handelt es sich meist um Banalitäten. Bedenken Sie aber immer, dass es für ihre Kinder ganz wichtige Sachen sind. Suchtmittelabhängige sind fast alle dadurch gekennzeichnet, dass sie sich nicht entscheiden können. Meist wollen sie beides: trinken und vernünftig leben. Als Kind habe ich auch immer in Situationen, in denen ich mich entscheiden sollte, beides gewollt. „Willst du Brause oder Eis?" Entweder ich antwortete nicht oder machte eine nichtssagende Geste und bekam beides. Leider ging das im späteren Leben nicht immer so. Selbstbewusstsein erwirbt man mit der Entscheidungsfähigkeit. Entscheiden heißt auch, die Konsequenzen der Entscheidung tragen zu können. Denn im täglichen Leben muss man sich immer entscheiden. Menschen mit einem ewigen „Jein" auf den Lippen werden nicht ernst genommen und meist gemieden.

Deshalb sollten Kinder frühzeitig entscheiden, wenn es um ihre Person geht. Das aber will gelernt sein und setzt die Toleranz und Kooperationsbereitschaft der Erwachsenen voraus. Man darf aber Kinder nicht unvorbereitet mit bestimmten Situationen konfrontieren, denen sie, durch welche Umstände auch immer, von vornherein nicht gewachsen sind. Darum tut man gut daran, wenn man ihnen als Elternteil bei der Entscheidungsfindung hilft, sie sozusagen auf eine Entscheidung vorbereitet. Man muss versuchen, Kindern klarzumachen, dass Entscheidungen Konsequenzen nach sich ziehen. So sollte ein Kind durchaus mit entscheiden, ob es z. B. in ein Ferienlager mitfahren möchte oder ob es bestimmte Veranstaltungen besuchen will. Auch bei der Gestaltung des Tagesablaufes sollte ein Kind eigene Vorstellungen entwickeln. Früh entscheiden lernen heißt auch früh erfahren, wie man mit Verantwortung umgeht. Entscheidungsschwäche, nicht wissen, was man will, führt zu Aggressivität und Mutlosigkeit. Es macht anfällig für Abhängigkeiten von Suchtmitteln, kann sich in kriminellen Verhaltensweisen sowie psychischen Krankheiten äußern.

5.10 Kinder brauchen Anerkennung

Unter Hektik und Stress des Alltags leiden vor allem die Kinder. Viele Erwachsene „vergessen", dass sie überhaupt Kinder haben, sie sind viel zu sehr mit sich selbst beschäftigt. Kinder aber brauchen die gleiche Bestätigung wie ein Erwachsener. Einem seelisch vernachlässigtem Kind hilft es nicht mehr, wenn es mit materiellen Dingen überhäuft wird, um das schlechte Gewissen zu beruhigen. Schon die falschen Zuwendungen sind Ersatzdrogen, Ersatz für mangelnde Bestätigung und Anerkennung. Bei Suchtkranken erleben wir, wie sie aus Mangel an Anerkennung immer wieder ihr Suchtmittel benutzen.

Bekommen Kinder keine Anerkennung und Zuwendung, suchen sie sich schon früh Ersatzbefriedigung. Sie naschen viel, wirken zapplig und unkonzentriert. Sie schlagen grundlos andere Kinder, stehlen, benehmen sich auffällig, ja rabaukenhaft. Alles tun sie mit dem Ziel, Anerkennung und Zuwendung zu bekommen. Oft verlangen die Eltern nur Leistung von ihren Kindern, nur dafür werden sie belohnt. Das beginnt mit einer übertriebenen Reinlichkeitserziehung und einem Sauberkeitsfanatismus. So geht es in der Schule weiter – Zuwendung und Anerkennung bekommen die Kinder nur, wenn sie ein makelloses Zeugnis nach Hause bringen. Daraus entwickelt sich eine Leistungshaltung, die zu Musterschülerallüren führt.

Suchtkranke geben in ihrer Vorgeschichte oft an, dass sie nur für ihre Leistungen von ihren Eltern belohnt wurden. Alles andere zählte nicht. Diesem Leistungsdruck waren sie eines Tages nicht mehr gewachsen und suchten sich einen Ausgleich.

5.11 Suchtvorbeugung kann nie früh genug beginnen

Aus dem bisher Gesagten ist eindeutig die Schlussfolgerung zu ziehen: Der Weg in die Abhängigkeit beginnt bereits in der Kindheit. Viele spätere Suchtkranke weisen gemeinsame Merkmale auf, die sehr früh in ihrer Kindheit entstanden sind.

1. Suchtkranke haben von sich ein ausgesprochen negatives Selbstbild. Sie meinen, nutzlos zu sein, finden sich unattraktiv, fühlen sich überall unwillkommen und unerwünscht. Es handelt sich hierbei aus existenzanalytischer Sicht um Grundwert- und Selbstzerstörungen.
2. Sie konnten sich nie richtig durchsetzen, keine Besitzansprüche anmelden, waren nicht in der Lage, einmal „nein" zu sagen, schlossen immer irgendwelche Kompromisse, meist zum eigenen Nachteil. In Kindergruppen waren sie Mitläufer oder bisweilen auch Schlusslicht.
3. Sie sind die typischen Einzelgänger, finden nie richtig Kontakt bzw. können ihn nicht aufrechterhalten.
4. Sie haben häufig Partnerprobleme, da sie eine richtige Liebesbeziehung nie kennen gelernt haben. Meist ist der suchtfreie Partner oder die Partnerin der aktive Teil, dem sie sich voll unterordnen. Die Mutter-Kind-Beziehung wiederholt sich dann oft.
5. Sie kommen nicht selten aus gestörten Familien. Sei es, dass sie unerwünschte Kinder waren, dass die Eltern heirateten wegen des Kindes oder ein Elternteil schon suchtmittelabhängig war. Bei 80 % meiner Patienten wurde die Erziehung von den Großeltern bewältigt, die ihnen jede Verantwortung abnahmen. Später fügte sich der Partner in diese Rolle ein und übernahm die Funktion der

überbesorgten Eltern bzw. Großeltern. Daraus resultiert eine enorme Bequemlichkeit, die man generell bei allen Suchtkranken antrifft.
6. Sie hatten in der Kindheit bereits psychosomatische Beschwerden wie Appetitstörungen, Kopfschmerzen, Anpassungsprobleme, Schlafstörungen, neigten zu Stimmungsschwankungen, hypochondrischen Erlebnisverarbeitungen, hatten viel Langeweile, wussten mit sich selbst nichts anzufangen.
7. Da sie nie gelernt haben, Verantwortung für sich zu übernehmen, suchen sie stets nach der Verantwortung anderer für sie. Suchtmittelabhängige machen immer andere für ihr Schicksal verantwortlich (die Zeit, die Umstände, die Vorgesetzten, die Kollegen etc.) und legen ein übergroßes Selbstmitleid an den Tag. Das resultiert einmal aus ihrer Isolationshaltung, andererseits aus der mangelnden emotionalen Geborgenheit, die sie als Kinder empfangen haben.

Zum Schluss möchte ich noch einige praktische Hinweise geben, wie Eltern mit suchtgefährdeten Kindern umgehen sollten.

Wenn Sie merken, dass Schulleistungen plötzlich absinken, Freunde fallen gelassen werden, bisherige Interessen aufgegeben werden, allmähliche Teilnahmslosigkeit und Isolation Einzug halten und Sie keinen Einfluss mehr auf ihr Kind haben:

- Verfallen Sie nicht in unkontrollierte Panik.
- Suchen Sie Kontakt zu Lehrern, Vertrauenspersonen und Suchtberatungsstellen.
- Lassen Sie das Kind die Negativ-Konsequenzen der Sucht allein tragen, räumen Sie ihm keine Schwierigkeiten aus dem Weg.
- Helfen Sie vor allem nicht mit Geldzuwendungen, es wird mit aller Sicherheit für die Beschaffung des Suchtmittels ausgegeben.
- Fordern Sie ihr Kind auf, in Behandlung zu gehen, bleiben Sie dabei hart und konsequent.
- Lassen Sie sich durch ihr suchtmittelabhängiges Kind nicht das eigene Leben beeinträchtigen. Grenzen Sie sich ab: Sie können bei der Bewältigung der Sucht nicht direkt helfen. Aus der Abhängigkeit muss sich der Jugendliche selbst befreien durch die Hilfe therapeutischer Einrichtungen (S. Fritzsche, 1996).

6

Epilog

Seit 32 Jahren behandele ich Betroffene, die das gleiche Problem haben wie ich einst. Damals, als ich damit begann, wollte ich mich nur vor einem Rückfall schützen und übernahm so soziale Verantwortung, um mir die Tür zum Rückfall zu verschließen.

Ich habe versucht, die wesentlichen Suchterkrankungen in einer Übersicht darzustellen.

Wenn mir bei den stofflichen Abhängigkeitsformen die Ursachen für die Erkrankung und die damit verbundenen Handlungsantriebe noch einigermaßen plausibel erscheinen, obwohl eine durchgehende und belastbare Kausalanalyse noch aussteht, so bleiben uns die Ursachen der nichtstoffgebundenen Süchte eher im Verborgenen.

Süchtiges Verhalten kann in der Tat bei jeder leidenschaftlichen menschlichen Tätigkeit auftreten, in einer Weise, wie wir es von den stofflich gebundenen Süchten bereits kennen, nur wesentlich verdeckter, aber nicht ungefährlicher für den Betroffenen und manchmal auch für seine Umgebung.

So baute zum Beispiel in Berlin ein junger Mann in seinem Keller leidenschaftlich Bomben in unterschiedlicher Größe und Sprengkraft und versuchte, Häuser in die Luft zu sprengen, selbst das, in dem er wohnte. Er kam nicht mehr davon los, es war wie eine Sucht, sagte er bei seiner Vernehmung.

Sicherlich entsteht dabei das ungute Gefühl, den Suchtbegriff inflationär zu gebrauchen, was sehr häufig geschieht. Das birgt dann die Gefahr in sich, alles mit süchtigem Verhalten entschuldigen zu wollen. Aber darum geht es hier auch nicht. Jedes exzessiv betriebene Verhalten kann zur Sucht führen, verbunden mit einer schwerwiegenden Beeinträchtigung der Persönlichkeit.

Der eher seltene Gebrauch eines Suchtmittels führt im Allgemeinen noch zu keiner Sucht. Er kann aber dazu führen, wenn der Konsum lang anhaltend ist und gewissermaßen zum zweiten Leben wird. Das Suchtmittel übernimmt dann den ersten Stellenwert im Leben des Betroffenen und beeinflusst sein Denken, Fühlen und Wollen und damit auch sein Handeln. Endogene, d. h. im betreffenden menschlichen Individuum liegende Faktoren wie etwa ein unsicherer Lebensentwurf, passive Erwartungshaltung, mangelnde Konfliktbewältigung (Angst vor Auseinandersetzungen), genetische Veranlagungen usw., die anfällig für das Suchtmittel machen, spielen eine wesentliche Rolle.

Hinzu kommen aber meist noch verschiedene äußere Umstände, wie schwierige, meist unabänderliche Lebenssituationen (Tod eines Angehörigen, Scheidung, Arbeitslosigkeit, Obdachlosigkeit), die den Weg zu einer sicheren Orientierung verstellen können.

So kann es dann bei längerem Gebrauch des Suchtmittels – das ist immer die Voraussetzung – zu einer Sucht kommen, aus der es bei weiterem Suchtmittelkonsum ohne eine Hilfestellung kein Entrinnen mehr gibt.

Ist nun unstillbares Verlangen überwindbar? Muss es unbedingt suchtmäßig sein?

Ich meine Nein. Nehmen wir zum Beispiel den Liebeskummer, den bestimmt ein jeder schon einmal erfahren hat. Er kann in der akuten Phase durchaus unstillbar sein, oft mit körperlichen und psychischen Symptomen (nicht wenige Suizide entstehen aus verschmähter Liebe). Es ist aber weit entfernt eine Sucht zu sein.

Wenn dieses so ist, alle Wunden heilen die Zeit, die Unstillbarkeit verblasst im Laufe der Zeit. Es ist durchaus nicht so, dass man den geliebten Partner vollends vergisst, aber das Loslassen, das einem in der akuten Phase nicht gelingen will, ergreift im Laufe der Zeit immer mehr Besitz von der betroffenen Person.

Sucht ist natürlich auch unstillbar, aber in erster Linie ist Sucht ein <u>unwiderstehliches Verlangen</u>. Davon kann jeder Betroffene ein Liedchen singen. Sucht ist ohne Therapie nicht überwindbar. Sie ist ein an Schwere fortschreitender Prozess der unbehandelt auf lange Sicht zum Tode führen kann.

Vereinzelt, wohlgemerkt sehr vereinzelt schaffen es wenige ohne Alkoholentwöhnungstherapie abstinent zu werden. Aber er kam zu uns, wohlgemerkt ohne Rückfall, weil er die Gemeinschaft Betroffener suchte. Solche Fälle sind aber äußerst selten, die überwiegende Masse schafft es nicht allein. **Ich wäre ohne Therapie niemals „trocken" geblieben und so besuche ich selbst nach 34 Jahren Abstinenz noch regelmäßig meine Selbsthilfegruppe in unserer Einrichtung.**

Alle Fantastereien vom kontrollierten Trinken (Oh wie oft habe ich das versucht!) oder der neueste Schrei, das Wundermedikament Selincro ersetzen keine Entwöhnungstherapie (vgl. Rolf Hüllinghorst siehe Seite 101). Sie sind vielleicht probte Mittel bei einer noch nicht eingetretenen Abhängigkeit. Sucht ist unstillbar und unwiderstehlich und von allein nicht zu überwinden!

Sucht ist immer auch als ein Ausweichen vor Problemen zu sehen und wird daher auch als Ausweichverhalten bezeichnet (E. M. Waibel, 1994).

Der gelegentliche, eher seltene Gebrauch von Suchtmitteln erzeugt noch keine Abhängigkeit. Er kann sich aber zur Sucht verdichten, wenn der Konsum regelmäßig oder gar exzessiv betrieben wird. Sein Gebrauch wird dann zur Gewohnheit (tägliche Zuflucht), aus der eine Gewöhnung an das Suchtmittel resultieren kann, die zur Abhängigkeit führt. Sucht ist in hohem Maße das Ergebnis erlernten Verhaltens. Suchtstrukturen sind zwar bei vielen Menschen vorhanden, aber nicht jeder wird abhängig.

Auch ausweichendes Verhalten zeigt an sich jeder Menschen in unterschiedlichem Ausmaß. Ausgewichen wird meist vor belastenden und sinnentleerten Lebenssituationen, die einen Sinn im Leben versperren können. Hierzu gehören: Neigung zu erhöhter Konfliktbereitschaft, depressive Verstimmungen ohne erkennbare Ursachen, Ängste, Stimmungslabilität, Passivität, neurotische Anpassungsstörungen, Selbstunsicherheit usw. Sie können die normalerweise vorhandene kritische Distanz zur Droge aufheben und eine Suchtneigung fördern.

Eindeutige kausale Ursachen, wie wir sie von Entstehungsmechanismen von Infektionskrankheiten her kennen, sind bei der Suchtentstehung zurzeit noch unbekannt. Mit Sicherheit sind erbliche Dispositionen vorhanden. Wenn z. B. ein Elternteil suchtmittelabhängig gewesen ist, kann im Erbgang dafür eine genetische Anlage ausgehen. So ist bekannt, dass Kinder aus Alkoholikerfamilien häufiger alkoholkrank werden als Kinder ohne diese erbliche Vorbelastung (s. Abschn. 1.1.3).

Ebenfalls genetisch bedingt sind Unterschiede im Leberstoffwechsel beim Alkoholabbau. Der Alkoholabbau durch das Ferment Alkoholdehydrogenase (ADH) in der Leber ist individuell sehr unterschiedlich. Asiaten zum Beispiel haben eine im Vergleich zu Europäern andere Variante dieses Enzyms. Deshalb ist die Alkoholkrankheit dort weit seltener als hierzulande.

Gleichermaßen genetisch bedingt sind Unterschiede im Ausgangsniveau des Endorphin-Depots. Endorphine, insbesondere das β-Endorphin sollen unter anderem auch für die Stimmungslage zuständig sein (sog. Glückshormone). Ein ausgesprochener Mangel an diesem Botenstoff soll leichter zu depressiven Verstimmungen führen und somit den Menschen eher zur Suchtmittelbenutzung disponieren als bei einer normalen Endorphinausschüttung. Denn Endorphine sind überaus wichtig für den Stressabbau und die Angstbewältigung. Bei länger bestehendem Suchtmittelgebrauch reduziert der Organismus seine körpereigene Endorphinproduktion, und es entsteht ein chronischer Endorphinmangel. Daher sind Suchtmittelabhängige verstärkt stresslabil, depressiv verstimmt und haben eine enorm niedrige Konflikttoleranzgrenze.

Nun sind diese genetischen Faktoren nicht ohne weiteres erkennbar, sodass eine Vorhersage, ob jemand suchtmittelabhängig werden kann oder nicht, praktisch unmöglich ist.

Vielfach wurde versucht, Sucht und Persönlichkeitsstruktur in eine Beziehung zu setzen. So wurden alle negativen Persönlichkeitsmerkmale wie Haltschwäche, Stimmungslabilität, kriminelle Neigungen, Willenlosigkeit usw. dem Suchtmittelabhängigen zugeordnet. Wissenschaftliche Untersuchungen konnten dies nicht bestätigen. Die Sucht kann ganz

6 Epilog

normale Menschen aus normalen Familien, sogar solche mit sonst überdurchschnittlichen Willensqualitäten treffen!

Wir möchten zum Schluss noch über Risikofaktoren sprechen, die von der modernen Industriegesellschaft ausgehen. So ist die psychische Stellung des Menschen in ihr oft mit einem Überforderungsdruck oder auch mit einer Unterforderungssituation verbunden, was mit einer konstitutionellen Unangepasstheit des Menschen einhergeht. Der moderne Mensch ist zwar dank der hoch entwickelten Technik körperlich weitgehend entlastet, der psychische Druck hat dagegen enorm zugenommen.

Das Überangebot an Konsumartikeln, Informationen, technischen Raffinements führt zur Verwöhnung und Abstumpfung zugleich sowie zu einer ständigen Reizüberflutung. Man kann fast von einem Informationskollaps sprechen, denn viele Informationen werden kaum mehr wirklich verstanden; schon daraus resultiert eine tief sitzende Unsicherheit, die den modernen Menschen realitätsflüchtig werden lässt und ihn für süchtige Verhaltensweisen empfänglich machen kann.

Auch die gespaltene psychophysische Konstitution des Menschen in der High-Tech-Gesellschaft kann zum Risikofaktor werden. Vor 100.000 Jahren in der Urgesellschaft herrschte noch ein Gleichgewicht zwischen Emotionen und Verhaltensrepertoire. Aufgrund der heute viel weiter entwickelten Großhirnrinde ist das übermäßig gewachsene Verhaltensrepertoire gegen die noch immer wirksamen uralten emotionalen Strukturen gerichtet, was unter anderem die Ursache vieler irrationaler Handlungen sein kann.

Es besteht ein tiefer Widerspruch zwischen vorhandenen Appetenzmustern und den Befriedigungsmöglichkeiten. In der Urzeit mussten alle Bedürfnisse über große körperliche Anstrengungen befriedigt oder abreagiert werden. Zur Nahrungsbeschaffung musste beispielsweise der Urmensch ca. 30 km am Tag laufen. Heute dagegen erfordert der Lustgewinn dank der umfassenden Technisierung und einem ausgeklügelten Servicesystem immer weniger Leistung und persönlichen Einsatz. Die leichte und schnelle Erreichbarkeit von Triebzielen reduziert körperliche Anstrengung bei hoher

Anspruchsverwöhnung. Das Wohlbefinden wird heute fast nur noch über Steigerungsmechanismen erreicht (wie auch bei der Sucht), wobei der Rausch als Zielpunkt solcher Steigerung eine immer wichtigere Rolle spielt und von Teilen der Politik auch so gewollt wird.

Bei einem Kongress der Gesellschaft für Suchtmedizin sprach ein Bundestagsabgeordneter der Linken. Er propagierte den Rausch als lebensnotwendig, wie Essen, Trinken und Sex. Canabis und Kokain bezeichnete er als völlig harmlose Drogen. Weiterhin verstieg er sich zu der Äußerung, dass das Abstinenzgebot nach seiner Meinung lebensfeindlich, ja menschenverachtend sei.

Mir fiel dabei nur noch eine Passage aus Goethes Faust ein, in der er Mephisto sagen lässt: „Vernunft wird Unsinn, Wohltat Plage." Mir wurde spätestens hier klar, wozu Politik in der Lage sein kann.

Die postmoderne Industriegesellschaft zeigt auch hier ihre Schattenseiten. Durch den Zerfall von Familien und den Verlust von Traditionen, die Jahrhunderte lang das Bild der Gesellschaft prägten, ist es zunehmend zur Desintegration der Menschen gekommen. Übrig bleibt der vereinzelte, vereinsamte, gelangweilte Mensch ohne wirklichen Bezug zu seiner sozialen Umwelt. Zunehmende Abstumpfung und Passivität sind die unmittelbaren Folgen.

Schopenhauer bemerkte vor anderthalb Jahrhunderten, dass der Mensch nicht zum Glück geschaffen sei: Entginge er der Not, so verfiele er unrettbar der Langeweile. Und die, fügte er hinzu, sei das schlimmste Übel.

Der Mensch in unserer Zeit fühlt sich nicht geborgen; und in der Tat: er ist es auch nicht mehr. Deshalb bedarf es bei den massiven Unwägbarkeiten unserer Zeit eines tragenden Halts, denn wo dieser fehlt, wachsen Angst und Auswegslosigkeit.

Ich bleibe als Suchtmittelabhängiger immer anfällig. Der Mensch sucht stets nach dem Unbedingten, in dem er sich bergen kann – das betrifft uns Suchtkranke in besonderem Maße. Dabei kann ein echter Glaube an ein beschützendes geistiges Prinzip helfen, das für jeden ein anderes sein kann. Man sollte sich die Tür zum Glauben immer offen halten (W. Kurz, 2005).

Für mich ist dieses geistige Konstrukt Gott, und da Gott überall ist, brauche ich dazu auch keine Institution. Der Glaube gibt mir Kraft und Halt in der Bewältigung meiner Abstinenz. Dafür bin ich jeden Tag dankbar: eine Haltung, die ich mir erst durch viele Fehlschläge erwerben musste.

Nun soll sich der Kreis schließen.

Der Suchtmittelabhängige sitzt im Zug nach nirgendwo. Züge sind Fortbewegungsmittel, die Menschen wie Material transportieren, und sie haben stets eine bestimmte Richtung. Der Abhängige aber sitzt in einem Zug, der auf der Stelle steht oder keine Richtung hat, und das Signal steht fast immer auf rot. Es gibt keinen Schaffner, schon lange keinen Zugführer mehr. Es ist tiefe dunkle Nacht und auch fürchterlich ungemütlich, denn der Zug ist nicht beheizt, man friert. Es ist überall gespenstisch still.

Der Zug ist auch einmal planmäßig gefahren, er hatte eine bestimmte Richtung und war voller Menschen. Doch das mag lange her sein, bestimmt zwanzig Jahre – so überlegt der Betroffene, genau weiß er es nicht mehr, und er friert. Er denkt über sein einstiges Leben nach. Wie schön war es doch vorher, als ich noch nicht getrunken hatte. Ich hatte eine liebe Frau, Kinder, einen Beruf und eine schöne Wohnung. Nichts davon ist geblieben, seitdem ich in diesem furchtbaren Zug sitze. Ja, aussteigen möchte ich, doch so einfach geht das nicht – nicht mehr.

Vor 34 Jahren saß ich auch 20 Jahr lang in diesem Zug nach nirgendwo, mit dem ich fahren musste, bis ich erkannte: so geht es nicht mehr weiter. Von diesem Zeitpunkt an machte der Zug einen einzigen, aber entscheidenden Ruck. Um dem Zug wieder Fahrt zu geben, musste ich in meinem Leben alles verändern.

Nun, seit 34 Jahren fährt der Zug wieder zielgerichtet alle meine jetzigen Stationen des Lebens an, nicht mehr nach nirgendwo.

Und wenn ich zurückblicke, war es doch notwendig, in diesem Zug nach nirgendwo zu sitzen. Es waren leidvolle, entbehrungsreiche Jahre, für die ich aber im Nachhinein sehr dankbar bin. Der Mensch reift erst im Schmerz und so ging es mir auch. Ich weiß jetzt, wovon ich rede, wenn ich heute mit meinen betroffenen Patienten spreche, die nicht mehr in diesem Zug sitzen wollen, in dem Zug nach nirgendwo.

7

Kontaktadressen

Kontaktadressen für Alkoholabhängige
Anonyme Alkoholiker (AA)
Postfach 100422, 80333 München, Tel. 089/3164343

Bundeszentrale für gesundheitliche Aufklärung
Osterheimer Str. 200, 51109 Köln, Tel. 0221/899221

Begegnung – Kranke helfen Kranken e. V.
Kollwitzstr. 6, 10405 Berlin, Tel. 030/4428163

Blaues Kreuz in Deutschland e. V.
Dietrichstr. 17, 30191 Hannover, Tel. 0511/363181

Bundesarbeitsgemeinschaft des Freundeskreises für Suchtkrankenhilfe in Deutschland, Brüder-Grimm-Platz 4, 34117 Kassel

Deutsche Arbeitsstelle gegen die Suchtgefahren e. V. (DHS)
Westring 2, 59065 Hamm, Tel. 02381/90150

Deutscher Caritasverband e. V.
Referat Gefährdetenhilfe/Suchtkrankenhilfe
Karlstr. 407, 79104 Freiburg, Tel. 0761/200369

Deutscher Guttemplerorden e. V.
Adenauerallee 45, 20097 Hamburg, Tel. 040/3164343

© Springer Fachmedien Wiesbaden GmbH, ein Teil von Springer Nature 2018
S. Fritzsche, *Kein Zug nach Nirgendwo*,
https://doi.org/10.1007/978-3-658-21312-1_7

Über die genannten Adressen erfahren Sie auch Ansprechpartner in Ihrer Nähe.

Kontaktadressen für Drogenabhängige
Arbeiterwohlfahrt Bundesverband e. V.
Doppelner Str. 130, 53119 Bonn, Tel. 0228/66850

Bundeskonferenz für Erziehungsberatung e. V.
Amalienstr. 6, 90763 Fürth, Tel. 0911/778911-12

Bundesverband der Elternkreise drogengefährdeter und Drogenabhängiger Jugendlicher (BVEK)
Westring 2, 59065 Hamm

Bundeszentrale für gesundheitliche Aufklärung
Osternheimer Str. 200, 51109 Köln, Tel. 0221/89921

Informationstelefon zu Suchtprävention Köln
Tel. 0221/892031

Deutscher Caritasverband e. V.
Karlstr. 40, 79104 Freiburg, Tel. 0761/2000

Deutsche Hauptstelle gegen Suchtgefahren (DHS) e. V.
Westring 2, 59065 Hamm

Deutscher Kinderschutzbund, Bundesverband e. V.
Schiffgraben 29, 30159 Hannover, Tel. 0511/329135

Deutscher Paritätischer Wohlfahrtsverband e. V.
Heinrich-Hoffmann-Str. 3, 60528 Frankfurt, Tel. 069/67060

Deutsches Rotes Kreuz
Friedrich-Ebert-Allee 71, 53113 Bonn, Tel. 0228/5410

Diakonisches Werk der Evangelischen Kirche in Deutschland e. V.
Stafflenbergstr. 76, 70184 Stuttgart

Telefon-Notruf für Suchtgefährdete
Tag und Nacht: München 089/282822, Köln 0221/315555,
Düsseldorf 0211/325555, Essen 0201/403840

Über die genannten Adressen erfahren Sie auch Ansprechpartner in Ihrer Nähe.

Kontaktadressen für Medikamentenabhängige
Deutsche Hauptstelle gegen die Suchtgefahren e. V. (DHS)
Westring 2, 59065 Hamm, Tel. 02381/90150

Bundeszentrale für gesundheitliche Aufklärung (BzgA)
Osterheimer Str. 200, 51109 Köln, Tel. 0221/89921

Deutscher Caritasverband e. V./Referat Gefährdetenhilfe/Suchtkrankenhilfe
Karlstr. 407, 79104 Freiburg, Tel. 0761/200369

Kreuzbund e. V.
Selbsthilfe- und Helfergemeinschaft für Suchtkranke
Münsterstr. 25, 59065 Hamm, Tel. 02381/67272-0

Gesamtverband für Suchtkrankenhilfe im Diakonischen
Werk der Evangelischen Kirche in Deutschland e. V.
Brüder-Grimm-Platz 4, 34117 Kassel, Tel. 0561/102638
Blaues Kreuz in Deutschland e. V.
Freiligrathstr. 27, 42289 Wuppertal, Tel. 0202/621098

Bundesarbeitsgemeinschaft des Freundeskreises für
Suchtkrankenhilfe in Deutschland
Brüder-Grimm-Platz 4, 34117 Kassel, Tel. 0561/780413

Kontaktadressen für Essgestörte
DICK&DÜNN – Beratung bei Essstörungen
Innsbrucker Str. 25, 10825 Berlin, Tel. 030-854994

Sekis – Selbsthilfe Kontakt- und Informationsstelle
Albrecht-Achilles-Str. 65, 10709 Berlin, Tel. 030-8926602

Psychosoziale Kontakt- und Beratungsstelle
Lipschitzallee 50, 12353 Berlin, Tel. 030-66689910

PIKS Potsdam c/o Gesundheitszentrum
Hebbelstr. 1a, 14467 Potsdam, Tel. 0331-2328140

Selbsthilfegruppe für Essstörungen
Lange Straße 10, 17491 Greifswald, Tel. 03834-892440

Selbsthilfegruppe Essgestörte
Landreiter Str. 9, 19055 Schwerin, Tel. 0385-5572367

Hamburger Zentrum für Essstörungen
Bundesstr. 14, 20146 Hamburg, Tel. 040-505121

Die Brücke – Essstörungsbereich Beratungs- und Therapiezentrum e. V.
Durchschnitt 27, 20146 Hamburg, Tel. 040-4504483

Eß-O-Eß im Frauentreff Kiel e. V.
Kurt-Schumacher-Platz 5, 24109 Kiel, Tel. 0431-524241

Beratungszentrum Ess-Störungen Bremen
Pappelstr. 31/33, 28199 Bremen, Tel. 0421-5978716

Medizinische Hochschule Hannover
Abteilung Psychosomatik, Carl-Neuberg-Str. 1, 30625 Hannover

KABERA e. V. – Beratungsstelle für Essstörungen
Goethestr. 31, 34119 Kassel, Tel. 0561-7013310
KESS – Kontakt- und Behandlungszentrum bei Essstörungen
Himmelgeisterstr. 107, 40225 Düsseldorf,

ANAD Essen
Engelsbecken 18c, 45138 Essen, Tel. 0201-278519

Zentrum für Essstörungen Köln
Herwarthstr. 12, 50672 Köln, Tel. 0221-95154216

Balance – Beratung und Therapie bei Essstörungen e. V.
Waldschmidtstr. 11, 60316 Frankfurt, 069-49086330

Therapiezentrum für Essstörungen – Tagesklinik
Schleißheimer Str. 267, 80809 München, Tel. 089-3562490

DICK & DÜNN
Hallerhüttenstr. 6, 90461 Nürnberg, Tel. 0911-471711

KISS Erfurt
Turniergasse 17, 99084 Erfurt, Tel. 0361-6551715

Kontaktadressen für Spielsüchtige
Hotline Glücksspielsucht: 01801-776611
Sucht- und Drogenberatung Frankfurt/Oder
Paritätisches Sozial- und Beratungszentrum GmbH
Rosa-Luxemburg-Str. 24, 15230 Frankfurt, Tel. 0335-6802735

Suchtzentrum Leipzig e. V.
Suchtberatungsstelle „Impuls"
Pölitzstr. 11, 04155 Leipzig, Tel. 0341-5662424

Suchtberatungsstelle Naumburg
Posaer Str. 18/19, 06618 Naumburg, Tel. 03345-772188

Selbsthilfegruppe Kiel
Tel. 0431-7297748

„Anonyme Spieler" Lübeck
Reußkamp 36, 23560 Lübeck, Tel. 04544-891343

Alkoholfreie Selbsthilfegruppe Hamburg
Brennerstr. 90, 20099 Hamburg, Tel. 040-2802170

8
Quellenverzeichnis der Abbildungen

Inhalt	Quelle
Portrait Siegfried Fritzsche	Privat
Alkoholabhängigkeit	Ina Guttowski
Medikamentenabhängigkeit	Ina Guttowski
Tabakabhängigkeit	Ina Guttowski
Drogenabhängigkeit	Ina Guttowski
Süchte ohne Suchtstoffe	Ina Guttowski
Spielsucht	Ina Guttowski, übernommen und bearbeitet aus www.careplay.ch
Zug auf festem Gleis	Ina Guttowski
Jack London (1876–1916)	© Mary Evans Picture Library/picture alliance
Johann Wolfgang von Goethe (1749–1832)	© Glasshouse Images/JT Vintage/ picture alliance
Edgar Allan Poe (1809–1849)	© JT Vintage/Glasshouse Images/ picture alliance
Ernest Hemingway (1899–1961)	© akg-images/picture alliance
Heinrich Zille (1858–1929)	© akg-images/picture alliance
Winston Churchill (1874–1965)	© AP Photo/picture alliance
Lachgas	© Teresa Dapp/dpa/picture alliance
Magersucht	DNP 4/2003
Frau im Spiegel	DNP 2/2007-03-20
Kaiserin Elisabeth „Sissi" von Österreich (1837–1898)	© A0009_dpa/picture alliance
Arbeitssucht	© Elisseeva/Bildagentur-online/picture alliance
Sportsucht	© Arthur Braunstein/Fotolia
Kaufsucht	© Wolfram Steinberg/dpa/picture alliance
Alle Karikaturen	Frank Leuchte und Milen Radev

Literatur

Amendt, G.: Die Droge, der Staat, der Tod. Rasch und Röhring Verlag, Hamburg 1992.
Ameisen, O.: Das Ende meiner Sucht. Kunstmann – Verlag, München 2009.
Aßfalg, G.: Sehnsucht nach einem glücklichen Leben. Neuland Verlagsgesellschaft mbH. Geesthacht 1992.
Baier, G.: Rhythmus, Tanz im Körper und Gehirn. Rohwolt Taschenbuch Verlag, Reinbek bei Hamburg 2001.
Battegay, R.: Vom Hintergrund der Süchte. Blaukreuz Verlag Wuppertal 1993.
Beck, A.; Heinz, A.: Bessere Versorgung von Suchtkranken – was die Neurowissenschaften beitragen… – In: Ärztliches Journal Neurologie/Psychiatrie 3/2012, S. 48–50.
Berger, P.: Psychotherapie von Karriereleiden. In: W. Gross (Hrsg.), Karriere(n) in der Krise – die seelischen Kosten des beruflichen Aufstiegs (S. 174–193). Bonn: Deutscher Psychologen Verlag 1997.
Bongers, A.: Fallbeschreibung einer verhaltenstherapeutisch orientierten Behandlung von Kaufsucht. In: Poppelreuter/Gross (Hrsg.). Nicht nur Drogen machen süchtig. BELTZ Psychologie Verlags Union, Weinheim 2000.
Bruch, H.: Der goldene Käfig. Das Rätsel der Magersucht. Frankfurt: Fischer TB 1982.

Brenneisen, R.: Cannabis. In: W. Ulrich, Drogen. BMLV. Bern 2000, S. 52.
Bubiak, R.: Was leistet Baclofen? In: DNP – Der Neurologe & Psychiater 2013/14.
Burmester, J.: Schlucken und ducken. Neuland, Geesthacht 1994.
Bürki, B.: Ecstasy In: W. Ulrich Drogen BMLV. Bern 2000, S. 125.
Carnes, P.: Wenn Sex zur Sucht wird. München: Kösel 1992.
Charlet, K. und Heinz, A.: Funktion und Neuroanatomie des Belohnungssystems In: Neurologie & Psychiatrie. Vol. 14, Nr. 10, S. 44–50.
Deutschenbauer, L. und Walter, M.: Neurobiologische Effekte von Alkohol. In: Psychiatrie & Neurologie. 1/2014, S. 5.
DHS-Deutsche Hauptstelle gegen Suchtgefahren e.V. Alcopops, Hamm 2004.
DHS-Deutsche Hauptstelle gegen Suchtgefahren e.V. Jahrbuch der Sucht 2015. Pabst Lengrich, Hamm 2015.
Ditzel, P.W., Kovar, K.H.: Rausch- und Suchtmittel. Information, Beratung und Nachweis. Deutscher Apotheker Verlag, Stuttgart 1983.
Dietze, K & Spicker, M.: Alkohol – Kein Problem? Frankfurt/M, Campus 1997.
Döpel, S.H.: Würde und Abhängigkeit, Humboldt-Universität zu Berlin, Institut für Philosophie, Berlin 2016.
Dreikurs, R. & Soltz, V.: Kinder fordern uns heraus. Stuttgart; Klett-Cotta.
Dudeck, A.: Alkoholkrank, was nun, was tun? St. Benno Verlag GmbH, Leipzig 1986.
Elsesser, K. und Sartory, G.: Medikamentenabhängigkeit. Hogrefe Verlag für Psychologie, Göttingen, Bern, Tronto, Seattle, Wuppertal Oktober 2000.
Eurich, K.: Computerkinder, Reinbek; Rowohlt 1985.
Exupery, Antoine de Saint: Der kleine Prinz. Karl-Rauch Verlag, Düsseldorf 1967.
Feiereis, H.: Bulimia Nervosa. In: T. v. Üxküll (Hrsg.), Psychosomatische Medizin (5. Auflage, S. 616–636). Urban & Schwarzenberg 1998.
Feuerlein, W.: Alkoholismus – Missbrauch und Abhängigkeit. Thieme Verlag, Stuttgart – New York 1989.
Frankl, V.-E.: Logotherapie und Existenzanalyse. Quintessenz Berlin – München 1994.
Fritzsche, S.: Über die Einheit von Physischdem und Psychischem bei der Alkohol- und Arzneimittelabhängigkeit. In: Psychiat. Neurol. Med. Psychol., Heft 3, 40. Jg. März 1988 (S. 129–135).
Fritzsche, S.: Schnelles Glück, Hoher Preis. Treptower Verlagshaus GmbH, Berlin 1990.
Fritzsche, S.: Achtung Suchtmedikamente! Ullstein Verlag, Berlin 1994.

Literatur 283

Fritzsche, S.: Der Abhängige und sein Helfer, Suchtreport 2/94, S. 53.
Fritzsche, S.: Glückspillen für Kids. Verlag Gesundheit Berlin 1996.
Gassmann, R.: Neue Süchte – Streit um ein gesellschaftliches Phänomen. Neuland Hamburg 1988.
Geisel, O., Pannek, P, Müller, Ch.: Neurobiologie der Alkoholabhängigkeit – Implikationen für die Pharmakotherapie. DNP – Der Neurologie und Psychiater, 2014;15 (9), S. 36–40.
Gerlinghoff, M.: Magersüchtig. München, Piper 1990.
Giese, H.: Psychopathologie der Sexualität. Stuttgart, Enke 1962.
Gross, W.: Hinter jeder Sucht ist eine Sehnsucht (4. Auflage). Freiburg, Herder 1990.
Gross, W.: Was ist das Süchtige an der Sucht? Geesthacht. Neuland 1995.
Habermas, T.: Essstörungen der Adoleszens. In: R. Oerter & L. Montada (Hrsg.), Entwicklungspsychologie: Ein Lehrbuch (S. 1069–1075) Psychologische Verlags Union. München 1995.
Harmsen, T.: Pubertät entscheidet über Trinkerkarriere. Berliner Zeitung, 2013 Nr. 291 HA 69. Jg., S. 1.
Harten, R., Röhling, P., Stender, K.-P.: Gibt es eine Suchtpersönlichkeit? Neuland, Geesthacht, 3. Auflage 1992.
Hasler, F.: Kokain. In: W. Ulrich (Hrsg.) Drogen BMLV, Bern 2000, S. 61.
Havemann-Reinecke, U., Degener, D.: Schädlicher Gebrauch und Abhängigkeit von Analgetika. In: DNP Der Neurologie & Psychiater, April 2016, Jg. 17., Nr. 4, S. 38 ff.
Heinz, A., Mann, K.: Neurobiologie der Abhängigkeit. Deutsches Ärzteblatt, Jg. 98, Heft 36, 7. Sept. 2001, S. A2279–A2228.
Hüllinghorst, R.: Mit Medikamenten zum reduzierten Alkoholkonsum? In: Guttempler Dialog, 1/2015, S. 5–16.
Hüther, G.: Biologie der Angst. Wie aus Stress Gefühle werden. 12. Auflage. Vandenhoeck & Rupprecht, Göttingen 2014.
Jahnsen, K., Rosen, P., Hoffmann, K.: Probleme der Dauertherapie mit Benzodiazepinen und verwandten Substanzen. Deutsches Ärzteblatt, Jg. 112, Heft 1–2, Januar 2015.
Janzen, R.: Schmerzanalyse als Wegweiser zur Diagnose. Thieme Verlag, Stuttgart 1968.
Kaplan, H. S.: Sexualtherapie. Ein bewährter Weg für die Praxis. Ferdinand Enke Verlag. Stuttgart 1995.
Kensche, M., Heinz, A. und Kienast, Th.: Akuttherapie der Alkoholabhängigkeit, DNP – Der Neurologe und Psychiater. 2012, 13 (9), S. 68–78.

Kielstein, V.: Alkoholismus. Folgen, Schäden, Lösungswege. Treptower Verlagshaus. Berlin 1990.

Körckel, J., Kruse, G.: Mit dem Rückfall leben. Psychiatrie – Verlag. Bonn 1993.

Körckel, J., Lauer, G., Scheller, R.: Sucht und Rückfall. Ferdinand Enke – Verlag. Stuttgart 1995.

Kulawik, H.: Psychosomatische Medizin. Georg Thieme Verlag. Leipzig 1991.

Kurz, W.: Philosophie für helfende Berufe. Verlag Lebenskunst. Tübingen 2005.

Längle, A., Probst, Ch. (Hrsg.): Süchtig sein, Entstehung, Formen und Behandlung von Abhängigkeiten. Erweiterter Tagungsbericht der Gesellschaft für Logotherapie und Existenzanalyse. WUV – Universitätsverlag. Wien 1997.

Laessle, R. G.: Essstörungen. In: H. Reinecker (Hrsg.), Lehrbuch der Klinischen Psychologie. Modelle psychischer Störungen. Hochgraefe Verlag. Göttingen 1990.

Lindenmeyer, J.: Alkoholabhängigkeit. Hochgraefe Verlag für Psychologie. Göttingen-Bern-Toronto-Seattle 1990.

Lindenmeyer, J.: Lieber schlau als blau. Beltz Verlag 2010.

London, J.: König Alkohol. Deutscher Taschenbuch Verlag. München 1973.

Maronde, B.: Bloß nicht wegschicken – Sexsüchtige mit eigenen Bordmitteln behandeln. Medical Tribune Nr. 6, Dezember 2014 Neurologie/Psychiatrie 15.

Mayer, K.M.: Sucht – dieses verfluchte Erbe. Focus 20/2014, S. 92.

Meyer, G., Bachmann, M.: Spielsucht. Springer Verlag Berlin. Heidelberg, New York 1999.

Moser, L., Milacek, Ch., Fischer, G. State of the Art: Suchtkrankungen, Pharma – Fokus ZNS, 12. Jg. 2015 Nr. 1 S. 43–46.

Munk, I.: Neue Stoffe, neue Süchte. In: Suchterkrankungen – zwischen Enthaltsamkeit und Rausch. 4. Vivantes Psychiatrie Symposium 10. Juni 2009.

Nickel, B., Morosov, G. V.: Alkoholbedingte Krankheiten. VEB Verlag Volk und Gesundheit. S. 159 ff. 1989.

Otto, K.-R.: Arzneimittel – und Alkoholabhängigkeit. In: Psychiat. Neurol. Med. Psychol. 1987.

Pallenbach, E.: Die stille Sucht. Wissenschaftliche Verlagsgesellschaft, Stuttgart 2009, S. 166.

Poppelreuter/Gross (Hrsg.): Nicht nur Drogen machen süchtig. Entstehung und Behandlung von stoffgebundenen Süchten. Beltz Psychologie Verlags Union. Weinheim 2000.

Poser, W. und Poser, S.: Medikamente – Missbrauch und Abhängigkeit. Thieme Verlag Stuttgart, New York 1996.

Reinhold, H.: Benzodiazepine und Nicht- Benzodiazepine. PsychoGen Verlag. Dortmund 1998.

Rink, J. (Hrsg.): Zur Wirklichkeit der Abstinenzabhängigkeit. Neuland Verlag 1995, S. 47.

Schmidt, L.: Alkoholkrankheit, Alkoholmissbrauch. Verlag W. Kohlhammer GmbH & Co. Stuttgart 1986.

Schmidt, L.: Fahrschule des Lebens. Hilfe zur Selbsthilfe. F. S. Friedrich Verlag. Frankfurt 2007.

Steingass, H.-P.: Sucht – Was im Gehirn passiert. Auf der Autobahn. In: Rausch Nr. 1/Mai 2010, S. 27–31.

Spitzer, M.: Digitale Demenz. Droemer Verlag, München 2012.

Strätling, B.: Sucht beginnt im Kindesalter. Südwest Verlag GmbH & Co. KG. München 1995.

Täschner, K.-L.: Es gibt keine weichen Drogen. Gesundheitliche Gefahren des Drogenkonsums. Sonderdruck aus Politische Studien, Heft 343, 46. Jg. September/Oktober 1995. Hanns-Seidel-Stiftung e.V. München.

Thomasius, R.: Lösungsmittelmissbrauch bei Kindern und Jugendlichen. Lambertus-Verlag, Freiburg im Breisgau, 1988.

Ulrich, W. (Hrsg.): Drogen. BLMV/Berner Lehrmittel- und Medienverlag 2000.

Wanke, K., Täschner, K.-L.: Rauschmittel, Drogen, Medikamente, Alkohol. Ferdinand Enke Verlag, Stuttgart 1985.

Waibel, E.M.: Erziehung zum Selbstwert. Ludwig Auer GmbH, Donauwörth 1994.

Wetterling, T, Veltrup, C.: Diagnostik und Therapie von Alkoholproblemen. Springer Verlag, Berlin, Heidelberg, New York 1997.

Windischmann, H.: Ein Gläschen in Ehren... VEB Verlag Volk und Gesundheit Berlin, 1989.

Winter, E.: Bemerkungen zu Drogenmissbrauch und – abhängigkeit von Amphetamin- Typ unter besonderer Berücksichtigung des Amphetaminil (Aponeuron). Psychiat. Neurol. Med. Psychol. 28 (1976) S. 513–522.

Winter, E.: Stabilitätsinseln im Meer der Abstinenz. Manuskript, Berlin 2016.

GPSR Compliance

The European Union's (EU) General Product Safety Regulation (GPSR) is a set of rules that requires consumer products to be safe and our obligations to ensure this.

If you have any concerns about our products, you can contact us on

ProductSafety@springernature.com

In case Publisher is established outside the EU, the EU authorized representative is:

Springer Nature Customer Service Center GmbH
Europaplatz 3
69115 Heidelberg, Germany

www.ingramcontent.com/pod-product-compliance
Lightning Source LLC
LaVergne TN
LVHW020328260326
834688LV00037B/916